高等职业教育财务会计类专业新形态一体化教材

个税核算 与智能申报

寇晓艳　谢　睿◎主　编

林汉镇◎副主编

清华大学出版社

北京

内 容 简 介

本书根据个人所得税法的现行规定,对接职业标准和1＋X证书要求,从企业薪税管理岗位(群)工作任务出发,依托衡信教育自然人电子税务局实训教学平台,围绕居民和非居民个人税款的计算、居民和非居民个人所得税纳税申报、个人所得税 App 纳税申报、经营所得税款的计算与申报等典型工作任务进行编写。本书可用于职业院校财经商贸大类相关专业 1＋X 个税计算职业技能等级课证融通配套实训教学和考试培训,还可作为财务人员和电商从业人员的自学参考书。

图书在版编目(CIP)数据

个税核算与智能申报 / 寇晓艳,谢睿主编. -- 北京:清华大学出版社,
2025.4. --(高等职业教育财务会计类专业新形态一体化教材). -- ISBN
978-7-302-69152-5

Ⅰ.F812.424-39

中国国家版本馆 CIP 数据核字第 2025JW5093 号

责任编辑:刘士平
封面设计:张鑫洋
责任校对:袁 芳
责任印制:杨 艳

出版发行:清华大学出版社
 网　　　址:https://www.tup.com.cn,https://www.wqxuetang.com
 地　　　址:北京清华大学学研大厦 A 座　　　邮　　编:100084
 社 总 机:010-83470000　　　邮　　购:010-62786544
 投稿与读者服务:010-62776969,c-service@tup.tsinghua.edu.cn
 质量反馈:010-62772015,zhiliang@tup.tsinghua.edu.cn
 课件下载:https://www.tup.com.cn,010-83470410
印 装 者:三河市人民印务有限公司
经　　　销:全国新华书店
开　　　本:185mm×260mm　　　印　　张:13.25　　　字　　数:317 千字
版　　　次:2025 年 6 月第 1 版　　　印　　次:2025 年 6 月第 1 次印刷
定　　　价:49.00 元

产品编号:111798-01

序　言

本书是1＋X个税计算职业技能等级证书课证融通教材。

近年来,我国个人所得税(简称个税)改革力度和步伐明显加大、加快,依托自然人电子税务局平台,专项附加扣除填报、个人养老金扣除填报、全员全额明细申报、自主申报汇算清缴等征管事项的效能飞速提升。加之金税四期"智慧税务"建设推进,几十个部委的数据与国家税务总局共享,进一步促进和加强了多部门信息共享、共建的速度。随着征管手段和力度的加强,各类自然人税案、涉及数字经济和直播电商从业群体的个人所得税案件相继被曝光,在一定程度上促进了纳税人税法遵从度的提升,标志着个人所得税治理已初见成效。

个税在国家重大政策中持续发挥作用,新一轮个税改革成效明显,涉及千家万户的利益,对完善收入分配、增加居民收入、扩大消费具有重要作用,推进了国家税收治理体系和治理能力现代化。个人所得税制度能够有效发挥直接税筹集财政收入、调节收入分配和稳定宏观经济的作用,夯实社会治理基础。

由于人数多、依据和数据采集烦琐、涉及居民个人及家庭的切身利益和隐私信息保护等众多因素,必然会产生个税申报、汇算、退税等巨量的代理服务需求。目前,个人所得税改革还在持续,不管是税收征纳管理、个人所得税代理服务,还是自然人自主申报、从业人员能力提升,各方面都有巨大需求,个税相关职业也会逐步发展起来。因此,财经商贸类学生掌握个税计算的技能是十分必要的。

本书根据1＋X个税计算职业技能等级标准与考试大纲,依托衡信教育自然人电子税务局实训教学平台编写,结合"衡信杯"全国大学生智慧税务大赛赛项规程内容,坚持理论与实务相结合,及时反映应用型本科、本科层次职业教育和高等职业院校教学改革的要求以及"新个税"后税收领域改革的最新动态。

全书编写以企业个税申报业务为突破口,内容涵盖居民及非居民个人所得税基础知识和业务实务申报等,具有以下特色。

1. 编写理念创新

本书按照"项目导向、任务驱动"的教学理念编写,以企业的个税申报业务为主线设计任务,各个项目设计以实际工作流程为指引,环环相扣,高度还原企业日常生产经营个税计缴与申报的真实场景,能够培养和提高学生的综合职业操作能力和素养。

2. 体例结构科学合理

本书以职业技能典型工作任务为牵引,采用"项目案例教学、任务导向"的模式,将综合性案例分解为若干子任务进行讲解,并通过案例进行教学和实训。书中穿插了"案例情景"

"业务要求"和"业务实施"等栏目,将教、学、做融为一体,实现"工学结合,理实一体,学做合一"的人才培养模式。

3．实训案例切合实际

本书包含个税综合所得税典型业务处理、分类所得的典型业务处理、非居民所得的典型业务处理,以及经营所得的预缴汇缴处理等,基本可以满足中小微企业日常经营中关于个税的绝大部分涉税业务。通过案例的教学与实训,能够提高学生的实践能力并重温个税相关知识,做到学以致用。

4．课证融通、学分互换

本书可与中职、高职、本科院校的财经商贸、经济管理、工商管理等相关专业的财税类课程进行书证融合;也可作为实训课程独立开课。同时本书可作为学分银行的学分转化项目,与各院校的相关课程实现学分单向、双向转化,将技能培训与学历教育有机结合。

5．教学实践相融合

本书案例通过衡信电子税务局实训平台实现教学与实训相融合的目标。衡信电子税务局实训平台是企业端税务系统高仿真的教学实训平台,能够帮助学生解决理论学习与实训实践脱节的问题,完成教学"最后一公里"的转化任务。

6．融入职业素养元素

本书在教会学生按时、准确进行个人所得税申报的同时,融入依法纳税、纳税光荣、偷税逃税可耻的职业品德,以此达到立德树人的目的。本书融入职业素养提升元素,给予学生正确的价值取向引导,有利于提升学生思想道德素质,培养学生的综合职业能力和素养。

7．教材适用对象广泛

本书有助于向会计、电商专业学生普及个人所得税法常识,使其知晓个税各环节业务中的业务技巧和风险,也是会计、电商等从业人员的工具书,能够帮助他们深入了解个人所得税知识和个人所得税预扣预缴、生产经营预缴等业务办理的要求,使其具有更强烈的社会责任感。

本书由长期工作在一线、具有丰富课程教学经验及会计(税务)职称辅导经验的教师团队精心编写。在本书编写过程中,除了采用现行的税收法规外,还参考了一些专家、学者的有关资料和教材,同时,得到了各院校领导和浙江衡信教育科技有限公司的大力支持,在此一并表示感谢。

由于编者水平有限,书中难免有不当之处,敬请读者提出宝贵意见。

编　者

2025 年 4 月

目　录

项目1 税收及个税基础知识

项目描述

税收是税法产生、存在和发展的基础，是决定税法性质和内容的主要因素。本项目主要学习税收的概念与特征、税法要素等基础知识，以及个人所得税基础知识。重点是能够掌握税法的构成要素，区分个人所得税的应税所得项目及各项所得适用的税率。

本项目内容思维导图如图 1-1 所示。

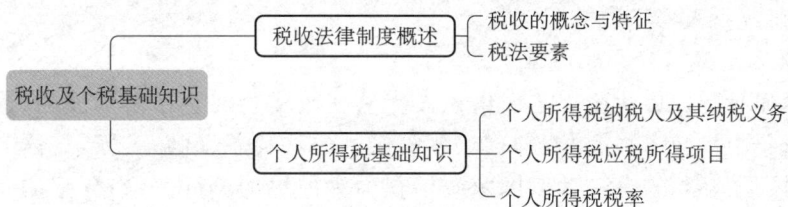

图 1-1　项目 1 内容思维导图

任务 1.1　税收法律制度概述

知识提升

（1）了解税收的概念及特征。

（2）掌握税法要素的具体内容。

能力提升

（1）能够理解各税法要素的具体内容。

（2）能正确选择我国税法规定的税率形式。

（3）能区分起征点与免征额的征税规定。

素养提升

理解税收在社会经济生活中的重要地位，明确依法纳税是每个公民应尽的义务，树立依法纳税观念和法治意识。

知识储备

一、税收的概念与特征

（一）税收的概念

税收是指以国家为主体,为实现国家职能,凭借政治权力,按照法定标准,无偿取得财政收入的一种特定分配形式。它体现了国家与纳税人在征税、纳税的利益分配上的一种特定分配关系。税收的概念可以从以下几个方面理解。

1. 税收是国家取得财政收入的主要形式

财政收入形式是指国家取得财政收入的具体方式。一般性财政收入的形式主要有税收、政府收费、国有资产收益、专项收入、其他收入。税收收入是指通过围家税法规定的各种税收取得的财政收入,具有及时、广泛的特点,是国家公共财政最主要的收入来源,是国家最稳定、可靠的财政收入形式。

2. 税收的本质是一种分配关系

税收的本质是国家以法律规定向纳税人无偿征收实物或货币所形成的特殊分配关系。这种分配关系集中反映了国家与各阶级、各阶层的经济关系、利益关系,具体表现在以下方面:分配的主体是国家,它是一种以国家政治权力为前提的分配关系;分配的客体是社会剩余产品,一切税源皆来自劳动者创造的国民收入或积累的社会财富;分配的目的是实现国家职能服务;分配的结果是实现国民收入的再分配。因而,国家与纳税人之间形成的这种分配关系属于社会再分配范畴。

3. 国家凭借政治权力进行征税

社会产品的分配总是要以一定的权力为依据。国家通过征税,将一部分社会产品由纳税人所有转变为国家所有,因此征税的过程实际上是国家参与社会产品的分配过程,是以国家为主体所进行的分配,是国家凭借政治权力进行的分配。

4. 征税的目的是满足社会公共需要

国家在履行其公共职能的过程中必然要有一定的公共支出。公共支出一般情况下不能由公民个人、企业采取自愿出价的方式,而只能采用由国家(政府)强制征税的方式,由经济组织、单位和个人来负担。国家征税的目的是满足国家提供公共产品的需要,其中包括政府弥补市场失灵、促进公平分配等需要。此外,税收治理作为国家治理的重要组成部分,在国家治理中的基础性、支柱性、保障性作用十分突出。

（二）税收的特征

1. 无偿性

无偿性是指国家征税以后对具体纳税人既不需要直接偿还,也不付出任何直接形式的报酬,纳税人从政府支出所获利益通常与其支付的税款不完全成一一对应的比例关系。

2. 强制性

强制性是指税收是国家凭借政治权力,通过法律形式对社会产品进行的强制性分配,而非纳税人的一种自愿缴纳,纳税人必须依法纳税,否则会受到法律制裁。强制性是国家权力在税收上的法律体现,是国家取得税收收入的根本前提。

3. 固定性

固定性是指税收是国家通过法律形式预先规定了对什么征税及其征收比例等税制要素,并保持相对的连续性和稳定性。虽然税制要素的主体内容也会因经济发展水平、国家经济政策的变化而进行必要的改革和调整,但这种改革和调整也要通过法律形式事先规定,而且改革调整后要保持一定时期的相对稳定。

二、税法要素

税法要素是指各单行税法共同具有的基本要素。在税法体系里,既包括实体法,也包括程序法。税法要素一般包括纳税人、征税对象、税率、计税依据、纳税环节、纳税期限、纳税地点、税收优惠、法律责任等。

（一）纳税人

纳税人是指法律、行政法规规定的负有纳税义务的单位和个人。

与纳税人相联系的另一个概念是扣缴义务人。扣缴义务人是税法规定的,在其经营活动中负有代扣或代收税款并向国库缴纳义务的单位。扣缴义务人必须按照税法规定代扣或代收税款,并在规定期限缴入国库。

（二）征税对象

征税对象又称课税对象,是纳税的客体。它是指税收法律关系中权利义务所指向的对象,即对什么征税。征税对象是区别不同税种的重要标志。

税目是税法中具体规定应当征税的项目,是征税对象的具体化。规定税目有两个目的:一是为了明确征税的具体范围;二是为了对不同的征税项目加以区分,从而制定高低不同的税率。

（三）税率

1. 税率的概念及意义

税率是指应征税额与计税金额(或数量单位)之间的比例,是计算税额的尺度。税率的高低直接体现国家的政策要求,直接关系到国家财政收入和纳税人的负担程度。

2. 税率的形式

税率的形式主要有比例税率、累进税率和定额税率三种。

1）比例税率

比例税率是指对同一征税对象,不论其数额大小,均按同一个比例征税的税率。税率本身是应征税额与计税金额之间的比例。我国税收法律制度大量采取比例税率。

2）累进税率

累进税率是根据征税对象数额的逐渐增大,按不同等级逐步提高的税率。即征税对象数额越大,税率越高。

目前我国现行税法中采用的累进税率主要如下。

（1）超额累进税率。超额累进税率是将征税对象数额的逐步递增划分为若干等级，按等级规定相应的递增税率，对每个等级分别计算税额。

（2）超率累进税率。超率累进税率是按征税对象的某种递增比例划分若干等级，按等级规定相应的递增税率，对每个等级分别计算税额。

3）定额税率

定额税率又称固定税额，是指按征税对象的一定单位直接规定固定的税额，而不采取百分比的形式。

（四）计税依据

计税依据是指计算应纳税额的依据或标准，即根据什么来计算纳税人应缴纳的税额。税款的计算方式一般有两种：一是从价计征；二是从量计征。

从价计征以计税金额为计税依据，计税金额是指征税对象的数量乘计税价格的数额。我国税收法律制度大量采取从价计征方式。

从量计征以征税对象的重量、体积、数量等为计税依据。

（五）纳税环节

纳税环节主要是指税法规定的征税对象在从生产到消费的流转过程中应当缴纳税款的环节。

（六）纳税期限

纳税期限是指纳税人的纳税义务发生后应依法缴纳税款的期限，包括纳税义务发生时间、纳税期限和缴库期限。税法中，根据不同的情况规定不同的纳税期限，纳税人必须在规定的纳税期限内缴纳税款。

（七）纳税地点

纳税地点是指税法根据各税种的纳税环节和有利于税款的源泉控制而规定的纳税人（包括代征、代扣、代缴义务人）具体申报缴纳税款的地点。

（八）税收优惠

1. 减税和免税

减税是指对应征税款减少征收部分税款。

免税是指对按规定应征收的税款给予免除。

2. 起征点

起征点也称"征税起点"，是指对征税对象开始征税的数额界限。征税对象的数额没有达到规定起征点的不征税；达到或超过起征点的，就其全部数额征税。

3. 免征额

免征额是指对征税对象总额中免予征税的数额，即对纳税对象中的一部分数额给予减免，只就减除后的剩余部分计征税款。

（九）法律责任

法律责任是指行为人因实施了违反国家税法规定的行为而应承受的法律后果。税法中的法律责任包括行政责任和刑事责任。

任务1.2 个人所得税基础知识

知识提升

（1）了解个人所得税纳税人的基本规定。

（2）熟悉不同所得适用的税率类型。

（3）掌握个人所得税应税所得项目的相关规定。

能力提升

（1）能正确判断个人所得征税项目。

（2）能准确进行特殊所得的应税所得项目判断。

素养提升

自2019年1月1日起，我国开始全面实施综合与分类相结合的个人所得税改革，这次改革通过提高基本费用减除标准、增加专项附加扣除、优化调整税率结构、扩大低档税率的级距等方式，使广大纳税人的税收负担普遍降低。通过对个人所得税改革亮点的了解，理解个人所得税对于调节收入分配公平、实现共同富裕的重要作用，培养学生的民生意识和人文精神。

知识储备

一、个人所得税纳税人及其纳税义务

（一）个人所得税纳税人

个人所得税纳税人包括中国公民、个体工商户、个人独资企业投资人和合伙企业的个人合伙人等。

个人所得税纳税人依据住所和居住时间两个标准，分为居民个人和非居民个人。

（二）扣缴义务人

根据《中华人民共和国个人所得税法》第九条规定，个人所得税以所得人为纳税人，以支付所得的单位或者个人为扣缴义务人。扣缴义务人扣缴税款时,纳税人应当向扣缴义务人提供纳税人识别号。

(三)个人所得税纳税人的判定标准及纳税义务

居民个人及非居民个人判定标准及纳税义务如表 1-1、表 1-2 所示。

表 1-1　居民个人判定标准及纳税义务

纳税人	判 定 标 准	纳 税 义 务
居民个人	两者满足其一: ① 在中国境内有住所; ② 在中国境内无住所而一个纳税年度内在中国境内居住累计满 183 天	无限纳税义务:中国境内和境外取得的所得

表 1-2　非居民个人判定标准及纳税义务

纳税人	判 定 标 准	纳 税 义 务
非居民个人	两者满足其一: ① 在中国境内无住所又不居住; ② 在中国境内无住所而一个纳税年度内在中国境内居住不满 183 天	有限纳税义务:中国境内取得的所得

提示:在中国境内有住所,是指因户籍、家庭、经济利益关系而在中国境内习惯性居住;一个纳税年度,自公历 1 月 1 日起至 12 月 31 日止。

二、个人所得税应税所得项目

按应纳税所得的来源划分,现行个人所得税共分为 9 个应税项目。

(一)工资、薪金所得

工资、薪金所得是指个人因"任职或者受雇"而取得的工资、薪金、奖金、年终加薪、劳动分红、津贴、补贴,以及与任职或者受雇有关的其他所得。

下列项目不属于工资、薪金性质的补贴、津贴,不征收个人所得税,包括:①独生子女补贴;②托儿补助费;③差旅费津贴、误餐补助;④执行公务员工资制度未纳入基本工资总额的补贴、津贴差额和家属成员的副食补贴。

(二)劳务报酬所得

劳务报酬所得是指个人从事劳务取得的所得,包括从事设计、装潢、安装、制图化验、测试、医疗、法律、会计、咨询、讲学、翻译、审稿、书画、雕刻、影视、录音、录像、演出、表演、广告、展览、技术服务、介绍服务、经纪服务、代办服务以及其他劳务取得的所得。

1. 个人的兼职收入

根据《国家税务总局关于个人兼职和退休人员再任职取得收入如何计算征收个人所得

税问题的批复》(国税函〔2005〕382 号)的规定,个人兼职取得的收入应按照"劳务报酬所得"应税项目缴纳个人所得税;退休人员再任职取得的收入,在减除按个人所得税法规定的费用扣除标准后,按"工资、薪金所得"应税项目缴纳个人所得税。

2. 关于董事费征税问题

根据《国家税务总局关于印发〈征收个人所得税若干问题的规定〉的通知》(国税发〔1994〕89 号)第八条规定,个人由于担任董事职务所取得的董事费收入,属于劳务报酬所得性质,按照劳务报酬所得项目征收个人所得税。根据《国家税务总局关于明确个人所得税若干政策执行问题的通知》(国税发〔2009〕121 号)的规定,董事费作为劳务报酬所得项目征收个人所得税的情况,仅适用于个人担任公司董事、监事,且不在公司任职、受雇的情形。个人在公司(包括关联公司)任职、受雇,同时兼任董事、监事的,应将董事费、监事费与个人工资收入合并,统一按工资、薪金所得项目缴纳个人所得税。

(三) 稿酬所得

稿酬所得是指个人因其作品以图书、报刊形式出版、发表而取得的所得。作品包括文学作品、书画作品、摄影作品,以及其他作品。

1. 取得遗作稿酬个税处理

根据《国家税务总局关于印发〈征收个人所得税若干问题的规定〉的通知》(国税发〔1994〕89 号)第四条第三项规定,作者去世后,对取得其遗作稿酬的个人,按稿酬所得征收个人所得税。

2. 任职、受雇于报刊、杂志、出版等单位的员工的作品收入个税处理

根据《国家税务总局关于个人所得税若干业务问题的批复》(国税函〔2002〕146 号)等文件的相关规定,有关报刊、杂志、出版等单位的职员在本单位的刊物上发表作品、出版图书所获得的收入,其个税处理方式如下。

(1) 任职、受雇于报刊等单位的员工,在本单位的报刊上发表作品的个税处理方式如表 1-3 所示。

表 1-3　杂志社职员在本单位的报刊上发表作品的个税处理

序号	人　员		收　入	计征项目
1	记者、编辑等专业人员	任职受雇于报刊等单位	在本单位的刊物发表作品取得的收入	与其当月工资收入合并,按"工资、薪金所得"计征
2	其他非专业人员			按"稿酬所得"计征

(2) 出版社专业作者在本社出版图书的稿费个税处理方式如表 1-4 所示。

表 1-4　专业作者在本社出版图书的稿费个税处理

序号	人　员		收　入	计征项目
1	专业作者	任职受雇于出版社	排版、编辑等本职工作	按"工资、薪金所得"计征
2			撰写、编写或翻译的作品以图书形式由本单位出版的收入	按"稿酬所得"计征

（四）特许权使用费所得

特许权使用费所得是指个人提供专利权、商标权、著作权、非专利技术以及其他特许权的"使用权"所得。提供著作权的使用权取得的所得，不包括稿酬所得。

1. 专利权

专利权即自然人、法人或者其他组织依法对发明、实用新型和外观设计在一定期限内享有的独占实施权。

根据《国家税务总局关于个人取得专利赔偿所得征收个人所得税问题的批复》（国税函〔2000〕257号）精神，专利的所有者因其专利权被他人使用而取得的经济赔偿收入，应按"特许权使用费所得"应税项目缴纳个人所得税，税款由支付赔偿的单位代扣代缴。

2. 商标权

商标权即商标注册人或权利继受人在法定期限内对注册商标依法享有的各种权利。

1）剧本使用费收入

根据《国家税务总局关于剧本使用费征收个人所得税问题的通知》（国税发〔2002〕52号）的规定，自2002年5月1日起，对于剧本作者从电影、电视剧的制作单位取得的剧本使用费，不再区分剧本的使用方是否为其任职单位，统一按"特许权使用费所得"项目计征个人所得税。

2）文字作品手稿原件或复印件拍卖所得

根据《国家税务总局关于印发征收个人所得税若干问题的规定的通知》（国税发〔1994〕89号）的规定，作者将自己的文字作品手稿原件或复印件公开拍卖（竞价）取得的所得，应按"特许权使用费所得"项目征收个人所得税。

3. 著作权

著作权又称版权，是指文学、艺术和科学作品的作者及其相关主体依法对作品所享有的人身权利和财产权利。

（五）利息、股息、红利所得

利息、股息、红利所得是指个人拥有债权、股权而取得的利息、股息、红利所得。其中，利息一般是指存款、贷款和债券的利息。股息、红利是指个人拥有股权取得的公司、企业分红。

1. 个人投资者从其投资企业借款个税的处理

根据《财政部、国家税务总局关于规范个人投资者个人所得税征收管理的通知》（财税〔2003〕158号）文件第二条规定，纳税年度内个人投资者从其投资企业（个人独资企业、合伙企业除外）借款，在该纳税年度终了后既不归还，又未用于企业生产经营的，其未归还的借款可视为企业对个人投资者的红利分配，依照"利息、股息、红利所得"项目计征个人所得税。

2. 以企业资金为个人购房或其他财产个税的处理

企业出资购买房屋及其他财产，将所有权登记为投资者个人、投资者家庭成员或企业其他人员的；企业投资者个人、投资者家庭成员或企业其他人员向企业借款用于购买房屋及其他财产，将所有权登记为投资者、投资者家庭成员或企业其他人员，且借款年度终了后未归还借款的，不论所有权人是否将财产无偿或有偿交付企业使用，其实质均为企业对个人进行了实物性质的分配,应依法计征个人所得税。

　　3. 企业为股东个人购买汽车个税的处理

　　根据《国家税务总局关于企业为股东个人购买汽车征收个人所得税的批复》(国税函〔2005〕364号)文件第一条规定,企业购买车辆并将车辆所有权办到股东个人名下,其实质为企业对股东进行了红利性质的实物分配,应按照"利息、股息、红利所得"项目征收个人所得税。考虑到该股东个人名下的车辆同时也为企业经营使用的实际情况,允许合理减除部分所得,减除的具体数额由主管税务机关根据车辆的实际使用情况合理确定。

(六)财产租赁所得

　　财产租赁所得是指个人出租不动产、机器设备、车船以及其他财产取得的所得。

　　(1)个人取得的房屋转租收入,属于"财产租赁所得"的征税范围。

　　(2)房地产开发企业与商店购买者个人签订协议,约定以优惠价格将商店出售给购买者个人,购买者个人在一定期限内必须将购买的商店无偿提供给房地产开发企业对外出租使用。对于购买者个人因享受优惠价格而少支出的购房价款,应视同个人财产租赁所得,按照"财产租赁所得"项目征收个人所得税。

　　(3)个人在汽车上做广告取得的所得。根据《个人所得税法实施条例》第六条第七项规定,个人在汽车上做广告取得的所得,属于个人出租自有财产取得的所得,按照"财产租赁所得"缴纳个人所得税。

(七)财产转让所得

　　财产转让所得是指个人转让有价证券、股权、合伙企业中的财产份额、不动产、机器设备、车船以及其他财产取得的所得。

　　1. 出售自有住房并在1年内重新购房个税的处理

　　自2024年1月1日至2025年12月31日,对出售自有住房并在现住房出售后1年内在市场重新购买住房的纳税人,对其出售现住房已缴纳的个人所得税予以退税优惠。其中,新购住房金额大于或等于现住房转让金额的,全部退还已缴纳的个人所得税;新购住房金额小于现住房转让金额的,按新购住房金额占现住房转让金额的比例退还出售现住房已缴纳的个人所得税。

　　2. 居民个人转让境外不动产个税的处理

　　居民个人转让境外不动产,属于来源于中国境外的所得,根据《中华人民共和国个人所得税法》第一条规定,居民个人从中国境内和境外取得的所得,依法缴纳个人所得税,按照"财产转让所得"项目计缴个人所得税。

　　3. 个人以非货币资产投资取得的所得个税的处理

　　根据《财政部、国家税务总局关于个人非货币性资产投资有关个人所得税政策的通知》(财税〔2015〕41号)文件第一条、第五条规定,个人以非货币资产投资,属于个人转让非货币性资产和投资同时发生,对个人转让非货币性资产的所得,应按照"财产转让所得"项目,依法计算缴纳个人所得税。非货币性资产是指现金、银行存款等货币性资产以外的资产,包括股权、不动产技术发明成果以及其他形式的非货币性资产。非货币性资产投资包括以非货币性资产出资设立新的企业,以及以非货币性资产出资参与企业增资扩股、定向增发股票、股权置换、重组改制等投资行为。

4. 限售股转让所得个税的处理

自 2010 年 1 月 1 日起,对个人转让限售股取得的所得,按照"财产转让所得"项目征收个人所得税。

个人转让限售股,以每次限售股转让收入,减除股票原值和合理税费后的余额,为应纳税所得额。即

$$应纳税所得额＝限售股转让收入－（限售股原值＋合理税费）$$

限售股转让收入是指转让限售股股票实际取得的收入。限售股原值是指限售股买入时的买入价及按照规定缴纳的有关费用。合理税费是指转让限售股过程中发生的印花税、佣金、过户费等与交易相关的税费。

(八) 偶然所得

偶然所得是指个人得奖、中奖、中彩以及其他偶然性质的所得。得奖是指参加各种有奖竞赛活动,取得名次得到的奖金;中奖、中彩是指参加各种有奖活动,如有奖储蓄、购买彩票,经过规定程序,抽中、摇号号码而取得的奖金。

1. 个人提供担保获得收入个税的处理

根据《财政部、税务总局关于个人取得有关收入适用个人所得税应税所得项目的公告》(财政〔2019〕74 号)第一条规定,个人为单位或他人提供担保获得收入,按照"偶然所得"项目计算缴纳个人所得税。

2. 关于员工年会的中奖收入个税处理

本单位任职受雇员工年会中奖所得收入,按照"工资、薪金所得"项目计算缴纳个人所得税;本单位以外的人员年会中奖所得收入,按照"偶然所得"项目计算缴纳个人所得税。

3. 个人取得单张有奖发票奖金个税处理

个人取得单张有奖发票奖金所得不超过 800 元(含 800 元)的,暂免征收个人所得税;个人取得单张有奖发票奖金所得超过 800 元的,应按照个人所得税法规定的"偶然所得"税目征收个人所得税。

(九) 经营所得

经营所得主要涵盖以下几个方面。

(1) 个体工商户从事生产、经营活动取得的所得,个人独资企业投资人、合伙企业的个人合伙人来源于境内注册的个人独资企业、合伙企业生产、经营的所得。

(2) 个人依法从事办学、医疗、咨询以及其他有偿服务活动取得的所得。

(3) 个人对企业、事业单位承包经营、承租经营以及转包、转租取得的所得。

(4) 个人从事其他生产、经营活动取得的所得。

三、个人所得税税率

(一) 综合所得适用的税率

居民个人每一纳税年度内取得的综合所得包括:工资、薪金所得;劳务报酬所得;稿酬所

得;特许权使用费所得。

综合所得适用 3‰~45‰超额累进税率,具体税率如表 1-5 所示。

表 1-5　个人所得税率表一(综合所得适用)

级数	全年应纳税所得额	税率/%	速算扣除数/元
1	不超过 36 000 元的	3	0
2	超过 36 000 元至 144 000 元的部分	10	2 520
3	超过 144 000 元至 300 000 元的部分	20	16 920
4	超过 300 000 元至 420 000 元的部分	25	31 920
5	超过 420 000 元至 660 000 元的部分	30	52 920
6	超过 660 000 元至 960 000 元的部分	35	85 920
7	超过 960 000 元的部分	45	181 920

(二)经营所得适用的税率

经营所得适用 5‰~35‰超额累进税率,具体税率如表 1-6 所示。

表 1-6　个人所得税率表二(经营所得适用)

级数	全年应纳税所得额	税率/%	速算扣除数/元
1	不超过 30 000 元的	5	0
2	超过 30 000 元至 90 000 元的部分	10	1 500
3	超过 90 000 元至 300 000 元的部分	20	10 500
4	超过 300 000 元至 500 000 元的部分	30	40 500
5	超过 500 000 元的部分	35	65 500

(三)其他所得适用的税率

利息、股息、红利所得,财产租赁所得,财产转让所得和偶然所得适用比例税率,税率为 20‰。

自 2001 年 1 月 1 日起,对个人出租住房取得的所得暂减,按 10‰的税率征收个人所得税。

实战演练

一、单选题

1. 下列各项税法要素中,属于区别不同税种的重要标志的是(　　)。

　　A. 纳税人　　　　B. 计税依据　　　　C. 税率　　　　D. 征税对象

2. 在中国境内无住所的下列外籍个人中,属于 2023 年度中国个人所得税居民个人的是(　　)。

A. 汤姆 2023 年 9 月 1 日入境,2023 年 12 月 10 日离境

B. 杰瑞 2023 年 1 月 20 日入境,2023 年 7 月 10 日离境

C. 佩奇 2022 年 10 月 1 日入境,2023 年 5 月 5 日离境

D. 乔治 2023 年 3 月 15 日入境,2023 年 10 月 25 日离境

3. 根据个人所得税法律制度的规定,居民个人取得的下列所得中,应按"工资、薪金所得"计缴个人所得税的是( )。

A. 国债利息所得

B. 出租闲置住房取得的所得

C. 参加商场有奖销售活动中奖取得的所得

D. 单位全勤奖

4. 根据个人所得税法律制度的规定,个人取得特许权的经济赔偿收入,应按照( )缴纳个人所得税。

A. 劳务报酬所得

B. 利息、股息、红利所得

C. 偶然所得

D. 特许权使用费所得

5. 根据个人所得税法律制度的规定,下列各项中,不属于工资、薪金性质的补贴、津贴的是( )。

A. 工龄补贴　　　B. 加班补贴　　　C. 差旅费津贴　　　D. 岗位津贴

二、多选题

1. 下列各项中,属于我国税法规定的税率形式的有( )。

A. 全额累进税率

B. 定额税率

C. 比例税率

D. 超率累进税率

2. 下列各项中,属于税法要素的有( )。

A. 计税依据

B. 税收优惠

C. 纳税人

D. 税率

3. 根据个人所得税法律制度的规定,下列各项中,属于个人所得税纳税人的有( )。

A. 一人有限责任公司

B. 合伙企业个人合伙人

C. 个人独资企业投资人

D. 个体工商户

4. 根据个人所得税法律制度的规定,下列非任职受雇取得的收入中,按照"劳务报酬所得"项目缴纳个人所得税的有( )。

A. 技术服务收入

B. 提供商标权的使用权取得的收入

C. 法律服务收入

D. 设计服务收入

5. 根据个人所得税法律制度的规定,下列各项中,应按"工资、薪金所得"项目征收个人所得税的有( )。

A. 不在甲公司任职、受雇,只担任甲公司董事的张某,从甲公司取得的董事费收入 1 万元

B. 在甲公司任职同时兼任监事的王某,从甲公司取得的监事费收入 1 万元

C. 在乙杂志社任职的记者韩某因在本单位杂志上发表作品取得收入 1 万元

D. 受雇于乙杂志社的清洁工李某因在本单位杂志上发表作品取得收入 1 万元

三、判断题

1. 日本公民田中先生在中国境内无住所,2023 年 9 月 1 日自日本到中国出差,2024 年 4 月 20 日完成工作后回到日本,田中先生 2024 年度为中国个人所得税的居民个人。(　　)

2. 中国居民李某,在境外工作,只就来源于中国境外的所得征收个人所得税。(　　)

3. 税法规定的起征点是对纳税对象中的一部分给予减免,只就减除后剩余的部分计征税款。(　　)

4. 起征点的特点是征税对象的数额没有达到规定起征点的不征税;达到或超过起征点的,就其超过部分征税。(　　)

5. 个人出版画作取得的所得,应按"劳务报酬所得"项目计缴个人所得税。(　　)

项目 2　居民个人税款的计算

本项目主要学习居民个人综合所得、分类所得应纳税额的计算。综合所得应纳税额计算时要重点把握各扣除项目的扣除范围、扣除标准及扣除时间等规定。掌握各项所得应纳税所得额及应纳税额的计算。

本项目内容思维导图如图 2-1 所示。

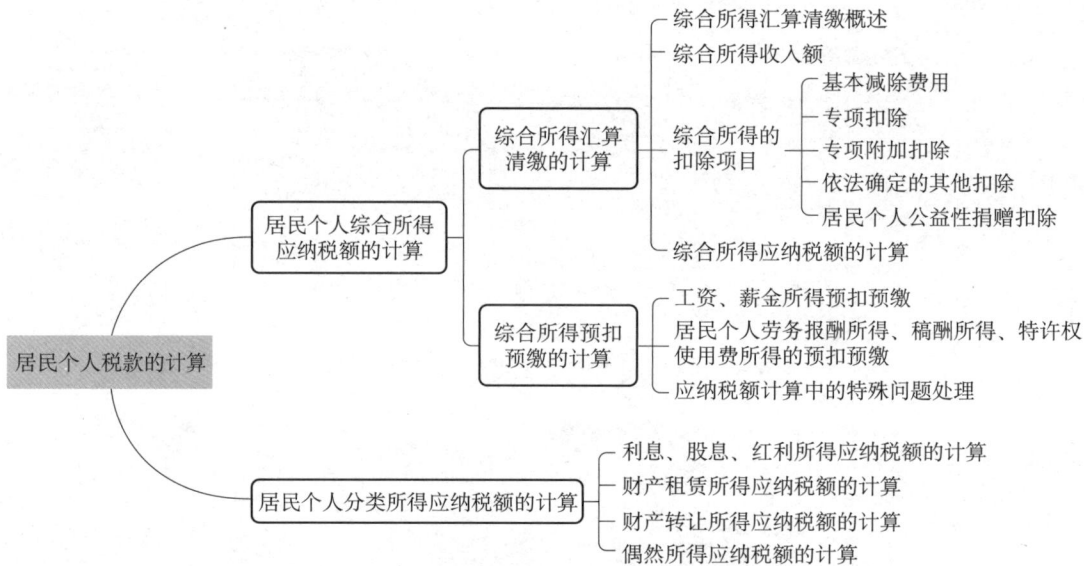

图 2-1　项目 2 内容思维导图

任务 2.1　居民个人综合所得应纳税额的计算

知识提升

（1）了解综合所得汇算清缴的内容及需要或无须办理汇算清缴的情形。

（2）熟悉全年一次性奖金等特殊问题个人所得税的处理。

（3）掌握综合所得预扣预缴、汇算清缴应纳税额的计算。

能力提升

（1）能准确进行综合所得预扣预缴应纳税额的计算。

（2）能准确进行综合所得汇算清缴应纳税额的计算。

素养提升

理解专项附加扣除政策在保障纳税人的教育权、健康权、居住权等方面所起的作用,同时引导纳税人履行赡养老人的义务,弘扬孝道和美德。遵循公平合理、简便易行、切实减负、改善民生的原则,了解政府对人民生活的关注,培养荣誉感和爱国情怀。

子任务 2.1.1　综合所得汇算清缴的计算

案例情景

（一）企业基本信息

纳税人名称:杭州热玛吉有限公司

纳税人识别号:913331097384125000

所属行业:医美行业

纳税人资格:一般纳税人

登记日期:2014 年 7 月 1 日

生产经营范围:技术推广服务;销售Ⅰ类、Ⅱ类医疗器械、化妆品、日用品;委托加工化妆品;经济贸易咨询;销售Ⅲ类医疗器械。

（二）业务资料

资料 1:

公司员工基础信息如表 2-1 所示。

表 2-1　公司员工基础信息表

工号	姓名	性别	身份证号	联系电话	任职日期	任职受雇从业类型	国籍（地区）
001	李睿	男	330103****0407435X	171***30820	2014-07-01	雇员	中国
002	李国强	男	110101****09207851	173***31018	2014-11-12	雇员	中国
003	刘峰	男	110101****0907052X	152***31263	2015-09-14	雇员	中国
004	赵苑丽	女	110101****08285408	171***66608	2016-03-12	雇员	中国
005	苏薇丽	女	110101****10164584	189***92806	2018-06-05	雇员	中国
006	黄伟波	男	330102****03075214	176***48801	2018-04-06	雇员	中国

工号	姓名	性别	身份证号	联系电话	任职日期	任职受雇从业类型	国籍（地区）
007	宋志豪	男	340111****05062138	181***13327	2017-10-14	雇员	中国
008	朱伟文	男	110101****0307133X	156***85403	2014-09-09	雇员	中国
009	庞正	男	120101****06159490	177***77112	2017-04-04	雇员	中国

　　2024 年 4 月 10 日，经与居民纳税人进行书面委托确认，杭州热玛吉有限公司财务人员苏薇丽为以上纳税人进行了个人所得税综合所得年度汇算清缴。

　　资料 2：

　　（1）居民纳税人李睿（雇员），在 2023 年 1—12 月，每月取得工资、薪金收入 10 500 元；每月个人缴付"三险一金"2 000 元（基本养老保险 800 元，基本医疗保险 200 元，失业保险 50 元，住房公积金 950 元）。李睿家中有两个上小学的孩子，子女教育符合专项附加扣除规定，但他在预缴环节未填报，因此由李睿个人在税前扣除。全年已预缴个税 1 680 元。其在年度汇算时填报了相关信息后，计算全年应纳税款。

　　（2）居民纳税人李国强（雇员），在 2023 年 1—12 月，每月取得工资、薪金收入 14 000 元；每月个人缴付"三险一金"2 000 元（基本养老保险 800 元，基本医疗保险 200 元，失业保险 50 元，住房公积金 950 元），没有专项附加扣除，已预缴个税 5 880 元。

　　（3）居民纳税人刘峰（雇员）于 2023 年 4 月底退休，退休前每月工资、薪金收入 25 000 元；每月个人缴付"三险一金"2 000 元（基本养老保险 800 元，基本医疗保险 200 元，失业保险 50 元，住房公积金 950 元），退休后领取基本养老金。假设没有专项附加扣除，1—4 月已预缴个税 4 680 元，5—12 月基本养老金按规定免征个税，其妻子 2023 年 6 月住院，扣除医保报销后个人负担 20 000 元，选择由刘峰在税前扣除。

　　（4）居民纳税人赵苑丽（雇员），在 2023 年 1—12 月，每月取得工资、薪金收入 15 600 元；每月个人缴付"三险一金"2 000 元（基本养老保险 800 元，基本医疗保险 200 元，失业保险 50 元，住房公积金 950 元）。赵苑丽是独生子女，需赡养自己 68 岁的父亲，赡养老人符合专项附加扣除规定（每月均扣除），已预缴个税为 4 200 元。另外，2023 年 5 月其在某报刊发表一篇文章取得收入 8 000 元。

　　（5）居民纳税人黄伟波（雇员），在 2023 年 1—12 月，每月取得工资、薪金收入 16 000 元，无免税收入，每季度最后一个月取得 30 000 元季度考核奖金收入；每月个人缴付"三险一金"2 000 元（基本养老保险 800 元，基本医疗保险 200 元，失业保险 50 元，住房公积金 950 元），每月可以办理的专项附加扣除为 3 000 元（赡养老人扣除 1 000 元，子女教育扣除 2 000 元），无其他扣除，已预缴个税为 21 480 元。另外，他于 2023 年 3 月取得劳务报酬收入 30 000 元。

　　（6）居民纳税人宋志豪（雇员），在 2023 年 1—12 月，每月取得工资、薪金收入 15 000 元；个人缴付"三险一金"2 000 元（基本养老保险 800 元，基本医疗保险 200 元，失业保险 50 元，住房公积金 950 元），每月享受住房租金专项附加扣除 1 500 元，赡养老人专项附加扣除 3 000 元，没有其他减免税等情况，已预缴个税为 1 680 元。另外，2023 年 5 月其提供一项专利权的使用权，取得收入 50 000 元。

　　（7）居民纳税人朱伟文（雇员），在 2023 年 1—12 月，每月取得工资、薪金收入 25 000 元；

个人缴付"三险一金"2 000元(基本养老保险800元,基本医疗保险200元,失业保险50元,住房公积金950元),专项附加扣除每月扣除4 500元(住房租金扣除1 500元,赡养老人扣除1 000元,子女教育扣除2 000元),没有扣除其他项目,全年累计预扣预缴个人所得税15 480元。2023年5月12日,朱伟文通过杭州红十字会(统一社会信用代码913301006858395 02H)向农村义务教育捐赠现金20 000元,捐赠凭证号为121900122056,预扣预缴时没有扣除,假设朱伟文无其他项目综合所得收入(备注:农村义务教育捐赠)。

(8)居民纳税人庞正(雇员)是一名残疾人,符合税法规定的减征条件。在2023年1—12月,他每月取得工资、薪金收入15 000元;每月个人缴付"三险一金"2 000元(基本养老保险800元,基本医疗保险200元,失业保险50元,住房公积金950元),每月专项附加扣除3 000元(赡养老人扣除1 000元,子女教育扣除2 000元),累计预扣预缴个人所得税3 480元。庞正所在省份残疾人减征个人所得税优惠政策规定,残疾人每人每年最多可减征应纳税额6 000元;年度汇算无其他可扣除项目(备注:残疾人减征个人所得税)。

业务要求

(1)对李睿等2023年综合所得汇算清缴各扣除项目金额进行准确计算。

(2)完成李睿等2024年综合所得汇算清缴应纳税额及应补(退)税额的计算。

知识储备

一、综合所得汇算清缴概述

(一)综合所得汇算清缴的概念

综合税制,简单来说,就是"合并全年收入,按年计算税款",与我国之前一直实行的分类税制相比,个人所得税的计算方法发生了改变,即将居民个人取得的工资薪金、劳务报酬、稿酬、特许权使用费四项所得合并为"综合所得",以"年"为一个周期计算应该缴纳的个人所得税。平时取得这四项收入时,先由支付方(即扣缴义务人)依税法规定按月或者按次预扣预缴税款。年度终了,纳税人需要将上述四项所得的全年收入额,减去费用和扣除数额后,计算最终应纳税额,再减去已预缴税额,得出应退或应补税额,向税务机关申报并办理退税或补税,这个过程就是汇算清缴。简言之,就是纳税人在平时已预缴税款的基础上"查遗补漏、汇总收支、按年算账、多退少补"。

(二)综合所得汇算清缴的内容

纳税年度终了后,居民个人(纳税人)需要汇总汇缴年度(如2023年1月1日至2023年12月31日)取得的工资薪金、劳务报酬、稿酬、特许权使用费等四项综合所得的收入额,减除费用6万元以及专项扣除、专项附加扣除、依法确定的其他扣除和符合条件的公益慈善事业捐赠后,适用综合所得个人所得税税率并减去速算扣除数,计算最终应纳税额,再减去汇缴年度已预缴税额,得出应退或应补税额,向税务机关申报并办理退税或补税。具体计算公式如下：

$$应退或应补税额＝（综合所得收入额－60\ 000\ 元－"三险一金"等专项扣除$$
$$－子女教育等专项附加扣除－依法确定的其他扣除$$
$$－符合条件的公益慈善事业捐赠）×适用税率－速算扣除数$$
$$－已预缴税额$$

汇算不涉及纳税人的财产租赁等分类所得，以及按规定不并入综合所得计算纳税的所得。

（三）无须办理汇算清缴的情形

根据《国家税务总局关于办理 2023 年度个人所得税综合所得汇算清缴事项的公告》（国家税务总局公告 2024 年第 2 号），纳税人在 2023 年已依法预缴个人所得税且符合下列情形之一的，无须办理汇算：

（1）汇算需补税但综合所得收入全年不超过 12 万元的；

（2）汇算需补税金额不超过 400 元的；

（3）已预缴税额与汇算应纳税额一致的；

（4）符合汇算退税条件但不申请退税的。

（四）需要办理汇算的情形

根据《国家税务总局关于办理 2023 年度个人所得税综合所得汇算清缴事项的公告》（国家税务总局公告 2024 年第 2 号），符合下列情形之一的，纳税人需办理汇算：

（1）已预缴税额大于汇算应纳税额且申请退税的；

（2）2023 年取得的综合所得收入超过 12 万元且汇算需要补税金额超过 400 元的。

因适用所得项目错误或者扣缴义务人未依法履行扣缴义务，造成 2023 年少申报或者未申报综合所得的，纳税人应当依法据实办理汇算。

二、综合所得收入额

综合所得包括工资、薪金所得，劳务报酬所得，稿酬所得，特许权使用费所得 4 项。劳务报酬所得、稿酬所得、特许权使用费所得以收入减除 20％的费用后的余额为收入额。稿酬所得的收入额减按 70％计算。具体计算归纳如表 2-2 所示。

表 2-2　综合所得收入额的计算归纳

综合所得类型	收入额的计算
工资、薪金所得	全部工资、薪金税前收入
劳务报酬所得	全部劳务报酬税前收入×（1－20％）
特许权使用费所得	全部特许权使用费税前收入×（1－20％）
稿酬所得	全部稿酬税前收入×（1－20％）×70％

三、综合所得的扣除项目

下列在汇缴年度发生的税前扣除,纳税人可在汇算期间填报或补充扣除。具体如图 2-2 所示。

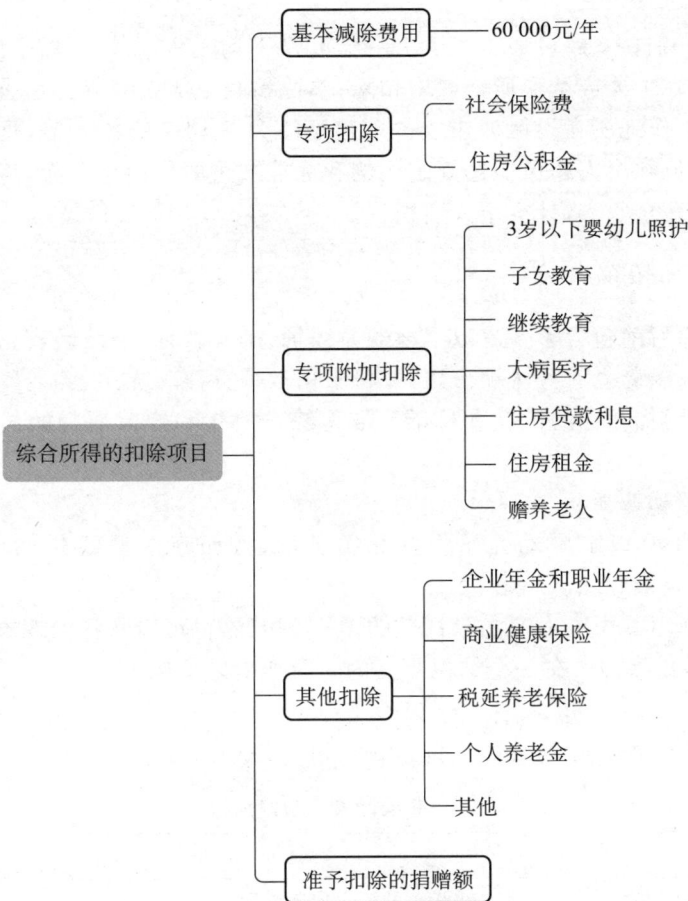

图 2-2　综合所得的扣除项目

(一)基本减除费用

基本减除费用是指纳税人为维持基本生计而发生的,允许在税前扣除的固定额度。基本减除费用和个人收入无关,一般是按照全社会平均消费支出情况计算确定的,总体上反映了全国各地区经济发展和居民收入平均水平。

居民个人取得综合所得,每一纳税年度的减除费用扣除标准为 60 000 元。

(二)专项扣除

专项扣除包括居民个人按照国家规定的范围和标准缴纳的基本养老保险、基本医疗保险、失业保险等社会保险费和住房公积金等。

1．基本养老保险、基本医疗保险和失业保险个税规范

企事业单位按照国家或省（自治区、直辖市）人民政府规定的缴费比例或办法实际缴付的，免征个人所得税；个人按照国家或省（自治区、直辖市）人民政府规定的缴费比例或办法实际缴付的，允许在个人应纳税所得额中扣除。超过规定的比例和标准缴付，应将超过部分并入个人当期的工资、薪金收入，计征个人所得税。

2．住房公积金

单位和个人分别在不超过职工本人上一年度月平均工资12％的幅度内，其实际缴存的住房公积金，允许在个人应纳税所得额中扣除；单位和职工个人缴存住房公积金的月平均工资不得超过职工工作地所在设区城市上一年度职工月平均工资的3倍，具体标准按照各地有关规定执行；单位和个人超过上述规定比例和标准缴付的住房公积金，应将超过部分并入个人当期的工资、薪金收入，计征个人所得税。

（三）专项附加扣除

专项附加扣除目前包含了3岁以下婴幼儿照护、子女教育、继续教育、大病医疗、住房贷款利息、住房租金、赡养老人等7项支出，并将根据教育、医疗、住房、养老等民生支出变化情况，适时调整专项附加扣除的范围和标准。取得综合所得和经营所得的居民个人可以享受专项附加扣除。

1．3岁以下婴幼儿照护

纳税人照护3岁以下婴幼儿子女的相关支出，按照每个婴幼儿每月2 000元（每年24 000元）的标准定额扣除。

父母可以选择由其中一方按扣除标准的100％扣除，也可以选择由双方分别按扣除标准的50％扣除，具体扣除方式在一个纳税年度内不能变更。

2．子女教育

子女教育专项附加扣除的具体项目和规定如表2-3所示。

表2-3　子女教育专项附加扣除

项　目	具　体　规　定	
扣除标准	按照每个子女每月2 000元的标准定额扣除	
扣除范围	学前教育支出	年满3岁至小学入学前
	学历教育支出	义务教育（小学和初中教育）
		高中阶段教育（普通高中、中等职业、技工教育）
		高等教育（大学专科、大学本科、硕士研究生、博士研究生教育）
扣除方式	父母可以由其中一方按扣除标准的100％扣除，也可以由受教育子女的父母分别按扣除标准的50％扣除，具体扣除方式在一个纳税年度内不能变更	
扣除时间	学前教育阶段，为子女年满3周岁当月至小学入学前一月 学历教育，为子女接受全日制学历教育入学的当月至全日制学历教育结束的当月	

3．继续教育

纳税人在中国境内接受学历（学位）继续教育的支出，在学历（学位）教育期间按照每月

400 元定额扣除。同一学历(学位)继续教育的扣除期限不能超过 48 个月(4 年)。

　　纳税人接受技能人员职业资格继续教育、专业技术人员职业资格继续教育支出,在取得相关证书的当年,按照 3 600 元定额扣除。

　　个人接受本科及以下学历(学位)继续教育,符合税法规定扣除条件的,可以选择由其父母扣除,也可以选择由本人扣除。纳税人接受技能人员职业资格继续教育、专业技术人员职业资格继续教育的,应当留存相关证书等资料备查。

　　4. 大病医疗

　　大病医疗专项附加扣除的具体规定如表 2-4 所示。

表 2-4　大病医疗专项附加扣除

费用发生人	扣 除 范 围	扣除标准	扣除时间	扣 除 方 式
纳税人	与基本医保相关的医药费用支出,扣除医保报销后个人负担累计超过 15 000 元的部分	在 80 000 元限额内据实扣除	办理年度汇算清缴时	选择由本人或者其配偶扣除
未成年子女				选择由其父母一方扣除

　　提示:纳税人及其配偶、未成年子女发生的医药费用支出,应按上述规定分别计算扣除额。

　　5. 住房贷款利息

　　纳税人本人或配偶,单独或共同使用商业银行或住房公积金个人住房贷款,为本人或其配偶购买中国境内住房,发生的首套住房贷款利息支出,在实际发生贷款利息的年度,按照每月 1 000 元(每年 12 000 元)的标准定额扣除,扣除期限最长不超过 240 个月(20 年)。纳税人只能享受一套首套住房贷款利息扣除。所称首套住房贷款是指购买住房享受首套住房贷款利率的住房贷款。

　　经夫妻双方约定,可以选择由其中一方扣除,具体扣除方式确定后,在一个纳税年度内不得变更。

　　夫妻双方婚前分别购买住房发生的首套住房贷款,其贷款利息支出,婚后可以选择其中一套购买的住房,由购买方按扣除标准的 100% 扣除,也可以由夫妻双方对各自购买的住房分别按扣除标准的 50% 扣除,具体扣除方式在一个纳税年度内不能变更。

　　纳税人应当留存住房贷款合同、贷款还款支出凭证备查。

　　6. 住房租金

　　纳税人在主要工作城市没有自有住房而发生的住房租金支出,可以按照以下标准定额扣除。

　　直辖市、省会(首府)城市、计划单列市以及国务院确定的其他城市,扣除标准为每月 1 500 元;除上述所列城市以外,市辖区户籍人口超过 100 万的城市,扣除标准为每月 1 100 元;市辖区户籍人口不超过 100 万的城市,扣除标准为每月 800 元。

　　夫妻双方主要工作城市相同的,只能由一方扣除住房租金支出。住房租金支出由签订租赁住房合同的承租人扣除。纳税人及其配偶在一个纳税年度内不得同时分别享受住房贷款利息专项附加扣除和住房租金专项附加扣除。

　　7. 赡养老人

　　纳税人赡养一位及以上被赡养人的赡养支出,统一按以下标准定额扣除。

纳税人为独生子女的,按照每月 3 000 元(每年 36 000 元)的标准定额扣除;纳税人为非独生子女的,由其与兄弟姐妹分摊每月 3 000 元的扣除额度,每人分摊的额度最高不得超过每月 1 500 元。可以由赡养人均摊或者约定分摊,也可以由被赡养人指定分摊。约定或者指定分摊的须签订书面分摊协议,指定分摊优于约定分摊。具体分摊方式和额度在一个纳税年度内不得变更。

被赡养人是指年满 60 岁的父母,以及子女均已去世的年满 60 岁的祖父母、外祖父母。

(四)依法确定的其他扣除

依法确定的其他扣除包括个人缴纳符合国家规定的企业年金、职业年金,个人购买符合国家规定的商业健康保险、税收递延型商业养老保险的支出,以及国务院规定可以扣除的其他项目。

1. 商业健康保险

自 2017 年 7 月 1 日起,对个人购买符合规定的商业健康保险产品的支出,允许在当年(月)计算应纳税所得额时予以税前扣除,扣除限额为 2 400 元/年(200 元/月)。单位统一为员工购买符合规定的商业健康保险产品的支出,应分别计入员工个人工资、薪金,视同个人购买,按上述限额予以扣除。

适用商业健康保险税收优惠政策的纳税人,是指取得工资、薪金所得,连续性劳务报酬所得的个人,以及取得个体工商户生产经营所得、对企事业单位的承包承租经营所得的个体工商户业主、个人独资企业投资者、合伙企业合伙人和承包承租经营者。

2. 个人养老金

自 2022 年 1 月 1 日起,对个人养老金实施递延纳税优惠政策。在缴费环节,个人向个人养老金资金账户的缴费,按照 12 000 元/年的限额标准,在综合所得或经营所得中据实扣除;在投资环节,计入个人养老金资金账户的投资收益暂不征收个人所得税;在领取环节,个人领取的个人养老金,不并入综合所得,单独按照 3% 的税率计算缴纳个人所得税,其缴纳的税款计入"工资、薪金所得"项目。

个人缴费享受税前扣除优惠时,以个人养老金信息管理服务平台出具的扣除凭证为扣税凭据。取得工资、薪金所得或按累计预扣法预扣预缴个人所得税劳务报酬所得的,其缴费可以选择在当年预扣预缴或次年汇算清缴时在限额标准内据实扣除。选择在当年预扣预缴的,应及时将相关凭证提供给扣缴单位。扣缴单位应按照有关要求,为纳税人办理税前扣除有关事项。取得其他劳务报酬、稿酬、特许权使用费等所得或经营所得的,其缴费在次年汇算清缴时在限额标准内据实扣除。

个人按规定领取个人养老金时,由开立个人养老金资金账户所在市的商业银行机构代扣代缴其应缴的个人所得税。

(五)居民个人公益性捐赠扣除

1. 扣除捐赠支出的所得项目

根据《财政部 税务总局公益慈善事业捐赠个人所得税政策的公告》(财政部 税务总局公告 2019 年第 99 号)第三条第一项的规定,居民个人发生的公益捐赠支出可以在财产租赁所得、财产转让所得、利息股息红利所得、偶然所得(统称分类所得)、综合所得或者经营所得中扣除。在当期一个所得项目扣除不完的公益捐赠支出,可以按规定在其他所得项目中继续扣除。公益性捐赠扣除规定如表 2-5 所示。

表 2-5　公益性捐赠扣除规定

扣除限额	居民个人发生的公益捐赠支出,在综合所得、经营所得中扣除的,扣除限额分别为当年综合所得、当年经营所得应纳税所得额的 30%;在分类所得中扣除的,扣除限额为当月分类所得应纳税所得额的 30%	
扣除顺序	居民个人可以根据各项所得的收入、公益捐赠支出、适用税率等情况,自行选择在综合所得、分类所得、经营所得中扣除公益捐赠支出的顺序	
	个人同时发生按 30% 扣除和全额扣除的公益捐赠支出,可以自行选择扣除顺序	
在综合所得中扣除规定	工资、薪金所得	可以选择在预扣预缴时扣除,也可以选择在年度汇算清缴时扣除
		居民个人选择在预扣预缴时扣除的,应按照累计预扣法计算扣除限额,其捐赠当月的扣除限额为截至当月累计应纳税所得额的 30%(全额扣除的从其规定,下同)。个人从两处以上取得工资、薪金所得,选择其中一处扣除,选择后当年不得变更
	劳务报酬所得、稿酬所得、特许权使用费所得	预扣预缴时不扣除公益捐赠支出,统一在汇算清缴时扣除
	全年一次性奖金、股权激励等所得,且按规定采取不并入综合所得而单独计税方式处理	公益捐赠支出扣除参照分类所得的扣除规定处理

2. 限额扣除(一般扣除规定)

按照个人所得税法规定,个人将其所得对教育、扶贫、济困等公益慈善事业进行捐赠,捐赠额未超过纳税人申报的应纳税所得额 30% 的部分,可以从其应纳税所得额中扣除;国务院规定对公益慈善事业捐赠实行全额税前扣除的,从其规定。个人将其所得对教育、扶贫、济困等公益慈善事业进行捐赠,是指个人将其所得通过中国境内的公益性社会组织、国家机关向教育、扶贫、济困等公益慈善事业的捐赠。应纳税所得额是指计算扣除捐赠额之前的应纳税所得额。

3. 全额扣除(特殊扣除规定)

1) 对特定事项的捐赠

企事业单位、社会团体和个人等社会力量,通过非营利性的社会团体和国家机关对公益性青少年活动场所(包括新建场所)的捐赠,税前准予全额扣除。

企事业单位、社会团体和个人等社会力量,通过非营利性的社会团体和政府部门向福利性、非营利性的老年服务机构的捐赠,税前准予全额扣除。

个人通过非营利的社会团体和国家机关向农村义务教育的捐赠,准予在个人所得税前全额扣除。

个人通过非营利性的社会团体和国家机关(包括中国红十字会)向红十字事业的捐赠,在计算缴纳个人所得税时准予全额扣除。

2) 对特定公益组织的捐赠

个人通过中国教育发展基金会、宋庆龄基金会、中国福利会、中国残疾人福利基金会、中国扶贫基金会、中国妇女发展基金会、中国儿童少年基金会等用于公益救济性的捐赠,准予在个人所得税税前全额扣除。

四、综合所得应纳税额的计算

(一)应纳税所得额的计算

居民个人的综合所得,以每一纳税年度的收入额减除费用 6 万元以及专项扣除、专项附加扣除和依法确定的其他扣除后的余额为应纳税所得额。

(二)应纳税额的计算

$$应纳税额=全年应纳税所得额×适用税率-速算扣除数$$
$$=(全年收入额-60\ 000\ 元-专项扣除-享受的专项附加扣除$$
$$-享受的其他扣除)×适用税率-速算扣除数$$

注意:2027 年 12 月 31 日前,居民个人取得全年一次性奖金,可不并入当年综合所得,单独计算缴纳个人所得税。

业务实施

1. 李睿综合所得汇算清缴应纳税额的计算

(1)专项扣除=2 000×12=24 000(元)。

(2)专项附加扣除=2 000×2×12(子女教育)=48 000(元)。

(3)应纳税所得额=10 500×12(工资、薪金收入额)-60 000(减除费用)-24 000(专项扣除)-48 000(专项附加扣除)=-6 000(元)。

(4)由于已预缴税额 1 680 元,该税额应全部退回。

2. 李国强综合所得汇算清缴应纳税额的计算

(1)专项扣除=2 000×12=24 000(元)。

(2)专项附加扣除=0 元。

(3)应纳税所得额=14 000×12(工资、薪金收入额)-60 000(减除费用)-24 000(专项扣除)-0(专项附加扣除)=84 000(元)。

(4)查阅"个人所得税税率表(综合所得适用)",应纳税所得额 84000 元,适用税率为10%,速算扣除数为 2 520 元。

(5)应纳税额=84 000×10%-2 520=5 880(元)。

(6)由于已预缴税额 5 880 元,所以汇算清缴应补(退)税额为 0 元。

3. 刘峰综合所得汇算清缴应纳税额的计算

(1)专项扣除=2 000×4=8 000(元)。

(2)专项附加扣除=20 000-15 000(大病医疗)=5 000(元)。

(3)应纳税所得额=25 000×4(工资、薪金收入额)-60 000(减除费用)-8 000(专项扣除)-5 000(专项附加扣除)=27 000(元)。

（4）查阅"个人所得税税率表（综合所得适用）"，应纳税所得额 27 000 元适用税率为 3%。

（5）应纳税额＝27 000×3%＝810（元）。

（6）由于已预缴税额 4 680 元，应退税额为 3 870 元（810－4 680）。

4. 赵苑丽综合所得汇算清缴应纳税额的计算

（1）专项扣除＝2 000×12＝24 000（元）。

（2）专项附加扣除＝3 000×12（赡养老人）＝36 000（元）。

（3）应纳税所得额＝15 600×12（工资、薪金收入额）＋8 000×（1－20%）×70%（稿酬所得）－60 000（减除费用）－24 000（专项扣除）－36 000（专项附加扣除）＝71 680（元）。

（4）查阅"个人所得税税率表（综合所得适用）"，应纳税所得额 71 680 元适用税率为 10%，速算扣除数为 2 520 元。

（5）应纳税额＝71 680×10%－2 520＝4 648（元）。

（6）由于已预缴税额 4 200 元，应补税额为 448 元（4 648－4 200）。

5. 黄伟波综合所得汇算清缴应纳税额的计算

（1）专项扣除＝2 000×12＝24 000（元）。

（2）专项附加扣除＝3 000×12＝36 000（元）。

（3）应纳税所得额＝16 000×12＋30 000×4（工资、薪金收入额）＋30 000×（1－20%）（劳务报酬收入额）－60 000（减除费用）－24 000（专项扣除）－36 000（专项附加扣除）＝216 000（元）。

（4）查阅"个人所得税税率表（综合所得适用）"，应纳税所得额 216 000 元适用税率为 20%，速算扣除数为 16 920 元。

（5）应纳税额＝216 000×20%－16 920＝26 280（元）。

（6）由于已预缴税额 21 480 元，应补税额为 4 800 元（26 280－21 480）。

6. 宋志豪综合所得汇算清缴应纳税额的计算

（1）专项扣除＝2 000×12＝24 000（元）。

（2）专项附加扣除＝1 500×12（住房租金）＋3 000×12（赡养老人）＝54 000（元）。

（3）应纳税所得额＝15 000×12（工资、薪金收入额）＋50 000×（1－20%）（特许权使用费所得）－60 000（减除费用）－24 000（专项扣除）－54 000（专项附加扣除）＝82 000（元）。

（4）查阅"个人所得税税率表（综合所得适用）"，应纳税所得额 82000 元适用税率为 10%，速算扣除数为 2 520 元。

（5）应纳税额＝82 000×10%－2 520＝5 680（元）。

（6）由于已预缴税额 1 680 元，应补税额为 4 000 元（5 680－1 680）。

7. 朱伟文综合所得汇算清缴应纳税额的计算

（1）专项扣除＝2 000×12＝24 000（元）。

（2）专项附加扣除＝1 500×12（住房租金）＋1 000×12（赡养老人）＋2 000×12（子女教育）＝54 000（元）。

（3）应纳税所得额＝25 000×12（工资、薪金收入额）－60 000（减除费用）－24 000（专项扣除）－54 000（专项附加扣除）－20 000（准予扣除捐赠额）＝142 000（元）。

（4）查阅"个人所得税税率表（综合所得适用）"，应纳税所得额 142 000 元适用税率为 10％，速算扣除数为 2 520 元。

（5）应纳税额＝142 000×10％－2 520＝11 680（元）。

（6）由于已预缴税额 15 480 元，应退税额为 3 800 元（11 680－15 480）。

8. 庞正综合所得汇算清缴应纳税额的计算

（1）专项扣除＝2 000×12＝24 000（元）。

（2）专项附加扣除＝1 000×12（赡养老人）＋2 000×12（子女教育）＝36 000（元）。

（3）应纳税所得额＝15 000×12（工资、薪金收入额）－60 000（减除费用）－24 000（专项扣除）－36 000（专项附加扣除）＝60 000（元）。

（4）查阅"个人所得税税率表（综合所得适用）"，应纳税所得额 60 000 元适用税率为 10％，速算扣除数为 2 520。

（5）应纳税额＝60 000×10％－2 520＝3 480（元）。

（6）庞正是一名残疾人，享受每年最多可减征应纳税额 6 000 元的减税政策，因此已预缴税额 3 480 元应全部退回。

子任务 2.1.2　综合所得预扣预缴的计算

案例情景

（一）纳税人基础信息

纳税人名称：杭州瑞星文化教育有限公司

统一社会信用代码：913305710105572409

公司成立时间：2014 年 11 月 12 日

法人代表名称：吴峰

企业主要经营范围：编辑出版高校设置的学科、专业、课程所需的教材、教学参考书和教学工具书，策划组织学术专著和译著的写作与出版；出版小说。

（二）业务资料

杭州瑞星文化教育有限公司 2024 年 1 月共有 12 名境内员工，公司财务人员薛芳负责计算并发放员工的工资、薪金、奖金等，同时预扣预缴个人所得税。员工的个人所得与个人所得税计算数据，详见资料 1 至资料 3。

2023 年职工月平均工资为 8 103.67 元，年平均工资为 97 244.04 元。2024 年杭州市公积金缴纳上限设定为 2 917.32 元。

请审查 2024 年 1 月杭州瑞星文化教育有限公司的个人所得税计算数据是否正确，并进行个人所得税预扣预缴纳税申报。

资料 1：

公司员工基础信息如表 2-6 所示。

表 2-6　公司员工基础信息表

工号	姓名	性别	身 份 证 号	联系电话	任职日期	任职受雇从业类型	国籍（地区）
001	吴峰	男	370101 **** 11080017	152 *** 90034	2014-11-12	雇员	中国
002	张威	男	140105 **** 07047899	181 *** 63756	2015-12-15	雇员	中国
003	周健	男	142601 **** 04050016	181 *** 56453	2016-09-28	雇员	中国
004	苏玲	女	340801 **** 06010024	158 *** 70806	2015-05-16	雇员	中国
005	薛芳	女	350301 **** 06180060	189 *** 30036	2016-04-14	雇员	中国
006	张锐	男	510226 **** 02284031	187 *** 57354	2017-11-15	雇员	中国
007	陈震	男	460101 **** 0715007X	155 *** 50817	2016-03-18	雇员	中国
008	李方	男	371428 **** 0508053X	177 *** 98824	2016-10-09	雇员	中国
009	赵启伟	男	330411 **** 01152171	156 *** 68808	2017-01-17	雇员	中国
010	于文	女	421126 **** 08152561	181 *** 20807	2017-11-22	雇员	中国
011	周薇薇	女	320302 **** 02153025	177 *** 82884	2023-10-08	实习学生（全日制学历教育）	中国
012	齐建学	男	120101 **** 06030016			其他	

资料 2：

2024 年 1 月杭州瑞星文化教育有限公司工资、保险明细表如表 2-7 所示。

表 2-7　2024 年 1 月杭州瑞星文化教育有限公司工资、保险明细表

工号	姓名	应发工资合计/元	基本养老保险金/元	基本医疗保险金/元	失业保险金/元	住房公积金/元	代扣个人所得税/元	实发工资/元
001	吴峰	20 000	520	130	32.5	2 000		
002	张威	12 500	520	130	32.5	1 250		
003	周健	9 350	520	130	32.5	935		
004	苏玲	16 800	520	130	32.5	1 680		
005	薛芳	10 490	520	130	32.5	1 049		
006	张锐	11 602	520	130	32.5	1 160.2		
007	陈震	12 850	520	130	32.5	1 285		
008	李方	13 740	520	130	32.5	1 374		
009	赵启伟	8 400	520	130	32.5	840		
010	于文	9 615	520	130	32.5	961.5		

备注：

（1）吴峰现居杭州，有兄妹共三人（弟弟：吴韬，身份证号：370811 **** 11122798；妹妹：吴薇，身份证号：370811 **** 06143980），共同赡养父亲（父亲：吴大富，身份证号：372106

****04190873)和母亲(母亲:周莹,身份证号:410102****09166627)。兄妹三人自行约定分摊比例扣除,根据约定分摊比例,大哥吴峰扣除 1 000 元/月。

(2) 苏玲现居杭州,独生子女,需赡养母亲(母亲:王桂琴,身份证号:341726****01210148);已婚(丈夫:徐涛,身份证号:340801****07250017),有一个儿子(儿子:徐明,身份证号:340102****03038779)于 2023 年 9 月考入浙江理工大学,就读大一,子女教育苏玲与丈夫各按照 50%进行扣除。

(3) 于文单身一人在杭州工作,租房居住(租赁房屋地址:杭州市滨江区江畔云舞小区十二幢三单元 301 室;租赁时间:2023 年 8 月—2024 年 8 月;出租方类型:个人);2024 年 1 月取得由中华人民共和国司法部颁发的法律职业资格证书,证书编号 ZYSD301019,发证日期为 2024 年 1 月 4 日,符合税前扣除条件。

(4) 2024 年 1 月 3 日,张威个人向中国教育发展基金会(统一社会信用代码:913357081939572603)捐赠,用于公益救济活动,共计 5000 元,取得捐赠票据,标明捐赠凭证号为 1018000005。

(5) 2024 年 1 月薛芳开通了个人养老金账户,按月缴纳,2024 年 1 月缴纳了个人养老金 1 000 元,2 月取得了个人养老金凭证,凭证编码:221544202433,符合扣除条件。

资料 3:

(1) 1 月,苏玲取得 2023 年全年一次性奖金 60 000 元,单独计税。

(2) 1 月,张锐办理了内部退养手续,从杭州瑞星文化教育有限公司取得一次性内部退养收入 100 000 元。张锐离正式退休时间还有 25 个月。

(3) 1 月,因增效减员,公司与薛芳解除劳动关系,薛芳取得一次性补偿收入 200 000 元。

(4) 陈震为本出版社行政管理人员,2024 年 1 月,其在本出版社出版了一本小说,出版社支付其 30 000 元。

(5) 1 月,实习生周薇薇取得公司支付的劳务报酬 5 000 元。

(6) 1 月杭州瑞星文化教育有限公司请齐建学修理办公设备,并支付其报酬 9 200 元。

(7) 1 月,李方将一项著作权许可杭州瑞星文化教育有限公司使用,取得收入 15 000 元。

(8) 1 月,赵启伟因健康问题办理了提前退休手续(至法定退休年龄尚有 12 个月),取得公司按照统一标准支付的一次性补贴 108 000 元。

业务要求

(1) 完成 2024 年 1 月员工工资、薪金所得应预扣预缴个人所得税的计算。

(2) 完成苏玲取得 2023 年全年一次性奖金应纳个人所得税的计算。

(3) 完成薛芳因解除劳动关系取得一次性补偿收入应纳个人所得税的计算。

(4) 完成陈震因出版小说取得收入应预扣预缴个人所得税的计算。

(5) 完成实习生周薇薇取得劳务报酬所得应预扣预缴个人所得税的计算。

(6) 完成齐建学修理设备取得报酬应预扣预缴个人所得税的计算。

(7) 完成李方将一项著作权许可公司使用取得收入应预扣预缴个人所得税的计算。

(8) 完成赵启伟因提前退休取得一次性补贴收入应纳个人所得税的计算。

知识储备

一、工资、薪金所得预扣预缴

（一）基本规定

扣缴义务人向居民个人支付工资、薪金所得时，应当按照累计预扣法计算预扣税款，并按月办理全员全额扣缴申报。

累计预扣法是指扣缴义务人在一个纳税年度内预扣预缴税款时，以纳税人在本单位截至当前月份工资、薪金所得累计收入减除累计免税收入、累计减除费用、累计专项扣除、累计专项附加扣除和累计依法确定的其他扣除后的余额，作为累计预扣预缴应纳税所得额。据此计算累计应预扣预缴税额，再减除累计减免税额和累计已预扣预缴税额，其余额即为本期应预扣预缴税额。余额为负值时，暂不退税。纳税年度终了后余额仍为负值时，由纳税人通过办理综合所得年度汇算清缴，税款多退少补。

（二）计算方法

累计预扣预缴应纳税所得额＝累计收入－累计免税收入－累计减除费用－累计专项扣除
　　　　　　　　　　　　－累计专项附加扣除－累计依法确定的其他扣除
本期应预扣预缴税额＝累计预扣预缴应纳税所得额×预扣率－速算扣除数
　　　　　　　　　　－累计减免税额－累计已预扣预缴税额

其中累计减除费用，按照 5 000 元/月乘纳税人当年截至本月在本单位的任职受雇月份数计算。自 2020 年 7 月 1 日起，对一个纳税年度内首次取得工资、薪金所得的居民个人，扣缴义务人在预扣预缴个人所得税时，可按照 5 000 元/月乘纳税人当年截至本月月份数计算累计减除费用。首次取得工资、薪金所得的居民个人，是指自纳税年度首月起至新入职时，未取得工资、薪金所得或者未按照累计预扣法预扣预缴过连续性劳务报酬所得个人所得税的居民个人。

上述公式中，计算居民个人工资、薪金所得预扣预缴税额的预扣率、速算扣除数按"个人所得税预扣率表一"执行（见表 2-8）。

表 2-8　个人所得税预扣率表一（居民个人工资、薪金所得预扣预缴适用）

级数	累计预扣预缴应纳税所得额	预扣率/%	速算扣除数/元
1	不超过 36 000 元的	3	0
2	超过 36 000 元至 144 000 元的部分	10	2 520
3	超过 144 000 元至 300 000 元的部分	20	16 920
4	超过 300 000 元至 420 000 元的部分	25	31 920
5	超过 420 000 元至 660 000 元的部分	30	52 920
6	超过 660 000 元至 960 000 元的部分	35	85 920
7	超过 960 000 元的部分	45	181 920

二、居民个人劳务报酬所得、稿酬所得、特许权使用费所得的预扣预缴

（一）基本规定

扣缴义务人向居民个人支付劳务报酬所得、稿酬所得、特许权使用费所得，按次或者按月预扣预缴个人所得税。劳务报酬所得、稿酬所得、特许权使用费所得，属于一次性收入的，以取得该项收入为一次；属于同一项目连续性收入的，以1个月内取得的收入为一次。

提示：稿酬所得每次的确定情况如下。

（1）个人每次以图书、报刊方式出版、发表同一作品，不论出版单位是预付还是分笔支付稿酬，或者加印该作品后再付稿酬，均应合并其稿酬所得按一次计征个人所得税。

（2）在两处或两处以上出版、发表或再版同一作品而取得稿酬所得，则可分别各处取得的所得或再版所得按分次所得计征个人所得税。

（3）个人的同一作品在报刊上连载，应合并其因连载而取得的所有稿酬所得为一次，按税法规定计征个人所得税。在其连载之后又出书取得稿酬所得，或先出书后连载取得稿酬所得，应视同再版稿酬分次计征个人所得税。

（二）应纳税所得额

劳务报酬所得、稿酬所得、特许权使用费所得，以每次收入额为预扣预缴应纳税所得额。

劳务报酬所得、稿酬所得、特许权使用费所得以收入减除费用后的余额为收入额。其中，稿酬所得的收入额减按70%计算。

减除费用：劳务报酬所得、稿酬所得、特许权使用费所得，每次收入不超过4 000元的，减除费用按800元计算；每次收入4 000元以上的，减除费用按20%计算。

（三）预扣率

劳务报酬所得适用20%～40%的超额累进预扣率；稿酬所得、特许权使用费所得适用20%的比例预扣率（见表2-9）。

表2-9　个人所得税预扣率表二（居民个人劳务报酬所得预扣预缴适用）

级数	累计预扣预缴应纳税所得额	预扣率/%	速算扣除数/元
1	不超过20 000元的部分	20	0
2	超过20 000元至50 000元的部分	30	2 000
3	超过50 000元的部分	40	7 000

（四）计算公式

劳务报酬所得应预扣预缴税额＝预扣预缴应纳税所得额×预扣率－速算扣除数

稿酬所得、特许权使用费所得应预扣预缴税额＝预扣预缴应纳税所得额×20%

提示：正在接受全日制学历教育的学生因实习取得劳务报酬所得的，扣缴义务人预扣预缴个人所得税时，可按照累计预扣法计算并预扣预缴税款。

三、应纳税额计算中的特殊问题处理

（一）居民个人取得全年一次性奖金

全年一次性奖金是指行政机关、企事业单位等扣缴义务人根据其全年经济效益和对雇员全年工作业绩的综合考核情况，向雇员发放的一次性奖金。

（1）居民个人取得全年一次性奖金，在 2027 年 12 月 31 日前，可选择不并入当年综合所得，按以下计税办法，由扣缴义务人发放时代扣代缴，即将居民个人取得的全年一次性奖金，除以 12 个月，按其商数依照按月换算后的综合所得税率表确定适用税率和速算扣除数（见表 2-10）。

表 2-10　按月换算后的综合所得税率表

级数	全月应纳税所得额	税率/%	速算扣除数/元
1	不超过 3 000 元的	3	0
2	超过 3 000 元至 12 000 元的部分	10	210
3	超过 12 000 元至 25 000 元的部分	20	1 410
4	超过 25 000 元至 35 000 元的部分	25	2 660
5	超过 35 000 元至 55 000 元的部分	30	4 410
6	超过 55 000 元至 80 000 元的部分	35	7 160
7	超过 80 000 元的部分	45	15 160

（2）居民个人取得全年一次性奖金，也可以选择并入当年综合所得计算纳税。

（二）单位低价向职工售房

单位按低于购置或建造成本价格出售住房给职工，职工因此而少支出的差价部分，不并入当年综合所得，以差价收入除以 12 个月得到的数额，按照月度税率表确定适用税率和速算扣除数，单独计算纳税。计算公式如下：

应纳税额＝职工实际支付的购房价款低于该房屋的购置或建造成本价格的差额
×适用税率－速算扣除数

（三）解除劳动关系取得一次性补偿收入

个人与用人单位解除劳动关系取得一次性补偿收入（包括用人单位发放的经济补偿金、生活补助费和其他补助费），在当地上年职工平均工资 3 倍数额以内的部分，免征个人所得税；超过 3 倍数额的部分，不并入当年综合所得，单独适用综合所得税率表，计算纳税。

（四）提前退休一次性补偿收入

个人办理提前退休手续而取得的一次性补偿收入，应按照办理提前退休手续至法定离退休年龄之间实际年度数平均分摊，确定适用税率和速算扣除数，单独适用综合所得税率

表,计算纳税。计算公式如下:

应纳税额＝[(一次性补偿收入÷办理提前退休手续至法定退休年龄的实际年度数
　　　　　－费用扣除标准)×适用税率－速算扣除数]
　　　　　×办理提前退休手续至法定退休年龄的实际年度数

(五)内部退养取得一次性补贴收入

实行内部退养的个人在其办理内部退养手续后至法定离退休年龄之间从原任职单位取得的工资、薪金,不属于离退休工资,应按"工资、薪金所得"项目计征个人所得税。

个人在办理内部退养手续后从原任职单位取得的一次性补贴收入,应按办理内部退养手续后至法定离退休年龄之间的所属月份进行平均,并与领取当月的"工资、薪金"所得合并后减除当月费用扣除标准,以余额为基数确定适用税率,再将当月工资、薪金加上取得的一次性补贴收入,减去费用扣除标准,按适用税率计征个人所得税。

个人在办理内部退养手续后至法定离退休年龄之间重新就业取得的"工资、薪金"所得,应与其从原任职单位取得的同一月份的"工资、薪金"所得合并,并依法自行向主管税务机关申报缴纳个人所得税。

业务实施

1. 工资、薪金所得应预扣预缴个人所得税的计算

本案例中员工吴峰的工资、薪金所得预扣预缴个人所得税的计算过程如下:

(1) 累计工资收入额＝20 000 元。

(2) 累计减除费用＝5 000 元。

(3) 累计专项扣除＝520＋130＋32.5＋2 000＝2 682.5(元)。

(4) 累计专项附加扣除＝1 000 元。

(5) 累计预扣预缴应纳税所得额＝20 000－5 000－2 682.5－1 000＝11 317.5(元)。

(6) 查阅表 2-8 得,应纳税所得额 11 317.5 元的预扣率为 3%。

(7) 本期应预扣预缴税额＝11 317.5×3%＝339.53(元)。

同理,其他员工的工资、薪金所得应预扣预缴税额的计算如表 2-11 所示。

表 2-11　其他员工的工资、薪金所得应预扣预缴税额计算表

工号	姓名	累计工资收入额/元	累计减除费用/元	累计专项扣除/元	累计专项附加扣除/元	累计其他扣除/元	准予扣除捐赠额/元	累计预扣预缴应纳税所得额/元	预扣率/%	速算扣除数/元	本期应预扣预缴税额/元
002	张威	12 500.00	5 000.00	1 932.50	0.00	0.00	5 000.00	567.50	3	0.00	17.03
003	周健	9 350.00	5 000.00	1 617.50	0.00	0.00	0.00	2 732.50	3	0.00	81.98
004	苏玲	16 800.00	5 000.00	2 362.50	4 000.00	0.00	0.00	5 437.50	3	0.00	163.13
005	薛芳	10 490.00	5 000.00	1 731.50	0.00	1 000.00	0.00	2 758.50	3	0.00	82.76
006	张锐	11 602.00	5 000.00	1 842.70	0.00	0.00	0.00	4 759.30	3	0.00	142.78
007	陈震	12 850.00	5 000.00	1 967.50	0.00	0.00	0.00	5 882.50	3	0.00	176.48

续表

工号	姓名	累计工资收入额/元	累计减除费用/元	累计专项扣除/元	累计专项附加扣除/元	累计其他扣除/元	准予扣除捐赠额/元	累计预扣预缴应纳税所得额/元	预扣率/%	速算扣除数/元	本期应预扣预缴税额/元
008	李方	13 740.00	5 000.00	2 056.50	0.00	0.00	0.00	6 683.50	3	0.00	200.51
009	赵启伟	8 400.00	5 000.00	1 522.50	0.00	0.00	0.00	1 877.50	3	0.00	56.33
010	于文	9 615.00	5 000.00	1 644.00	5 100.00	0.00	0.00	0.00	3	0.00	0.00

2. 全年一次性奖金应预扣预缴个人所得税的计算

苏玲取得全年一次性奖金 60 000 元,并选择单独计税。

(1) 全年一次性奖金适用的税率和速算扣除数:按 12 个月分摊后,每月的奖金为 60 000÷12＝5 000(元),根据表 2-10 按月换算后的综合所得税率表,适用的税率和速算扣除数分别为 10％ 和 210 元。

(2) 该笔年终奖应缴纳的个人所得税:

$$应纳税额＝年终奖金收入×适用的税率－速算扣除数$$
$$＝60 000×10％－210＝5 790(元)$$

3. 解除劳动关系取得一次性补偿收入应纳个人所得税的计算

根据《财政部 税务总局关于个人所得税法修改后有关优惠政策衔接问题的通知》(财税〔2018〕164 号)规定,个人与用人单位解除劳动关系取得一次性补偿收入(包括用人单位发放的经济补偿金、生活补助费和其他补助费),在当地上年职工平均工资 3 倍数额以内的部分,免征个人所得税;超过 3 倍数额的部分,不并入当年综合所得,单独适用综合所得税率表,计算纳税。

薛芳解除劳动合同一次性补偿金收入为 200 000 元,当地上年职工平均工资 3 倍数额为 97 244.04×3＝291 732.12(元),所以免税收入为 200 000 元,薛芳的解除劳动合同一次性补偿金收入应纳税额为 0 元。

4. 稿酬所得应预扣预缴个人所得税的计算

任职、受雇于报刊、杂志等单位的记者、编辑等专业人员,因在本单位的报刊、杂志上发表作品取得的所得,属于因任职、受雇而取得的所得,应与其当月工资收入合并,按"工资、薪金所得"项目征收个人所得税。除上述专业人员以外,其他人员在本单位的报刊、杂志上发表作品取得的所得,应按"稿酬所得"项目征收个人所得税。

陈震为本出版社行政管理人员,出版小说取得的 30 000 元应按"稿酬所得"项目征收个人所得税。

$$预扣预缴应纳税所得额＝30 000×(1－20％)×70％＝16 800(元)$$
$$应预扣预缴税额＝16 800×20％＝3 360(元)$$

5. 实习生取得劳务报酬所得应预扣预缴个人所得税的计算

正在接受全日制学历教育的学生因实习取得劳务报酬所得的,扣缴义务人预扣预缴个人所得税时,可按照《国家税务总局关于发布〈个人所得税扣缴申报管理办法(试行)〉的公告》(国家税务总局公告 2018 年第 61 号)规定的累计预扣法计算并预扣预缴税款。根据个人所得税法及其实施条例有关规定,累计预扣法预扣预缴个人所得税的具体计算公式如下:

本期应预扣预缴税额＝（累计收入额－累计减除费用）×预扣率－速算扣除数
－累计减免税额－累计已预扣预缴税额

累计减除费用按照 5 000 元/月乘纳税人在本单位开始实习月份起至本月的实习月份数计算。

上述公式中的预扣率、速算扣除数，按照表 2-8 执行。

预扣预缴应纳税所得额＝5 000×（1－20％）－5 000＜0，所以本期应预扣预缴税额为 0 元。

6. 劳务报酬所得应预扣预缴个人所得税的计算

齐建学修理办公设备取得报酬 9 200 元按劳务报酬所得预扣预缴个人所得税。

（1）收入＝9 200 元。

（2）费用扣除＝9 200×20％＝1 840（元）。

（3）预扣预缴应纳税所得额＝9 200－1 840＝7 360（元）。

（4）查阅表 2-9 得，适用预扣率为 20％。

（5）预扣预缴应纳税额＝7 360×20％＝1 472（元）。

7. 特许权使用费所得应预扣预缴个人所得税的计算

李方将一项著作权许可杭州瑞星杂志社有限公司使用，取得收入 15 000 元按特许权使用费所得预扣预缴个人所得税。

（1）收入＝15 000 元。

（2）费用扣除＝15 000×20％＝3 000（元）。

（3）预扣预缴应纳税所得额＝15 000－3 000＝12 000（元）。

（4）预扣预缴应纳税额＝12 000×20％＝2 400（元）。

8. 提前退休取得一次性补贴收入应纳个人所得税的计算

赵启伟因健康问题办理了提前退休手续（至法定退休年龄尚有 12 个月），取得公司按照统一标准支付的一次性补贴 108 000 元。

1）确定计算税率和速算扣除数

一次性补贴收入÷办理提前退休手续至法定退休年龄的实际年度数－年度费用扣除标准＝108 000÷1－60 000＝48 000（元）

单独适用综合所得税率表，确定适用税率 10％，速算扣除数 2 520 元。

2）计算应纳税额

应纳税额＝[（一次性补贴收入÷办理提前退休手续至法定退休年龄的实际年度数
－年度费用扣除标准）×适用税率－速算扣除数]
×办理提前退休手续至法定退休年龄的实际年数
＝[（108 000÷1－60 000）×10％－2 520]×1＝2 280（元）

任务 2.2　居民个人分类所得应纳税额的计算

知识提升

（1）熟悉各分类所得应纳税所得额的确定。

（2）掌握利息、股息、红利所得应纳税额的计算。

（3）掌握财产租赁所得、财产转让所得应纳税所得额及应纳税额的计算。

（4）掌握偶然所得应纳税额的计算。

能力提升

（1）能准确完成利息、股息、红利所得应纳税额的计算。

（2）能准确完成财产租赁所得应纳税所得额及应纳税额的计算。

（3）能准确完成财产转让所得应纳税所得额及应纳税额的计算。

（4）能准确完成偶然所得应纳税额的计算。

素养提升

　　了解我国实行综合所得与分类所得相结合的个人所得税税制，综合考虑纳税人的综合负担能力；累进税率与比例税率相结合，有利于调节收入，考虑了不同群体收入差距和负担能力，起到了税收在不同群体间的公平分配作用。

案例情景

（一）纳税人基础信息

纳税人名称：学优科技有限责任公司

统一社会信用代码：913082102526520231

公司成立时间：2009 年 11 月 11 日

法定代表人名称：姚强

经营范围：财经培训；财经书籍研究、技术开发、会计教育信息化服务方案供应商；提供会计考试、税务考试、税务实训系统等。

（二）业务资料

资料 1：

公司员工基础信息如表 2-12 所示。

表 2-12　公司员工基础信息表

工号	姓名	性别	身 份 证 号	联系电话	任职日期	任职受雇类型
001	姚强	男	110101****06079199	179***69017	2009-11-11	雇员
	姜甜	女	110101****08076222	178***70998		其他
	陈澜	女	110101****03079404	170***11327		其他
	李南	男	110101****03076472	189***65601		其他

资料2：

（1）1月，李南在学优科技有限责任公司举办的抽奖活动中抽到了特等奖，获得奖金50 000元。

（2）1月，股东姚强以企业资金为其父亲购买了一套住房，房屋所有权登记在他的父亲名下，该房屋市场价值900 000元。

（3）1月1日，姜甜将自己闲置的一套住房按市场价格出租给学优科技有限责任公司，租期半年，每月取得不含税租金8 000元；另外，每月发生准予扣除的其他税费100元。当月姜甜还对住房进行了简单的修缮，发生修缮费用1 500元。以上费用均取得合法票据。

（4）1月，陈澜将自己去年购入的一套闲置商品房转让给公司，房屋不含税转让价款为2 000 000元，陈澜提供购买发票，发票注明金额1 500 000元，转让过程中发生合理的税费为100 000元。

业务要求

（1）完成李南获得抽奖奖金应纳个人所得税的计算。

（2）完成股东姚强以企业资金购买住房应纳个人所得税的计算。

（3）完成姜甜取得财产租赁所得应纳个人所得税的计算。

（4）完成陈澜取得财产转让所得应纳个人所得税的计算。

知识储备

一、利息、股息、红利所得应纳税额的计算

（一）应纳税所得额

利息、股息、红利所得以每次收入额为应纳税所得额。

提示：以支付利息、股息、红利时取得的收入为一次。

（二）应纳税额

$$应纳税额＝应纳税所得额×适用税率$$
$$＝每次收入额×适用税率$$

二、财产租赁所得应纳税额的计算

（一）应纳税所得额

（1）每次（月）收入≤4 000元：

应纳税所得额＝每次（月）收入额－财产租赁过程中缴纳的税费

－由纳税人负担的租赁财产实际开支的修缮费用（800元为限）－800元

（2）每次（月）收入＞4 000 元：

应纳税所得额＝［每次（月）收入额－财产租赁过程中缴纳的税费

－由纳税人负担的租赁财产实际开支的修缮费用(800 元为限)］×（1－20％）

（二）应纳税额

应纳税额＝应纳税所得额×20％（或者 10％）

三、财产转让所得应纳税额的计算

（一）应纳税所得额

财产转让所得,应以转让财产的收入额减除财产原值和合理费用后的余额为应纳税所得额。

财产原值,按照下列方法计算：

（1）有价证券,为买入价以及买入时按照规定交纳的有关费用；

（2）建筑物,为建造费或者购进价格以及其他有关费用；

（3）土地使用权,为取得土地使用权所支付的金额、开发土地的费用以及其他有关费用；

（4）机器设备、车船,为购进价格、运输费、安装费以及其他有关费用。

其他财产,参照上述规定的方法确定财产原值。

纳税人未提供完整、准确的财产原值凭证,不能按照规定的方法确定财产原值的,由主管税务机关核定财产原值。

合理费用,是指卖出财产时按照规定支付的有关税费。

（二）应纳税额

应纳税额＝应纳税所得额×适用税率

＝（不含增值税的收入总额－财产原值－合理费用）×20％

四、偶然所得应纳税额的计算

（一）应纳税所得额

偶然所得以每次收入额为应纳税所得额。

（二）应纳税额

应纳税额＝应纳税所得额×适用税率

＝每次收入额×20％

业务实施

1. 偶然所得应纳个人所得税的计算

偶然所得是指个人得奖、中奖、中彩以及其他偶然性质的所得。李南在抽奖活动中获得的奖金应按偶然所得计算纳税。

（1）应纳税所得额＝50 000 元。

（2）应纳税额＝50 000×20％＝10 000（元）。

2. 利息、股息、红利所得应纳个人所得税的计算

（1）符合以下情形的房屋或其他财产，不论所有权人是否将财产无偿或有偿交付企业使用，其实质均为企业对个人进行了实物性质的分配，应依法计征个人所得税。

① 企业出资购买房屋及其他财产，将所有权登记为投资者个人、投资者家庭成员或企业其他人员的。

② 企业投资者个人、投资者家庭成员或企业其他人员向企业借款用于购买房屋及其他财产，将所有权登记为投资者、投资者家庭成员或企业其他人员，且借款年度终了后未归还借款的。

对个人独资企业、合伙企业的个人投资者或其家庭成员取得的上述所得，视为企业对个人投资者的利润分配，按照个体工商户的生产、经营所得项目计征个人所得税；对除个人独资企业、合伙企业以外其他企业的个人投资者或其家庭成员取得的上述所得，视为企业对个人投资者的红利分配，按照利息、股息、红利所得项目计征个人所得税；对企业其他人员取得的上述所得，按照工资、薪金所得项目计征个人所得税。

（2）姚强是公司股东，以企业资金为其父亲购买一套住房，房屋所有权登记在其父亲名下，视为企业对股东姚强的红利分配，应按利息、股息、红利所得项目对姚强计征个人所得税。

① 应纳税所得额＝900 000 元。

② 应纳税额＝900 000×20％＝180 000（元）。

3. 财产租赁所得应纳个人所得税的计算

（1）根据政策规定，对个人出租住房取得的所得暂减按 10％ 的税率征收个人所得税。

（2）个人出租财产取得的财产租赁收入，在计算征税时，除可依法减除规定费用和有关税费外，还准予扣除能够提供有效、准确凭证，证明由纳税义务人负担的该出租财产实际开支的修缮费用。允许扣除的修缮费用，以每次 800 元为限，一次扣除不完的，准予在下一次继续扣除，直至扣完为止。姜甜本月发生修缮费 1 500 元，因此本月只能扣除修缮费 800 元，剩余 700 元下月扣除。

（3）姜甜出租住房个人所得税计算如下：

① 应纳税所得额＝[8 000（不含增值税收入）－100（其他税费）－800（修缮费）]×（1－20％）＝5 680（元）。

② 应纳税额＝5 680×10％＝568（元）。

4. 财产转让所得应纳个人所得税的计算

（1）个人转让自用 5 年以上，并且是家庭唯一生活用房，取得的所得免征个人所得税；个人转让购入不满 5 年或家庭非唯一住房，以其转让收入额减除财产原值、转让住房过程中缴纳的税金和合理费用后的余额为应纳税所得额，按财产转让所得缴纳个人所得税，税率为 20％。

（2）陈澜转让房屋个人所得税计算如下：

① 应纳税所得额＝2 000 000－1 500 000－100 000＝400 000（元）。

② 应纳税额＝400 000×20％＝80 000（元）。

实战演练

一、单选题

1. 中国公民李某在国内某公司任职,他于 2023 年 7 月发表了一篇文章,取得稿酬 1 000元,则该项稿酬所得预扣预缴的应纳税所得额为(　　)元。

　　A. 200　　　　　　　　　　　　B. 800

　　C. 560　　　　　　　　　　　　D. 140

2. 中国公民李某 2023 年每月从单位取得工资 13 000 元,按照国家规定的范围和标准,李某负担基本社会保险费用 2 200 元,住房公积金 1 500 元,计算李某 2023 年综合所得的应纳税所得额时,专项扣除项目金额为(　　)元。

　　A. 44 400　　　　　　　　　　　B. 26 400

　　C. 18 000　　　　　　　　　　　D. 13 000

3. 中国公民张某,2024 年 2 月取得房屋租金收入 8 000 元(不含增值税)、与房屋租赁无关的税费 360 元、支付该房屋的修缮费 500 元、购房贷款 2 800 元、供暖费 2 600 元。根据个人所得税法律制度的规定,张某当月下列各项支出中,在计算房屋租金收入应缴纳的个人所得税税额时,准予扣除的是(　　)。

　　A. 修缮费 500 元　　　　　　　　B. 购房贷款 2 800 元

　　C. 供暖费 2 600 元　　　　　　　D. 无关的税费 360 元

4. 2024 年 1 月,李某出租自有住房取得租金收入 8 000 元(不含增值税),房屋租赁过程中缴纳的可以税前扣除的税费 360 元,支付该房屋的修缮费 1 200 元。已知个人出租住房个人所得税税率暂减按 10% 的税率征收个人所得税。下列计算李某当月出租住房应缴纳的个人所得税税额的算式中,正确的是(　　)。

　　A. (8 000－360－800)×10%＝684(元)

　　B. (8 000－360－1 200)×10%＝644(元)

　　C. (8 000－360－1 200)×(1－20%)×10%＝515.2(元)

　　D. (8 000－360－800)×(1－20%)×10%＝547.2(元)

5. 根据个人所得税法律制度的规定,居民个人取得的下列所得中,属于综合所得的是(　　)。

　　A. 财产租赁所得　　　　　　　　B. 利息、股息、红利所得

　　C. 稿酬所得　　　　　　　　　　D. 财产转让所得

二、多选题

1. 根据个人所得税法律制度的规定,个人发生的下列公益性捐赠支出中,准予税前全额扣除的有(　　)。

　　A. 通过非营利社会团体向公益性青少年活动场所的捐赠

　　B. 通过国家机关向贫困地区的捐赠

　　C. 通过非营利社会团体向农村义务教育的捐赠

　　D. 通过国家机关向红十字事业的捐赠

2. 根据个人所得税法律制度的规定,下列各项捐赠中,在计算个人所得税应纳税所得额时,不得扣除的有(   )。

    A. 通过非营利性社会团体向公益性青少年活动中心捐赠

    B. 直接向困难企业捐赠

    C. 通过国家机关向红十字事业捐赠

    D. 直接向贫困地区捐赠

3. 根据个人所得税法律制度的规定,下列属于专项附加扣除的是(   )。

    A. 按照国家规定的范围和标准缴纳的基本养老保险费

    B. 按照国家规定的范围和标准缴纳的失业保险费

    C. 在中国境内接受学历(学位)继续教育的支出

    D. 子女教育支出

4. 下列关于个人所得税法专项附加扣除的规定,说法正确的有(   )。

    A. 住房租金支出由签订租赁住房合同的承租人扣除

    B. 纳税人的子女接受全日制学历教育的相关支出,按照每个子女每月 1 000 元的标准限额扣除

    C. 专项附加扣除是指个人所得税法规定的子女教育、大病医疗、住房贷款利息或者住房租金、赡养老人等 5 项专项附加扣除

    D. 个人接受本科及以下学历(学位)继续教育,符合规定扣除条件的,可以选择由其父母扣除,也可以选择由本人扣除

5. 居民个人每一纳税年度的下列各项所得中,适用 20% 个人所得税税率的有(   )。

    A. 劳务报酬所得   B. 财产租赁所得

    C. 财产转让所得   D. 利息、股息、红利所得

三、判断题

1. 个人所得税计征时,赡养岳父母及公婆的费用可进行扣除。(   )

2. 王丽本月取得劳务报酬所得 5 000 元,计算应纳税所得额时,费用扣除额为 800 元。(   )

3. 同一学历(学位)继续教育的扣除期限不能超过 36 个月。(   )

4. 符合条件的子女教育扣除标准为每个家庭每月扣除 2 000 元。(   )

5. 居民个人取得全年一次性奖金,在 2027 年 12 月 31 日前,可选择不并入当年综合所得,单独计税。(   )

项目 3　居民个人所得税纳税申报

项目描述

本项目主要学习综合所得个人所得税的业务处理，包括综合所得预扣预缴、汇算清缴以及分类所得的业务处理。重难点在于理解各类所得的政策规定及个人所得税各申报表的填报。本项目要求学生熟练掌握综合所得各类业务的处理流程和要求，并能根据实际发生的经济业务，进行个人所得税申报。

本项目内容思维导图如图 3-1 所示。

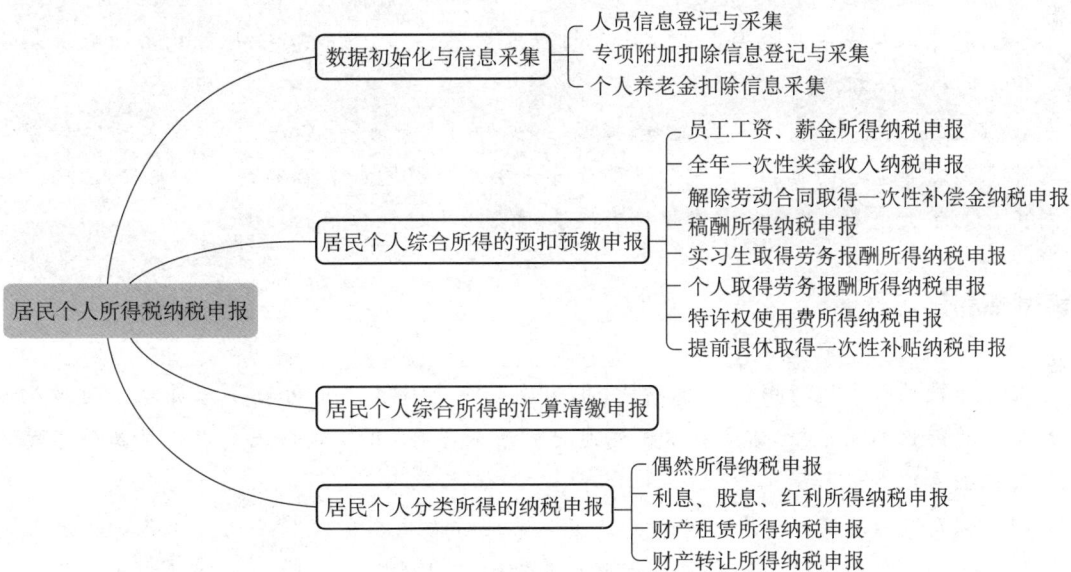

图 3-1　项目 3 内容思维导图

任务 3.1　数据初始化与信息采集

知识提升

（1）了解人员信息登记与采集的基本流程。

（2）熟悉不同的信息录入方式及其操作方法。

（3）掌握人员信息采集、专项附加扣除信息采集，以及个人养老金扣除信息采集的具体操作。

能力提升

（1）能根据人员信息表在自然人税收管理系统扣缴客户端完成人员信息的单个和批量导入，以及人员信息的报送操作。

（2）能根据员工提供的专项附加扣除信息，准确地将数据采集到自然人税收管理系统中。同时，能够完成专项附加扣除信息的添加、批量导入、信息报送操作。

（3）能根据员工提供的个人养老金信息，准确地将其采集到自然人税收管理系统中。

素养提升

自2023年1月1日起，三岁以下婴幼儿照护、子女教育专项附加扣除标准，由现行每孩每月1 000元提高到2 000元；赡养老人专项附加扣除标准，由每月2 000元提高到3 000元，其中独生子女按照每月3 000元的标准定额扣除，非独生子女与兄弟姐妹分摊每月3 000元的扣除额度。

我国"上有老下有小"的人数众多，提高"一老一小"专项附加扣除标准有利于减轻家庭生育养育和赡养老人的负担，更好保障和改善民生。能够增加老百姓的可支配收入，通过增加居民收入扩大消费，从而发挥消费拉动经济增长的基础性作用。

案例情景

经与居民纳税人进行书面委托确认，杭州瑞星杂志社有限公司财务人员薛芳为纳税人进行个人所得税纳税申报，需要将员工信息进行有效整理，并按照系统要求将员工信息录入自然人税收管理系统扣缴客户端。

（1）人员信息见项目2中的子任务2.1.2案例情景业务资料1"公司员工基础信息表"。

（2）公司员工专项附加扣除信息及个人养老金信息见项目2中的子任务2.1.2案例情景业务资料2案例信息。

业务要求

（1）根据"员工基础信息表"将员工信息录入自然人税收管理系统扣缴客户端。

（2）在自然人税收管理系统扣缴客户端完成各项专项附加扣除信息的填报、报送、获取反馈的操作。

（3）在自然人税收管理系统扣缴客户端完成个人养老金扣除信息采集。

知识储备

一、自然人税收管理系统的"删除"按钮的使用说明

（1）如果该人员还未申报任何报表，在自然人税收管理系统扣缴客户端没有申报记录，那么当发现信息错误时，可以直接在系统里删除该条人员信息。单击"人员信息采集"选择"更多操作"，单击"删除"按钮即可完成删除操作。

（2）如果该人员已经申报了报表，在自然人税收管理系统扣缴客户端已存在申报记录或是虽未申报成功但是该人员"报送状态"显示"报送成功"或"待反馈"，那么为了保障信息的完整性，该人员信息不能删除。如果是证照类型、证照号码等关键信息错误，需要先把"人员状态"改为"非正常"，再重新登记正确的人员信息。对手机号等非关键信息错误可以选择在原记录上修改。

二、自然人税收管理系统人员信息采集结果显示"验证不通过"如何处理

（1）如果身份证号码正确，只是姓名错误，可以在原登记信息上修正姓名。

（2）如果身份证号码错误或是身份证号码和姓名同时错误，需要先将该条登记信息的"人员状态"改为"非正常"，再新增一条正确的自然人登记信息。完成上述修正后，需再次单击"报送"按钮，进行自然人身份验证。

（3）如果反馈信息显示"身份信息验证不通过"，经核实确无问题，为保证按期申报和缴款，可暂忽略该验证结果，按流程进行后续操作。

（4）人员信息报送后，系统会继续对银行信息的人卡一致性进行核验。可在"银行账户"内查看核验结果。核验不通过的，可根据提示信息修改银行账户后重新报送。若采集人员时姓名中包含生僻字，不能通过输入法正常录入的可以先安装生僻字补丁包，然后再进行人员姓名录入。

三、扣缴端个人养老金扣除信息采集

若员工个人缴纳的个人养老金选择在当年预扣预缴扣除的，需将相关个人养老金缴费凭证提供给扣缴单位。扣缴单位应按照《财政部 税务总局关于个人养老金有关个人所得税政策的公告》（财政部 税务总局公告 2022 年第 34 号）有关要求，为纳税人办理税前扣除有关事项。

如果员工个人没有在"个人所得税"App 进行个人养老金扣除信息采集，扣缴义务人可以根据员工提供的个人养老金缴费凭证在扣缴端进行信息采集；如果员工个人已在"个人所得税"App 进行了采集且申报方式选择通过扣缴义务人申报的，扣缴义务人需在办理扣缴申报前登录扣缴端进行下载更新。

业务实施

1. 人员信息登记与采集

1）熟悉人员信息登记与采集流程图

人员信息登记与采集流程如图 3-2 所示。

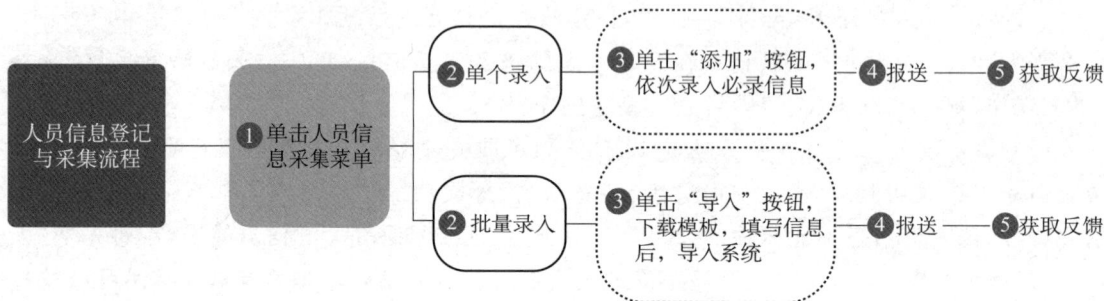

图 3-2　人员信息登记与采集流程

2）打开人员信息采集系统

检查税款所属期无误后，打开自然人税收管理系统扣缴客户端，单击"人员信息采集"按钮，如图 3-3 所示。

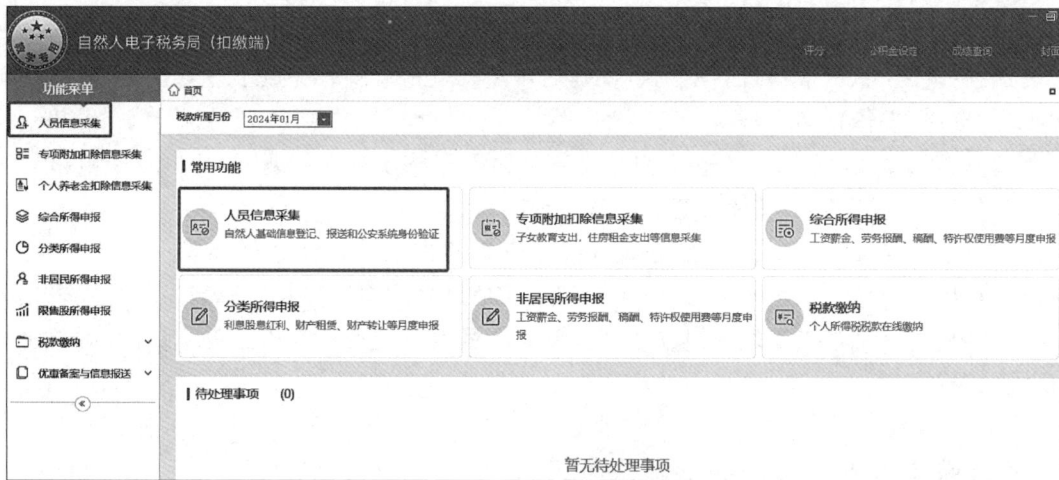

图 3-3　"人员信息采集"页面

3）进行模板下载

选择"境内人员"选项，单击"导入"按钮，选择"模板下载"按钮，将模板"人员信息表"下载到指定目录，如图 3-4 所示。

4）填写人员信息采集模板

依据"员工基础信息表"，填写模板"人员信息表"，标色" * "的项目是必填项，"证件类型"选择居民身份证的情况下，出生日期可以选择不填写。"人员状态"栏中，在职人员选择"正常"，离职、辞退人员选择"非正常"。"任职受雇从业类型"栏中，选择"雇员"。填写手机号码和任职受雇从业日期，完成"人员信息表"模板填写工作，如表 3-1 所示。

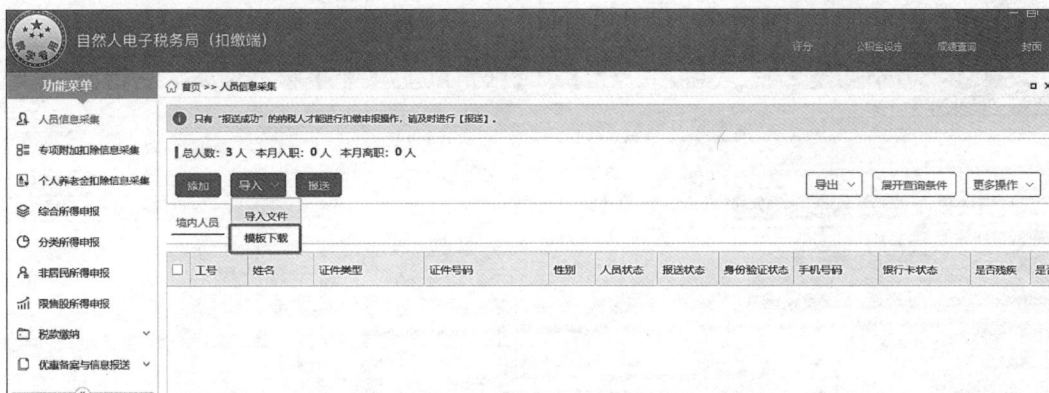

图 3-4　人员信息采集模板下载

表 3-1　人员信息采集导入模板

工号	*姓名	*证件类型	*证件号码	*国籍(地区)	*性别	*出生日期	人员状态	*任职受雇从业类型	手机号码	任职受雇从业日期
001	吴峰	居民身份证		中国	男		正常	雇员		2014-11-12
002	张威	居民身份证		中国	男		正常	雇员		2015-12-15
003	周健	居民身份证		中国	男		正常	雇员		2016-09-28
004	苏玲	居民身份证		中国	女		正常	雇员		2015-05-16
005	薛芳	居民身份证		中国	女		正常	雇员		2016-04-14
006	张锐	居民身份证		中国	男		正常	雇员		2017-11-15
007	陈震	居民身份证		中国	男		正常	雇员		2016-03-18
008	李方	居民身份证		中国	男		正常	雇员		2016-10-09
009	赵启伟	居民身份证		中国	男		正常	雇员		2017-01-17
010	于文	居民身份证		中国	男		正常	雇员		2017-11-22
011	周薇薇	居民身份证		中国	女		正常	实习学生(全日制学历教育)		2023-10-08
012	齐建学	居民身份证		中国	男		正常	其他		

5）导入模板，完成提交数据

单击"导入"按钮，选择导入文件，将模板"人员信息表"导入系统，系统提示导入信息无误后，单击"提交数据"按钮，待系统提示"提交数据成功"后，单击"报送"按钮，如图 3-5～图 3-7 所示。

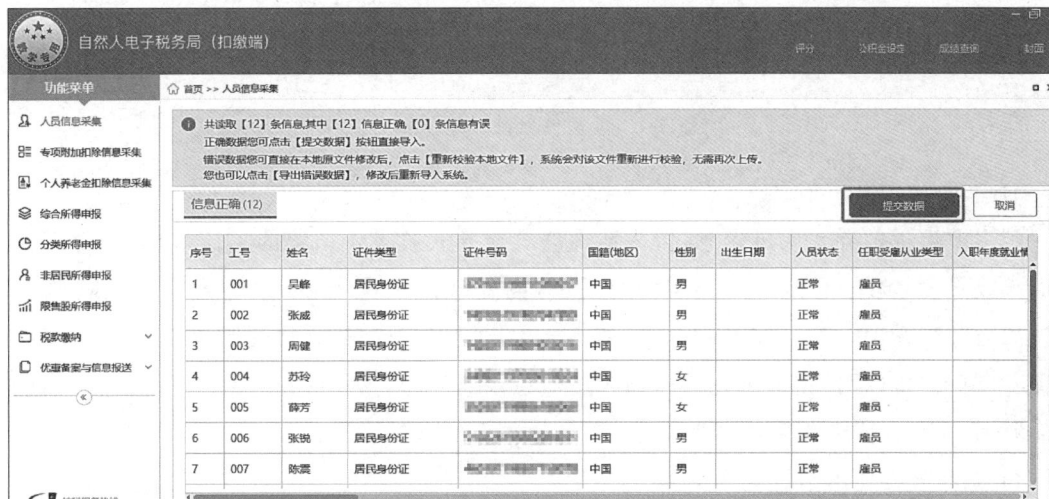

图 3-5　单击"提交数据"界面

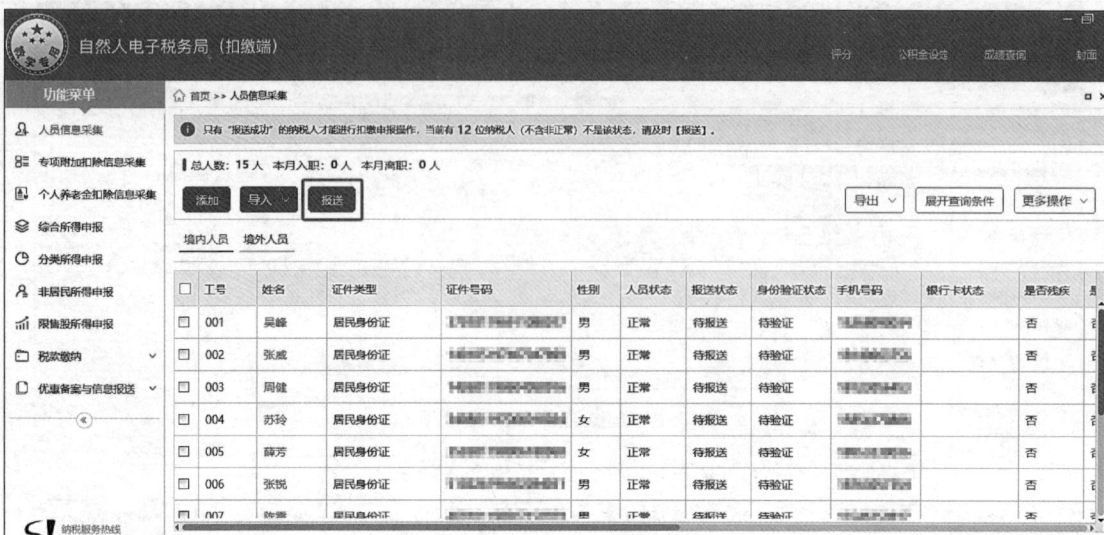

图 3-6　单击"报送"界面

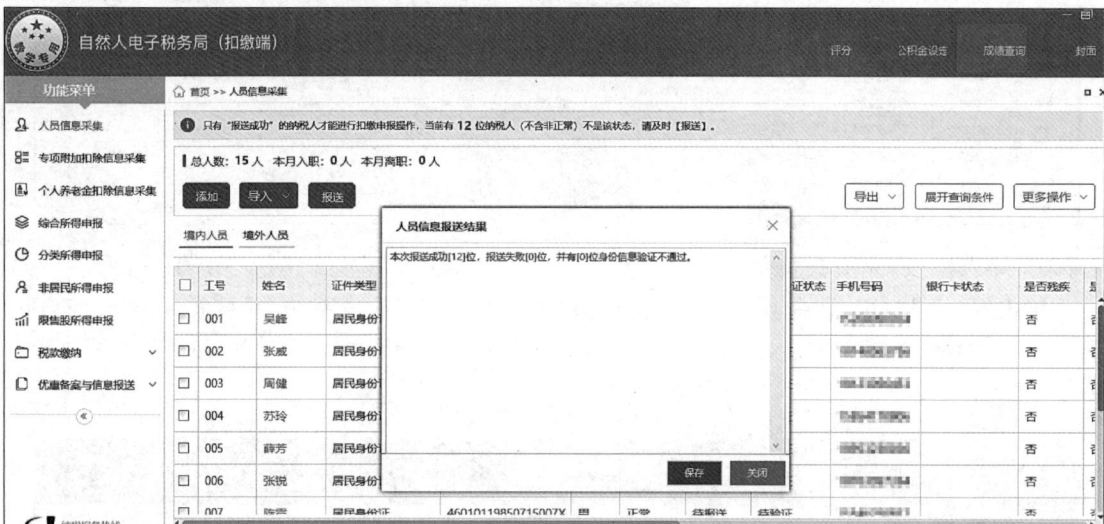

图 3-7　人员信息报送成功界面

6）单项录入人员信息

利用模板批量导入人员信息，极大地提高了财务人员录入系统的工作效率，如果需要录入的人数不多，填报、修改信息很少的情况下，也可以选择单个录入。打开自然人税收管理系统扣缴客户端，单击"人员信息采集"按钮，单击"添加"按钮，在弹出界面里填写必填信息并保存，单击"报送"按钮即可完成单项人员信息录入工作，如图 3-8 所示。

2．专项附加扣除信息登记与采集

1）赡养老人支出信息录入

（1）单击"专项附加扣除"按钮，在"2024 年专项附加扣除信息新增"界面选择职员"吴

图 3-8　单项人员信息添加页面

峰",系统自动填入吴峰的身份证号码信息。选择无配偶,切换到"赡养老人"页面,在"被赡养人信息"下方单击"新增"按钮,在弹出的列表里录入被赡养人的姓名、身份证号码等带"＊"标识的必填项后,单击保存。如果申报人是非独生子女,则需在"共同赡养人信息"里新增并填写共同赡养人的信息,并选择赡养人之间的分摊方式,如图 3-9 所示。

图 3-9　赡养老人专项附加扣除信息新增界面(1)

（2）同样方式完成职员苏玲赡养老人专项附加扣除信息的采集操作,如图 3-10 所示。

2）子女教育支出信息录入

单击"专项附加扣除"按钮,在"2024 年专项附加扣除信息新增"界面选择职员"苏玲",系统自动填入苏玲的身份证号码信息。选择有配偶,手动录入职员配偶姓名和配偶身份证

图 3-10　赡养老人专项附加扣除信息新增页面（2）

号码。切换到"子女教育"页面，单击"新增"按钮，在弹出的列表里录入子女的姓名、身份证号码、当前受教育阶段、受教育开始日期、就读学校名称以及本人扣除比例等带"＊"标识的必填项后，单击"保存"按钮，如图 3-11 和图 3-12 所示。

图 3-11　子女教育专项附加扣除信息新增页面（1）

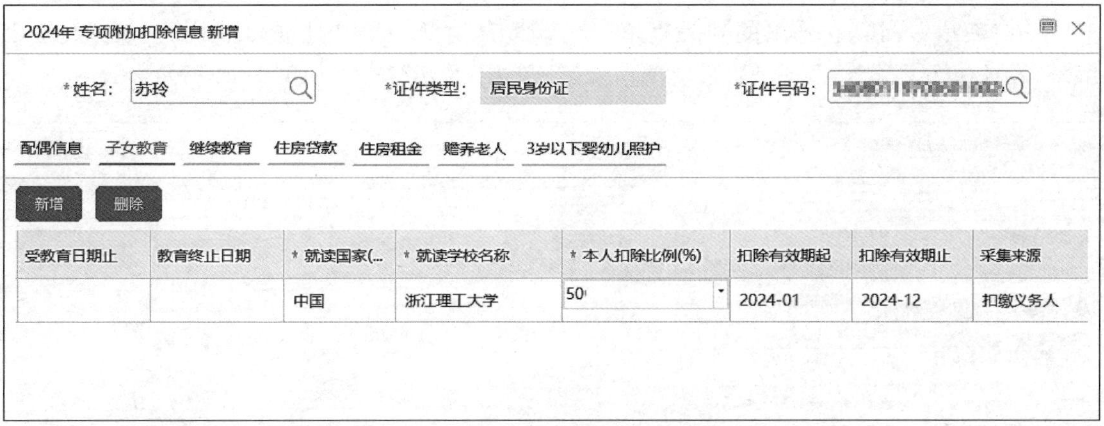

图 3-12　子女教育专项附加扣除信息新增页面（2）

3）住房租金支出信息录入

单击"专项附加扣除"按钮，在"2024 年专项附加扣除信息新增"界面选择职员"于文"，系统自动填入于文的身份证号码信息。选择无配偶，切换到"住房租金"页面，单击"新增"按钮，在弹出的列表里填写工作城市、出租方类型、房屋坐落楼牌号、租赁日期起止等带"＊"标识的必填项信息后，单击"保存"按钮，如图 3-13 所示。

图 3-13　住房租金专项附加扣除信息新增页面

4）继续教育支出信息录入

单击"专项附加扣除"按钮，在"2024 年专项附加扣除信息新增"界面选择职员"于文"，系统自动填入于文的身份证号码信息。切换到"继续教育"页面，单击"职业资格继续教育情况"下方"新增"按钮，在弹出的列表里填写继续教育类型、发证（批准）日期、证书名称、证书编号、发证机关等带"＊"标识的必填项信息后，单击"保存"按钮，如图 3-14 所示。

图 3-14　继续教育专项附加扣除信息新增页面

5）批量录入专项附加扣除信息

如果职工有多项专项附加扣除的信息，单项录入的工作量就会很大，这时可以选择利用模板进行批量申报。单击"导入"选项里的"模板下载"选项，将模板下载后，填写模板信息，再单击"导入"选项里的"导入文件"选项，将模板导入系统，如图 3-15 所示。

图 3-15　批量导入页面

6）报送

选中填写的专项附加扣除信息，单击"专项附加扣除信息采集"页面中的"报送"按钮，将填入的"专项附加扣除信息信息"报送至税务局，如图 3-16 所示。

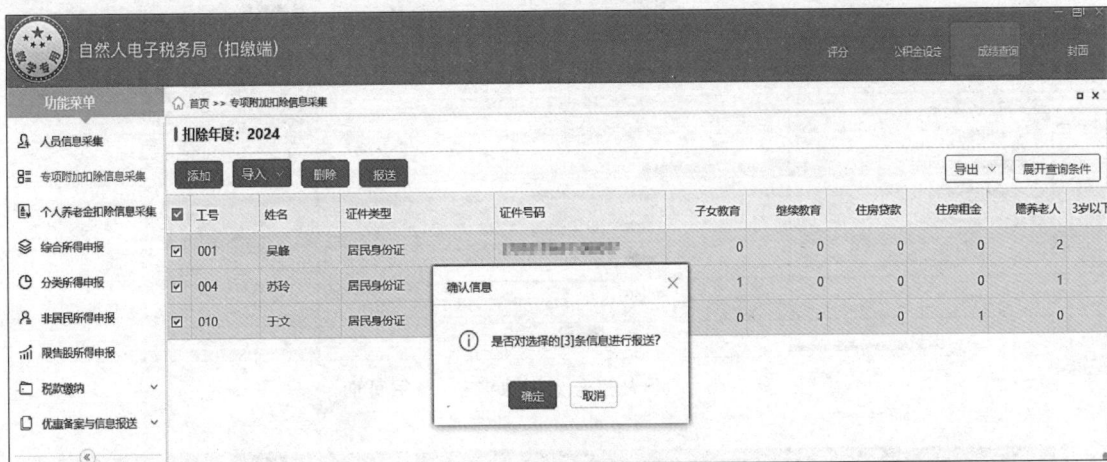

图 3-16　"专项附加扣除信息采集"报送页面

3. 个人养老金扣除信息采集

（1）打开自然人税收管理系统扣缴客户端，单击"个人养老金扣除信息采集"页面中的"添加"按钮，若需要采集多人的个人养老金缴费信息时，也可以使用模板进行导入，如图 3-17 所示。

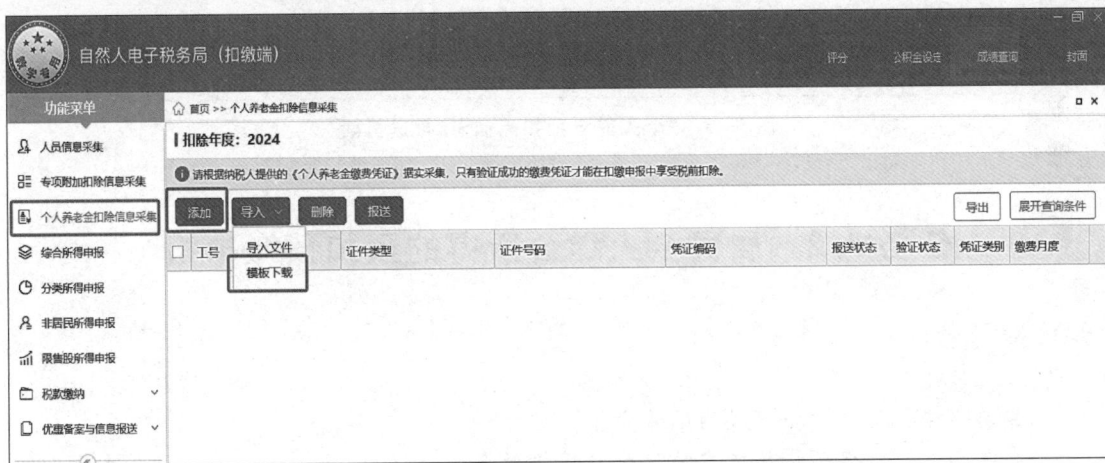

图 3-17　"个人养老金扣除信息采集"页面

（2）根据员工提供的个人养老金缴费凭证据实填写，填写完毕，单击"保存"按钮，如图 3-18 所示。

（3）选中添加的信息，单击"报送"按钮进行信息报送，如图 3-19 所示。

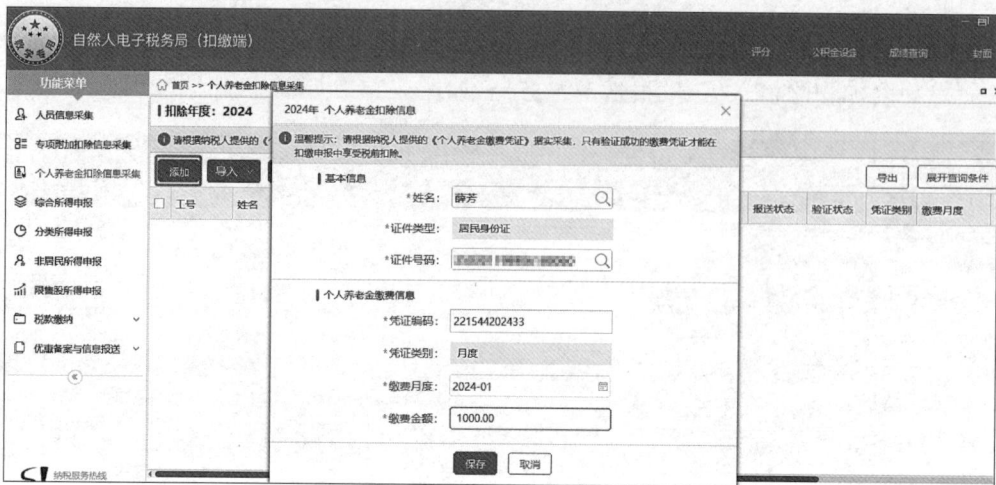

图 3-18 "个人养老金扣除信息"填写页面

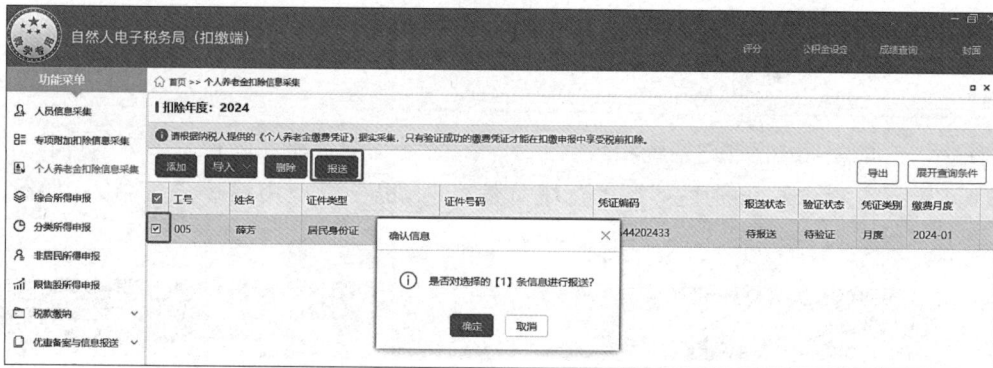

图 3-19 "个人养老金扣除信息"报送页面

任务 3.2 居民个人综合所得的预扣预缴申报

知识提升

（1）了解综合所得预扣预缴的纳税申报流程。

（2）熟悉综合所得预扣预缴申报时所需填报的内容及填报方法。

（3）掌握员工工资、薪金所得,稿酬所得,劳务报酬所得,特许权使用费所得的纳税申报方法。

（4）掌握全年一次性奖金收入、解除劳动合同一次性补偿金、提前退休一次性补贴的纳税申报方法。

能力提升

（1）能够熟练办理工资、薪金所得单个和批量填报。

（2）能够熟练完成全年一次性奖金收入、解除劳动合同一次性补偿金及提前退休一次性补贴预扣预缴申报。

（3）能够熟练完成稿酬所得预扣预缴申报。

（4）能够熟练完成劳务报酬所得预扣预缴申报。

（5）能够熟练完成特许权使用费所得预扣预缴申报。

素养提升

近些年，大家都听说过娱乐圈的"阴阳合同"案例。明星通过签订金额一高一低的两份合同，高金额的合同对内，是双方真实意愿的体现；低金额的合同对外，并不代表双方的真实意愿，从而逃避缴纳税款。这种行为必将受到法律的严惩，不仅要如实补缴税款，还要承担高额的违约金和税务罚款。通过对这些案例的了解，增强学生对相关知识的理解，同时培养他们依法诚信纳税的意识。

案例情景

杭州瑞星杂志社有限公司财务人员薛芳计算并发放员工 2024 年 1 月份的工资、薪金、奖金等，同时预扣预缴个人所得税，人员的个人所得与个人所得税数据如项目 2 中的子任务 2.1.2 资料 1～资料 3 所示。

业务要求

（1）完成 2024 年 1 月员工工资、薪金所得的纳税申报。

（2）完成苏玲取得 2023 年全年一次性奖金的纳税申报。

（3）完成薛芳因解除劳动关系取得一次性补偿收入的纳税申报。

（4）完成陈震因出版小说取得收入的纳税申报。

（5）完成实习生周薇薇取得劳务报酬所得的纳税申报。

（6）完成齐建学修理设备取得报酬的纳税申报。

（7）完成李方将一项著作权许可杂志社使用取得收入的纳税申报。

（8）完成赵启伟因提前退休取得一次性补贴收入的纳税申报。

知识储备

一、个人所得税纳税申报方式

（一）扣缴义务人代扣代缴

根据《中华人民共和国个人所得税法》第九条的规定，个人所得税以所得人为纳税人，以支付所得的单位或者个人为扣缴义务人。

扣缴义务人应当依法办理全员全额扣缴申报。根据《中华人民共和国个人所得税法实施条例》第二十六条规定,全员全额扣缴申报是指扣缴义务人在代扣代缴税款的次月十五日内,向主管税务机关报送其支付所得的所有个人的有关信息、支付所得数额、扣除事项和数额、扣缴税款的具体数额和总额以及其他相关涉税信息资料。

(二)自行纳税申报

根据《中华人民共和国个人所得税法》第十条规定,有下列情形之一的,纳税人应当依法办理纳税申报:

(1)取得综合所得需要办理汇算清缴;

(2)取得应税所得没有扣缴义务人;

(3)取得应税所得,扣缴义务人未扣缴税款;

(4)取得境外所得;

(5)因移居境外注销中国户籍;

(6)非居民个人在中国境内从两处以上取得工资、薪金所得;

(7)国务院规定的其他情形。

二、综合所得自行申报纳税申报方式

纳税人可以采用远程办税端、邮寄等方式申报,也可以直接到主管税务机关申报。

三、综合所得扣缴申报期限

根据《中华人民共和国个人所得税法》第十四条规定,扣缴义务人每月或者每次预扣、代扣的税款,应当在次月十五日内缴入国库,并向税务机关报送扣缴个人所得税申报表。

根据《个人所得税扣缴申报管理办法(试行)》第三条规定,扣缴义务人每月或者每次预扣、代扣的税款,应当在次月十五日内缴入国库,并向税务机关报送《个人所得税扣缴申报表》。

四、扣缴手续费

根据《中华人民共和国个人所得税法》第十七条规定,对扣缴义务人按照所扣缴的税款,付给2%的手续费。根据《个人所得税法实施条例》第三十三条规定,税务机关按照规定付给扣缴义务人手续费,应当填开退还书;扣缴义务人凭退还书,按照国库管理有关规定办理退库手续。

业务实施

1. 员工工资、薪金所得纳税申报

1)信息采集

人员信息采集、专项附加扣除信息采集、个人养老金扣除信息采集在本项目任务 3.1 业务实施已完成。

2）填写正常工资、薪金所得报表

（1）在综合所得申报中填写正常工资、薪金所得报表，如图 3-20 所示。

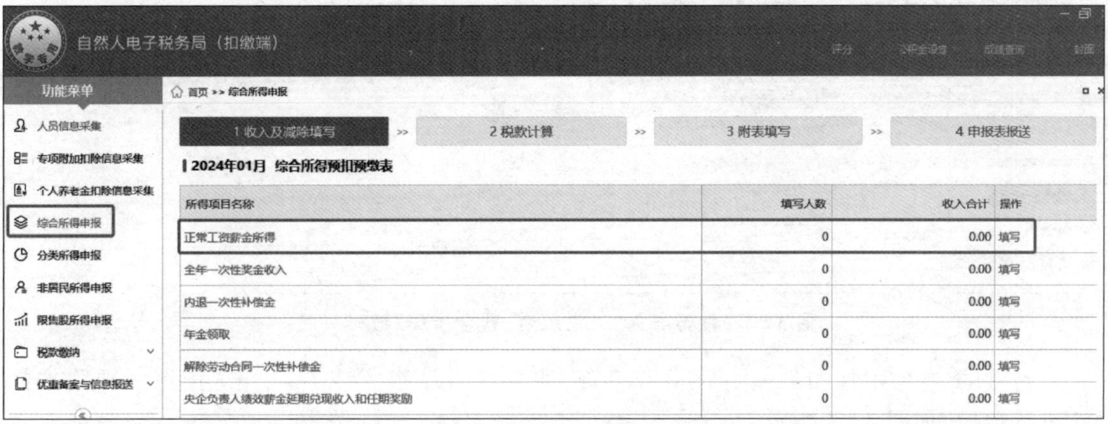

图 3-20 "正常工资、薪金所得"填写页面

填写正常工资、薪金所得信息有单个添加和批量导入两种方式。

单个添加正常工资、薪金所得。单击"添加"按钮，弹出"正常工资薪金所得新增"界面，进行单个数据录入，单击"保存"按钮即可，如图 3-21 所示。也可以批量导入正常工资、薪金所得。单击"导入"→"模板下载"按钮进行模板下载，在模板中填写完整信息，再单击"导入"→"导入数据"按钮，选择模板导入系统，如图 3-22 所示。系统自动进行数据读取，可查看正确数据数量，单击"提交数据"按钮，完成数据导入。如需要将填写好的数据导出，可以选择导出当页或者选择导出全部。

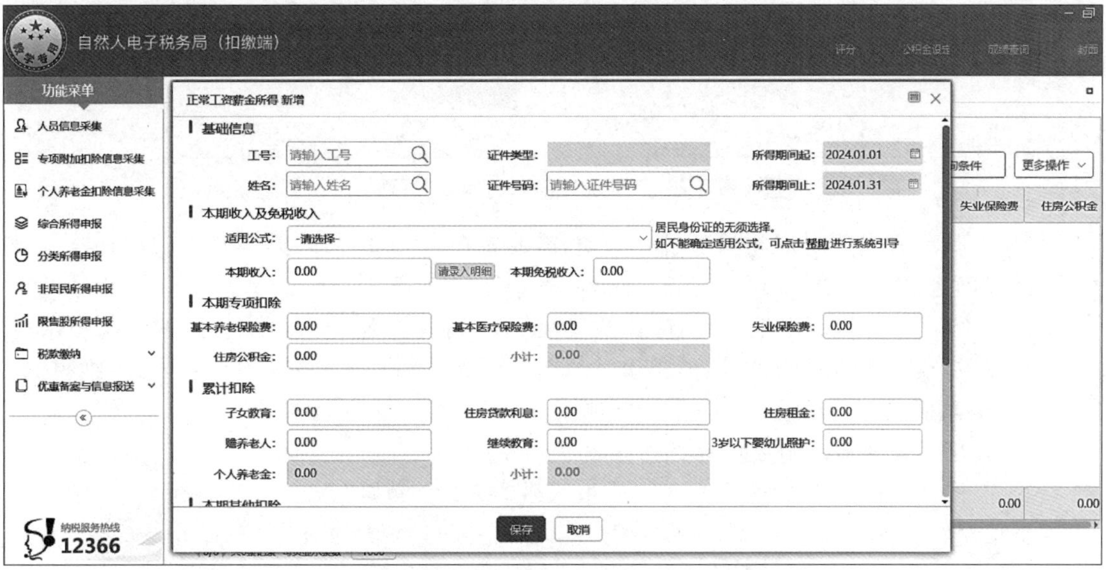

图 3-21 单击添加"正常工资、薪金所得"页面

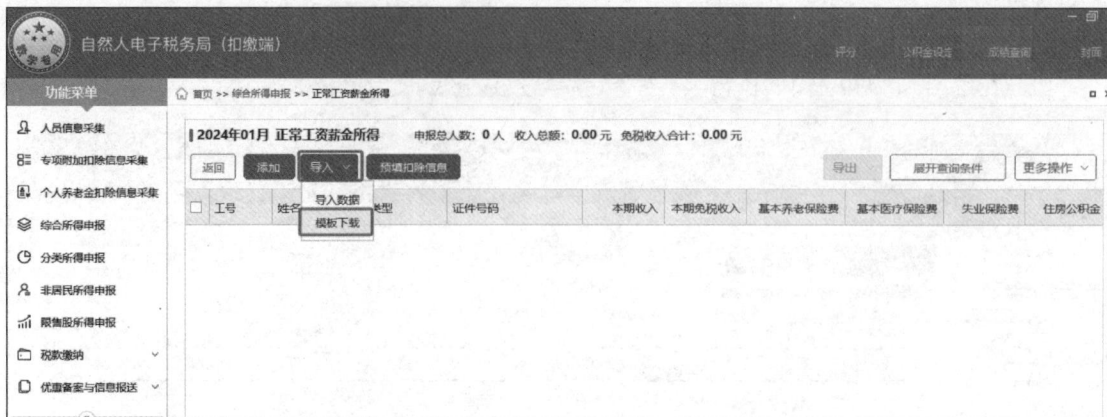

图 3-22　批量导入"正常工资、薪金所得"数据页面

（2）预填专项附加扣除项目。正常工资、薪金所得填报完成后，单击"预填专项附加扣除"进行预填，如图 3-23 所示。

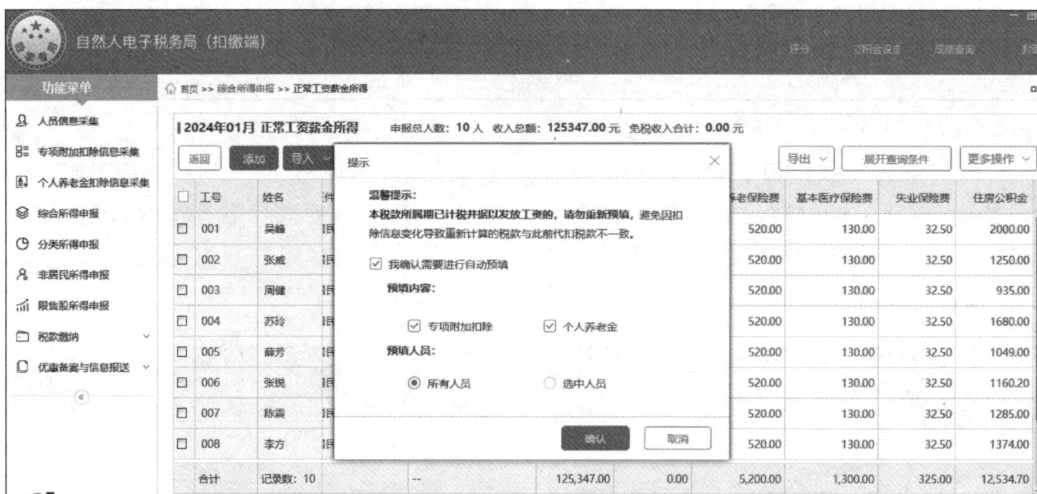

图 3-23　"预填专项附加扣除"页面

如果人员或者专项附加扣除项目有变动，需要先在"人员信息采集"和"专项附加扣除信息采集"界面进行信息维护，再填写正常工资、薪金所得报表。

（3）进行税款计算。申报系统有"在线算税"和"离线算税"两种模式，正常情况下应选择"在线算税"模式下进行税款计算，单击"税款计算"按钮，每个人员的累计收入、应纳税额、应补（退）税额事项会自动生成，如图 3-24 所示。

（4）进行附表填写。附表填写如图 3-25 所示。

（5）审核并进行申报表发送。审核申报人数、应纳税额等信息，如果准确无误，则单击"发送申报"按钮，然后获取反馈，完成工资、薪金所得项目申报，如图 3-26 所示。

2. 全年一次性奖金收入纳税申报

（1）填写全年一次性奖金收入报表。在综合所得申报中填写全年一次性奖金收入报表，如图 3-27 所示。

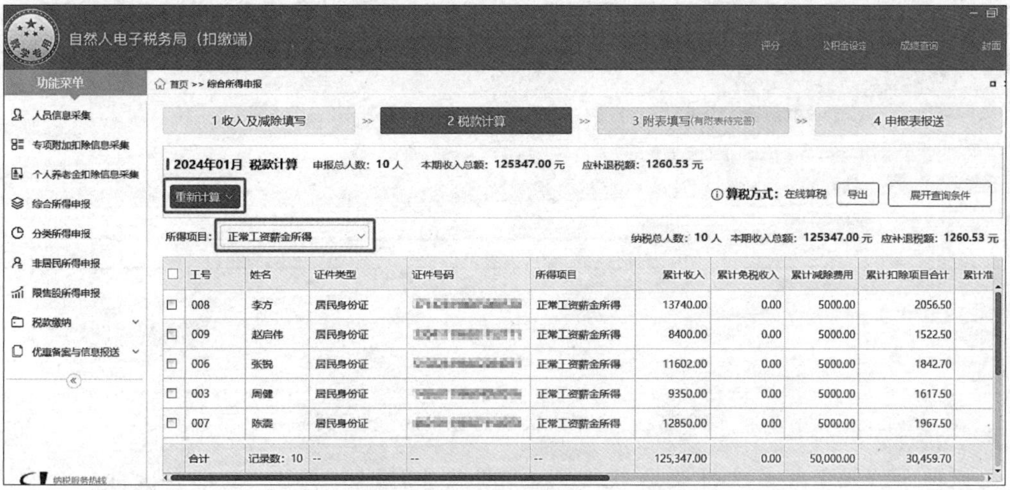

图 3-24　“税款计算”页面(1)

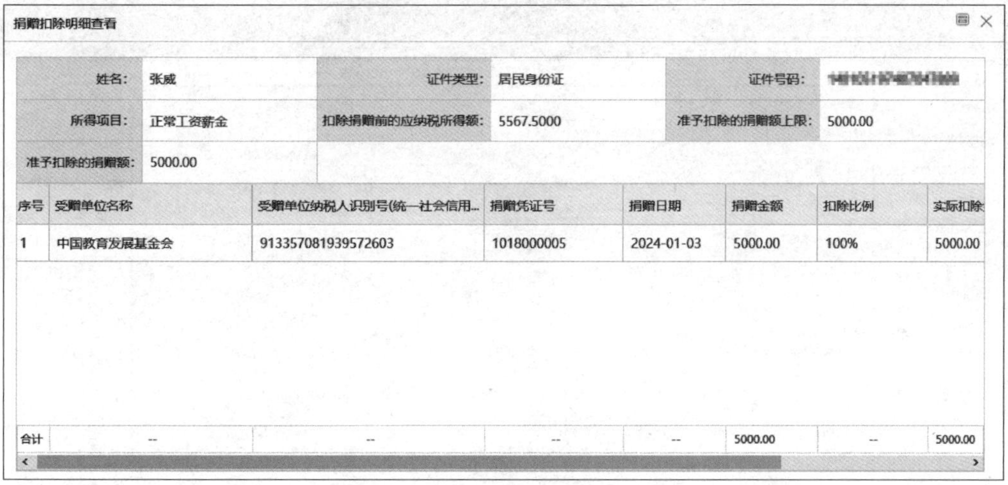

图 3-25　“捐赠扣除明细查看”页面

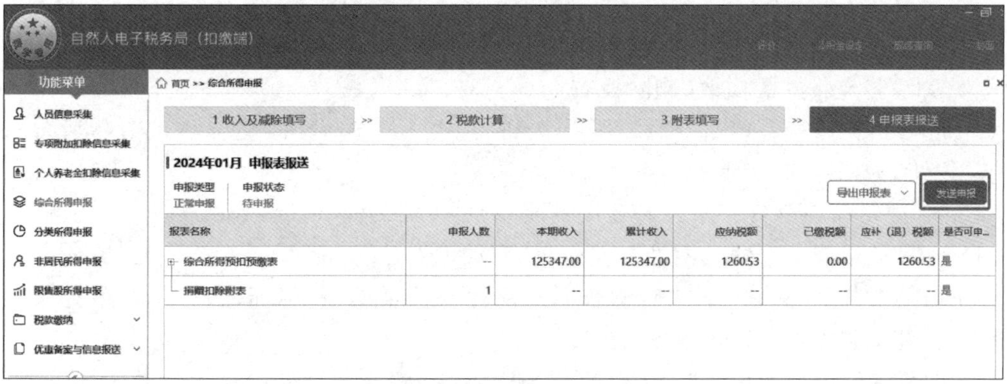

图 3-26　“申报表报送”页面

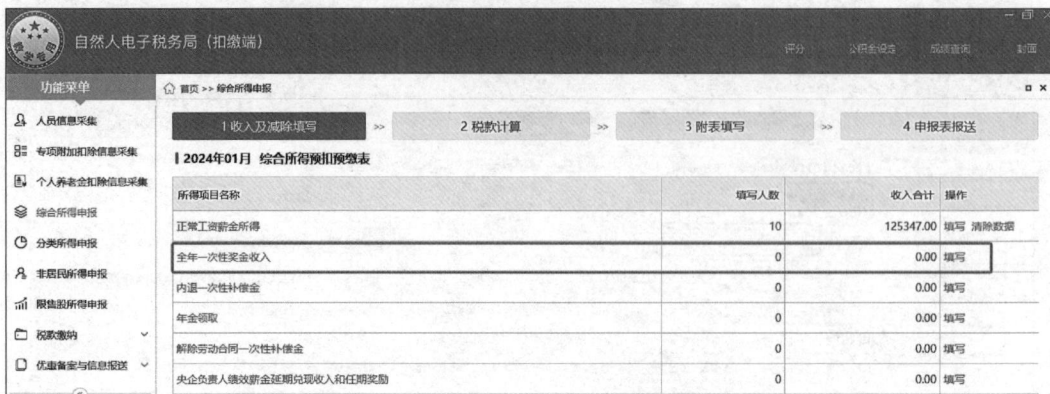

图 3-27 "全年一次性奖金收入"填写页面

可以单个添加全年一次性奖金收入。单击"添加"按钮,弹出"全年一次性奖金收入编辑"界面,进行单个数据录入,单击"保存"按钮即可,如图 3-28 所示。

图 3-28 "全年一次性奖金收入编辑"页面

如需对已录入数据进行修改、删除或查询,可以单击"更多操作"按钮,进行单个或批量的全年一次性奖金收入的修改、删除及查询。

(2)进行税款计算。单击"税款计算"按钮,选择"全年一次性奖金收入",然后单击"重新计算"按钮,如图 3-29 所示。

3. 解除劳动合同取得一次性补偿金纳税申报

(1)填写解除劳动合同一次性补偿金报表,如图 3-30 所示。

单击"添加"按钮,弹出"解除劳动合同一次性补偿金编辑"界面,进行单个数据录入,单击"保存"按钮即可,如图 3-31 所示。

(2)进行税款计算。单击"税款计算"按钮,选择"解除劳动合同一次性补偿金",然后单击"重新计算"按钮,如图 3-32 所示。

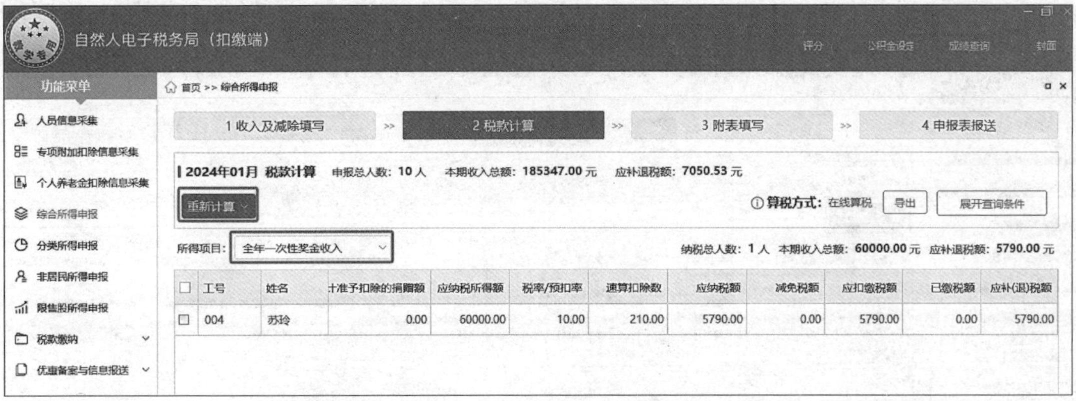

图 3-29　"全年一次性奖金收入"税款计算页面

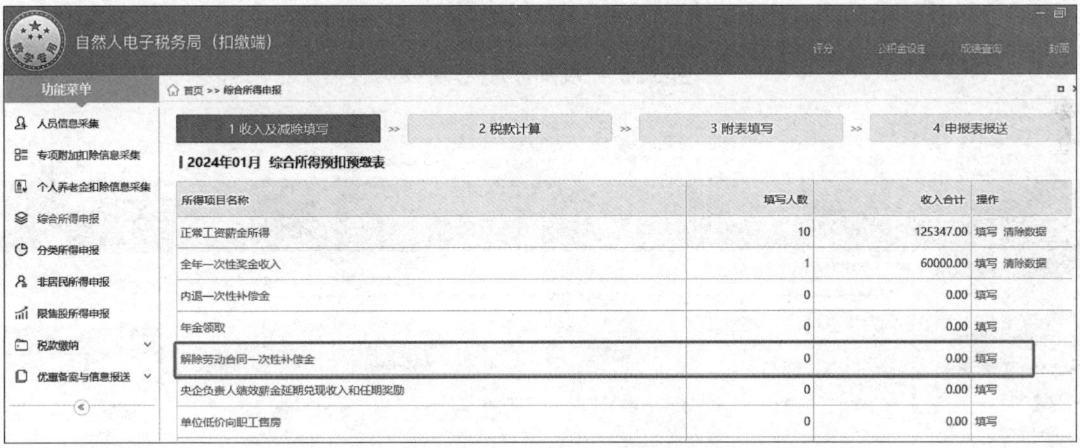

图 3-30　"解除劳动合同一次性补偿金"填写页面

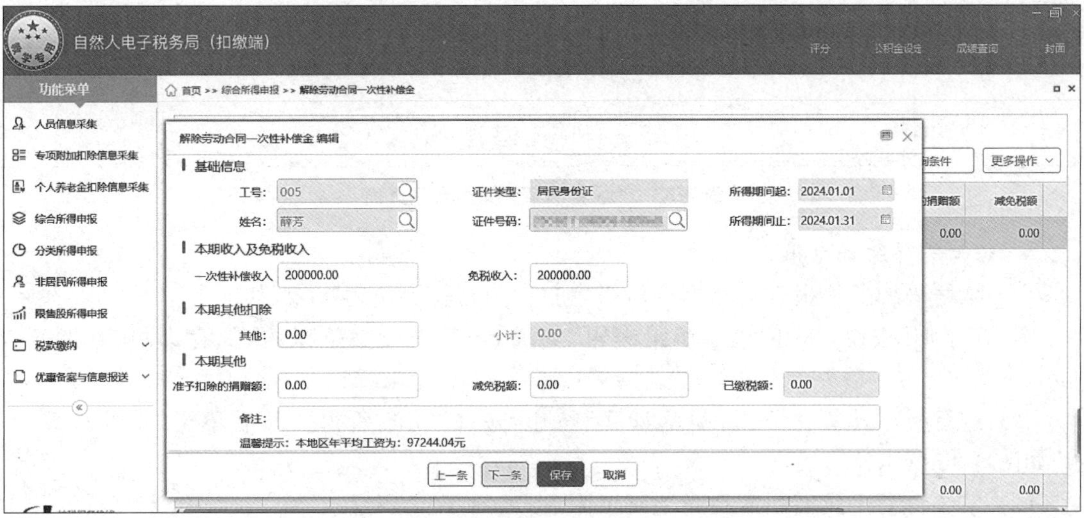

图 3-31　"解除劳动合同一次性补偿金编辑"页面

图 3-32 "税款计算"页面(2)

(3) 附表填写。"减免事项附表"填写页面如图 3-33 所示。

图 3-33 "减免事项附表"填写页面

4. 稿酬所得纳税申报

(1) 填写稿酬所得报表。在综合所得申报中填写稿酬所得报表,如图 3-34 所示。

单击"添加"按钮,弹出"稿酬所得编辑"界面,进行单个数据录入,保存即可,如图 3-35 所示。

(2) 进行税款计算。单击"税款计算"按钮,选择"稿酬所得",然后单击"重新计算"按钮,如图 3-36 所示。

(3) 系统自动生成稿酬所得减免事项附表,如图 3-37 所示。

图 3-34　"稿酬所得"填写页面

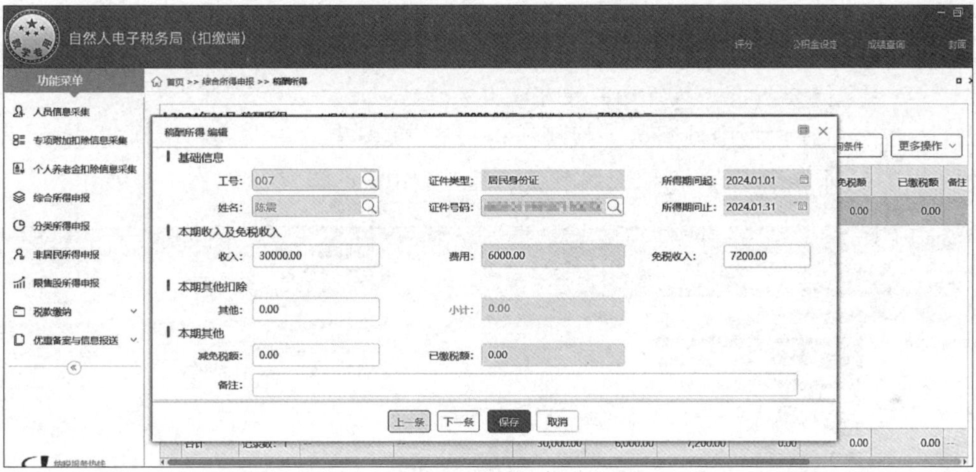

图 3-35　"稿酬所得编辑"页面

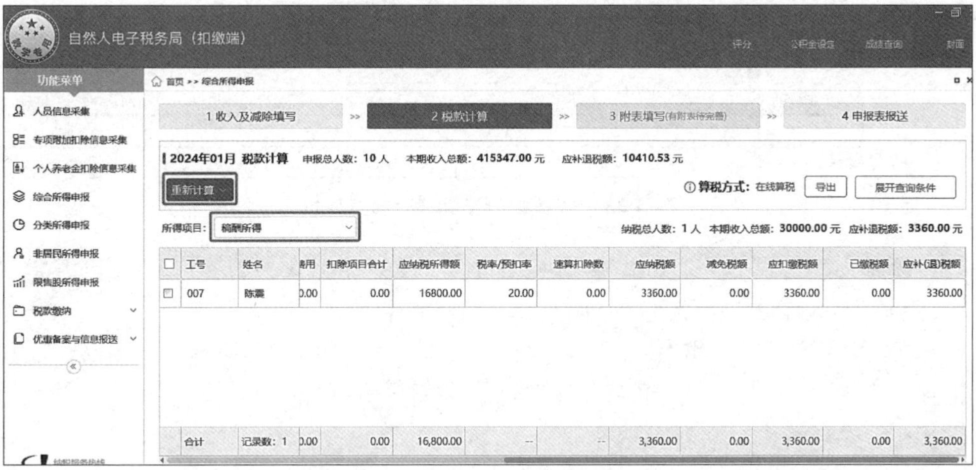

图 3-36　"税款计算"页面（3）

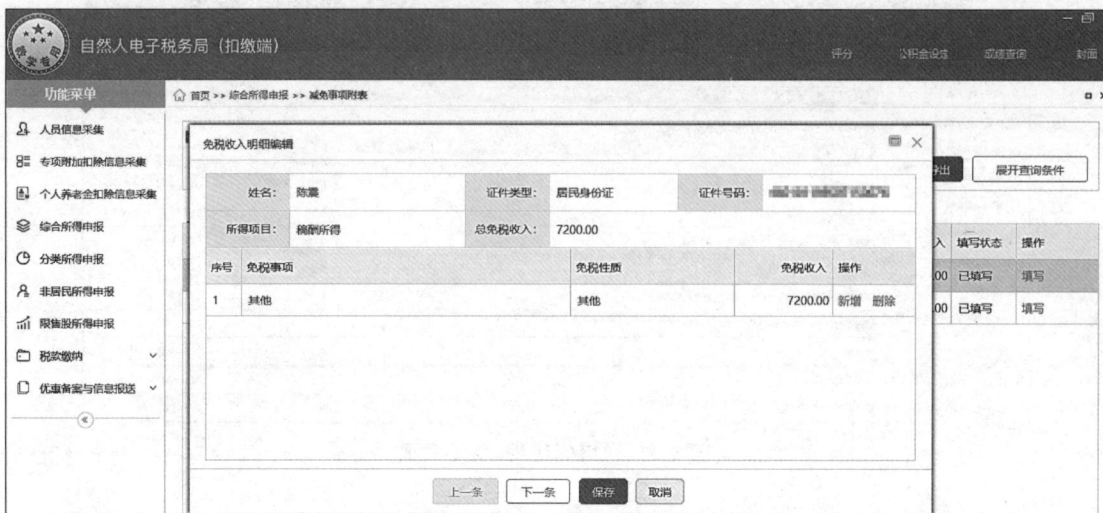

图 3-37 "免税收入明细编辑"页面

5. 实习生取得劳务报酬所得纳税申报

(1) 在综合所得申报中填写劳务报酬所得报表,实习生取得劳务报酬所得选择"劳务报酬(保险营销员、证券经纪人、其他连续劳务)"选项,如图 3-38 所示。

图 3-38 劳务报酬所得填写页面(1)

单击"添加"按钮,弹出"劳务报酬(保险营销员、证券经纪人、其他连续劳务)编辑"界面,进行单个数据录入,单击"保存"按钮即可,如图 3-39 所示。

(2) 进行税款计算。单击"税款计算"按钮,选择"劳务报酬所得(保险营销员、证券经纪人、其他连续劳务)",然后单击"重新计算"按钮,如图 3-40 所示。

6. 个人取得劳务报酬所得纳税申报

(1) 在综合所得申报中填写劳务报酬所得报表,其他非连续劳务人员取得劳务报酬所得选择"劳务报酬(一般、法律援助补贴、其他非连续劳务)",如图 3-41 所示。

图 3-39　"劳务报酬(保险营销员、证券经纪人、其他连续劳务)编辑"页面

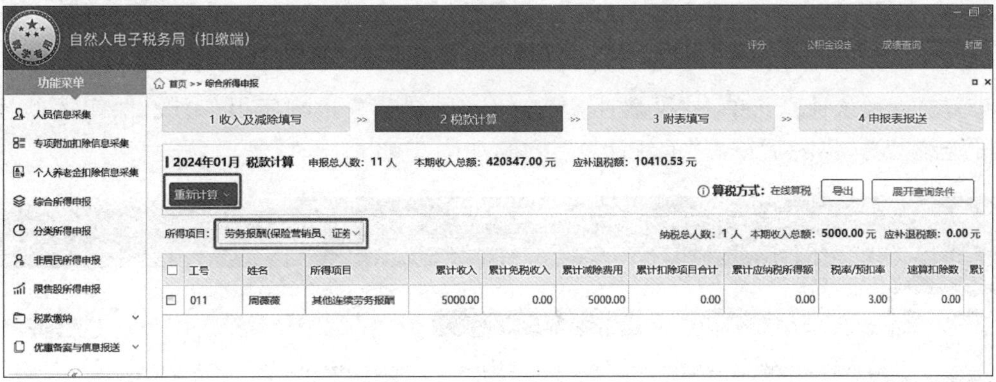

图 3-40　"税款计算"页面(4)

图 3-41　劳务报酬所得填写页面(2)

单击"添加"按钮,弹出"劳务报酬(一般、法律援助补贴、其他非连续劳务)编辑"界面,进行单个数据录入,单击"保存"按钮即可,如图 3-42 所示。

图 3-42 "劳务报酬(一般、法律援助补贴、其他非连续劳务)编辑"页面

(2)进行税款计算。单击"税款计算"按钮,选择"劳务报酬所得(一般、法律援助补贴、其他非连续劳务)",然后单击"重新计算"按钮,如图 3-43 所示。

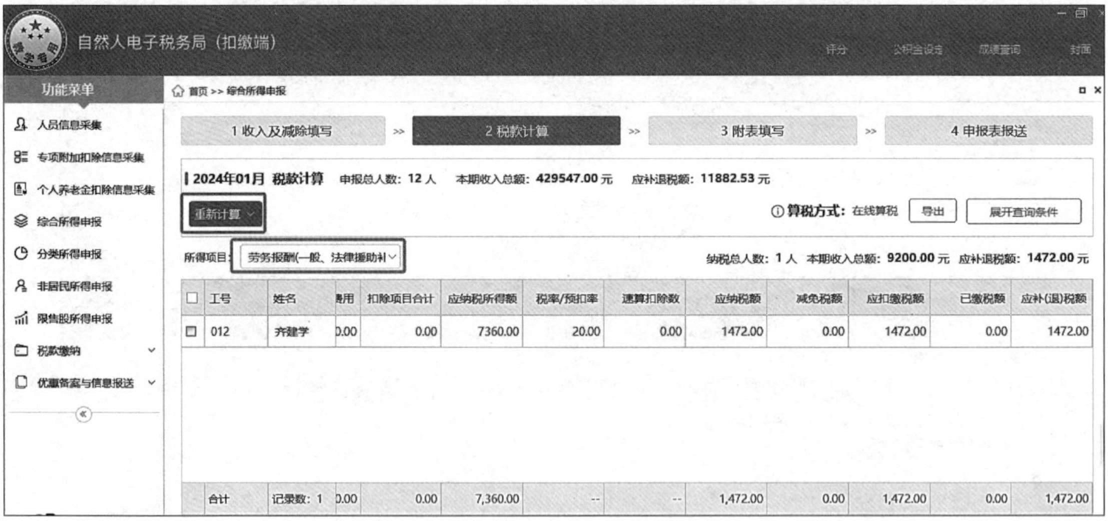

图 3-43 "税款计算"页面(5)

7. 特许权使用费所得纳税申报

(1)填写特许权使用费所得报表。在综合所得申报中填写特许权使用费所得报表,如图 3-44 所示。

单击"添加"按钮,弹出"特许权使用费所得编辑"界面,进行单个数据录入,单击"保存"按钮即可,如图 3-45 所示。

图 3-44　"特许权使用费所得"填写页面

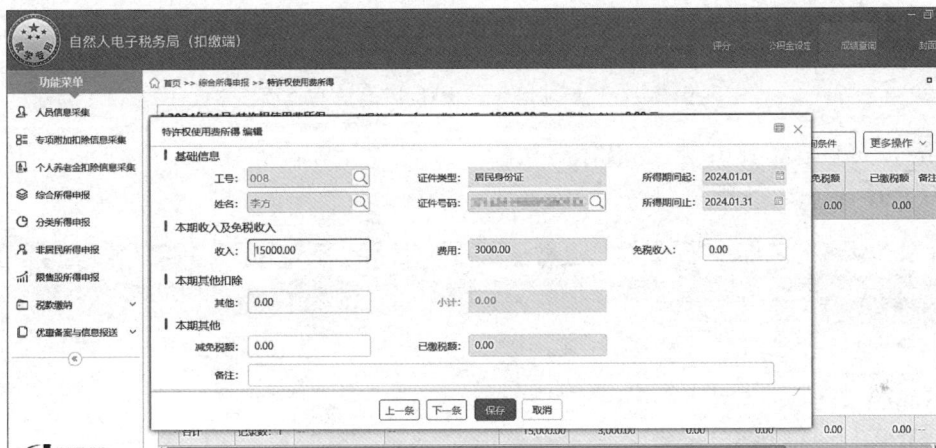

图 3-45　"特许权使用费所得编辑"页面

（2）进行税款计算。单击"税款计算"按钮，选择"特许权使用费所得"，然后单击"重新计算"按钮，如图 3-46 所示。

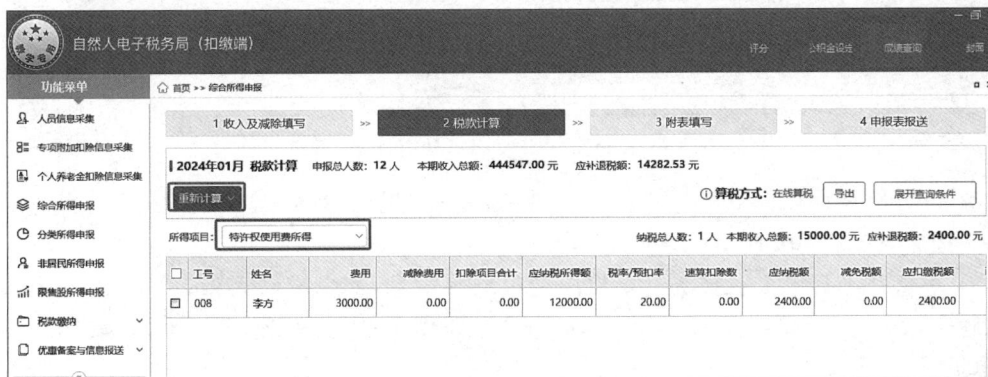

图 3-46　"税款计算"页面（6）

8. 提前退休取得一次性补贴纳税申报

（1）填写提前退休取得一次性补贴报表。在综合所得申报中填写提前退休一次性补贴报表，如图3-47所示。

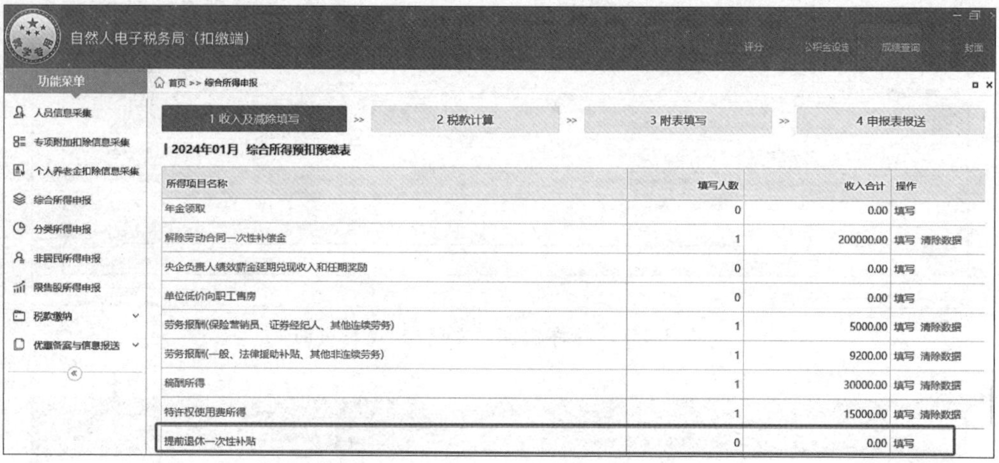

图3-47　"提前退休一次性补贴"填写页面

单击"添加"按钮，弹出"提前退休一次性补贴编辑"界面，进行单个数据录入，单击"保存"按钮即可，如图3-48所示。

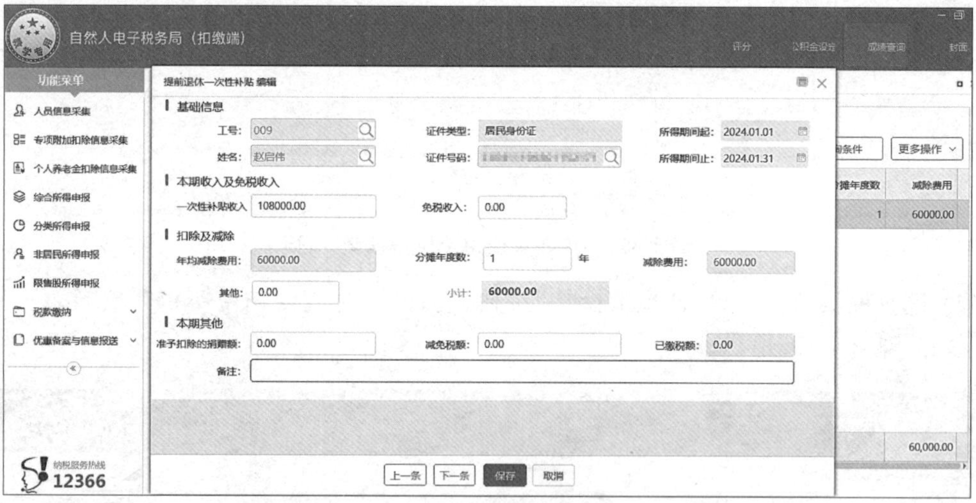

图3-48　"提前退休一次性补贴编辑"页面

（2）进行税款计算。单击"税款计算"按钮，选择"提前退休一次性补贴"，然后单击"重新计算"按钮，如图3-49所示。

（3）审核并进行申报表报送。审核应纳税额等信息，如果准确无误，单击"发送申报"按钮，然后获取反馈，完成申报，若有错误可通过"更正申报"进行处理，若已获取反馈则需进行作废申报操作，如图3-50所示。

（4）缴纳税款。申报成功后，单击"税款缴纳"按钮，进行三方协议缴税，单击"立即缴税"按钮，完成缴纳税款，如图3-51所示。

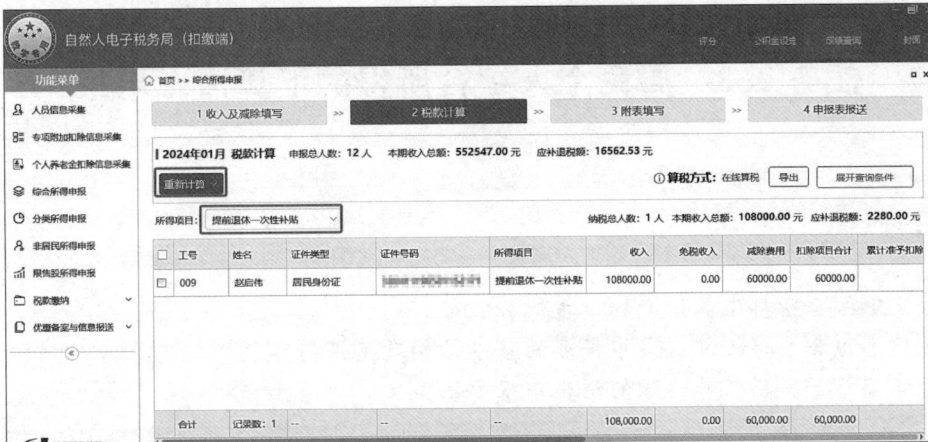

图 3-49 "税款计算"页面(7)

图 3-50 "申报表报送"页面

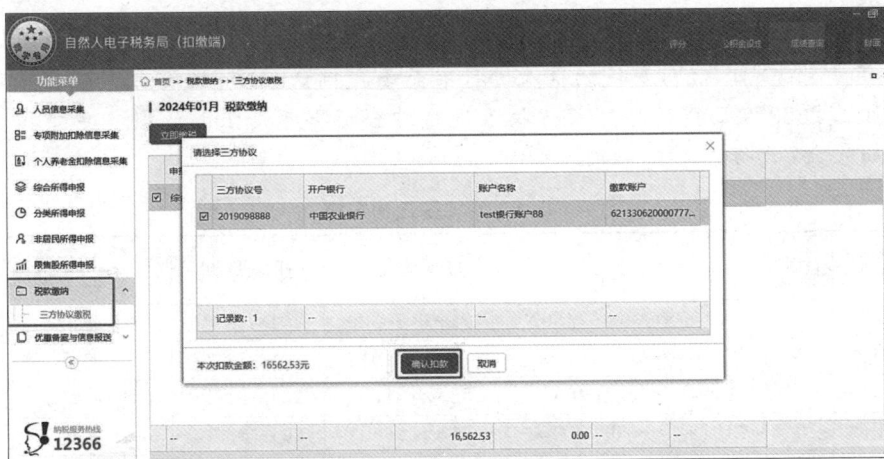

图 3-51 "税款缴纳"页面

任务 3.3　居民个人综合所得的汇算清缴申报

知识提升

（1）了解综合所得汇算清缴的申报流程。

（2）熟悉综合所得汇算清缴申报表的基本结构及填报内容。

（3）掌握综合所得汇算清缴的纳税申报方法。

能力提升

（1）能熟练地登录自然人电子税务局进行集中汇算，完成申报表的填报。

（2）能熟练地在自然人电子税务局进行集中汇算申报表的报送、更正及作废等操作。

（3）能熟练地在自然人电子税务局进行集中汇算的补（退）税操作。

素养提升

我国独创性地建立和健全了对个人收入进行调节的税种体系，逐步建立起适应我国实际的个人所得税制度，改革的路径和内容具有鲜明的中国特色。《中华人民共和国个人所得税法》根据不同时期的经济社会发展需要，经过了多次修订，到 2018 年的第七次修正，最终建立起目前的综合与分类相结合的个人所得税制度。

理解现在个人所得税制度实际上是个性化的制度，个人所得税的税前扣除形成了一个比较完善的体系，这样既照顾了纳税人的经济负担，也体现了国家的社会政策和经济政策。

案例情景

2024 年 4 月 10 日，经与居民纳税人进行书面委托确认，杭州热玛吉有限公司财务人员苏薇丽对员工 2023 年取得的综合所得收入进行综合所得年度汇算清缴集中申报。员工的基础信息如表 3-2 所示。

表 3-2　员工基础信息表

工号	姓　名	性别	身 份 证 号	联系电话	任职日期	任职受雇从业类型	国籍（地区）
001	李睿	男	330103****0407435X	171***30820	2014-07-01	雇员	中国
002	李国强	男	110101****09207851	173***31018	2014-11-12	雇员	中国
003	刘峰	男	110101****0907052X	152***31263	2015-09-14	雇员	中国
004	赵苑丽	女	110101****08285408	171***66608	2016-03-12	雇员	中国
005	苏薇丽	女	110101****10164584	189***92806	2018-06-05	雇员	中国
006	黄伟波	男	330102****03075214	176***48801	2018-04-06	雇员	中国

续表

工号	姓名	性别	身份证号	联系电话	任职日期	任职受雇从业类型	国籍（地区）
007	宋志豪	男	340111****05062138	181***13327	2017-10-14	雇员	中国
008	朱伟文	男	110101****0307133X	156***85403	2014-09-09	雇员	中国
009	庞正	男	120101****06159490	177***77112	2017-04-04	雇员	中国

员工的综合所得收入、专项附加扣除等情况见项目 2 中的任务 2.1 案例情景。

业务要求

（1）在自然人电子税务局完成李睿等的综合所得汇算清缴集中申报工作。

（2）能够使用自然人电子税务局进行个人年度综合所得汇算清缴集中申报相关信息的修改、删除。

知识储备

一、个人所得税税收优惠——免税项目

下列各项个人所得，免征个人所得税。

（1）省级人民政府、国务院部委和中国人民解放军军以上单位，以及外国组织、国际组织颁发的科学、教育、技术、文化、卫生、体育、环境保护等方面的奖金。

（2）国债和国家发行的金融债券利息。

（3）按照国家统一规定发给的补贴、津贴。

（4）福利费、抚恤金、救济金。

（5）保险赔款。

（6）军人的转业费、复员费、退役金。

（7）按照国家统一规定发给干部、职工的安家费、退职费、基本养老金或者退休费、离休费、离休生活补助费。

（8）依照有关法律规定应予免税的各国驻华使馆、领事馆的外交代表、领事官员和其他人员的所得。

（9）中国政府参加的国际公约、签订的协议中规定免税的所得。

（10）国务院规定的其他免税所得。

二、个人所得税税收优惠——减税项目

有下列情形之一的，可以减征个人所得税，具体幅度和期限，由省、自治区、直辖市人民政府规定，并报同级人民代表大会常务委员会备案：

（1）残疾、孤老人员和烈属的所得；

（2）因自然灾害遭受重大损失的。

国务院可以规定其他减税情形，报全国人民代表大会常务委员会备案。

业务实施

（1）进入自然人电子税务局，选择"报表填报"，依次填写个人综合所得汇算清缴相关信息，如图 3-52～图 3-59 所示。

2023年综合所得汇算清缴申报			
姓名：李国强	证件类型：居民身份证	证件号码：	
国籍（地区）：中国	是否存在境外所得：否	报表类型：标准申报	
手机号码：*********	联系地址：***		

无住所个人附报信息

纳税年度内在中国境内居住天数：0	已在中国境内居住年数：0

综合所得个人所得税计算

项目	行次	金额	操作
一、收入合计（1=2+3+4+5）	1	168000	
（一）工资、薪金	2	168000	
（二）劳务报酬	3	0	
（三）稿酬	4	0	
（四）特许权使用费	5	0	
二、费用合计［6=(3+4+5)×20%］	6	0	
三、免税收入合计（7=8+9）	7	0	
（一）稿酬所得免税部分［8=4×(1-20%)×30%］	8	0	
（二）其他免税收入	9	0	
四、减除费用	10	60000	
五、专项扣除合计（11=12+13+14+15）	11	24000	
（一）基本养老保险费	12	9600	
（二）基本医疗保险费	13	2400	
（三）失业保险费	14	600	
（四）住房公积金	15	11400	
六、专项附加扣除合计（16=17+18+19+20+21+22）	16	0	
（一）子女教育	17	0	
（二）继续教育	18	0	
（三）大病医疗	19	0	
（四）住房贷款利息	20	0	
（五）住房租金	21	0	
（六）赡养老人	22	0	
七、其他扣除合计（23=24+25+26+27+28）	23	0	
（一）年金	24	0	
（二）商业健康保险	25	0	
（三）税延养老保险	26	0	
（四）允许扣除的税费	27	0	
（五）其他	28	0	
八、准予扣除的捐赠额	29	0	
九、应纳税所得额（30=1-6-7-10-11-16-23-29）	30	84000	
十、税率（%）	31	10%	
十一、速算扣除数	32	2520	
十二、应纳税额（33=30×31-32）	33	5880	

全年一次性奖金个人所得税计算（无住所居民个人预判为非居民个人取得的数月奖金，选择按全年一次性奖金计税的填写本部分）

□是 □否

项目	行次	金额	操作
一、全年一次性奖金收入	34	0	
二、准予扣除的捐赠额	35	0	
三、税率（%）	36	0	
四、速算扣除数	37	0	
五、应纳税额［38=（34-35）×36-37］	38	0	

应补（退）税额计算

项目	行次	金额	操作
一、应纳税额合计（39=33+38）	39	5880	
二、减免税额	40	0	
三、已缴税额	41	5880	
四、应补/退税额（42=39-40-41）	42	0	

是否享受免申报（收入不超过12万元且需要补税的，或补税金额不超过400元的才需要填写本部分）

□享受（符合政策条件的，可以不用补税）　□不享受（符合政策条件的，可以不用补税）

返回

图 3-52　"综合所得汇算清缴申报"页面（李国强）

2023年综合所得汇算清缴申报			

姓名:	李睿	证件类型:	居民身份证	证件号码:	████████████
国籍（地区）：	中国	是否存在境外所得：	否	报表类型：	标准申报
手机号码：	**********	联系地址：	***		*********

无住所个人附报信息

纳税年度内在中国境内居住天数：	0	已在中国境内居住年数：	0

综合所得个人所得税计算

项目	行次	金额	操作
一、收入合计（1=2+3+4+5）	1	126000	
（一）工资、薪金	2	126000	
（二）劳务报酬	3	0	
（三）稿酬	4	0	
（四）特许权使用费	5	0	
二、费用合计 [6=(3+4+5)×20%]	6	0	
三、免税收入合计（7=8+9）	7	0	
（一）稿酬所得免税部分[8=4×(1-20%)×30%]	8	0	
（二）其他免税收入	9	0	
四、减除费用	10	60000	
五、专项扣除合计（11=12+13+14+15）	11	24000	
（一）基本养老保险费	12	9600	
（二）基本医疗保险费	13	2400	
（三）失业保险费	14	600	
（四）住房公积金	15	11400	
六、专项附加扣除合计（16=17+18+19+20+21+22）	16	48000	
（一）子女教育	17	48000	
（二）继续教育	18	0	
（三）大病医疗	19	0	
（四）住房贷款利息	20	0	
（五）住房租金	21	0	
（六）赡养老人	22	0	
七、其他扣除合计（23=24+25+26+27+28）	23	0	
（一）年金	24	0	
（二）商业健康保险	25	0	
（三）税延养老保险	26	0	
（四）允许扣除的税费	27	0	
（五）其他	28	0	
八、准予扣除的捐赠额	29	0	
九、应纳税所得额（30=1-6-7-10-11-16-23-29）	30	0	
十、税率（%）	31	3%	
十一、速算扣除数	32	0.00	
十二、应纳税额（33=30×31-32）	33	0	

全年一次性奖金个人所得税计算（无住所居民个人预判为非居民个人取得的数月奖金，选择按全年一次性奖金计税的填写本部分）

□是 □否			
一、全年一次性奖金收入	34	0	
二、准予扣除的捐赠额	35	0	
三、税率（%）	36	0	
四、速算扣除数	37	0	
五、应纳税额[38=（34-35）×36-37]	38	0	

应补（退）税款计算

一、应纳税额合计（39=33+38）	39	0	
二、减免税额	40	0	
三、已缴税额	41	1680	
四、应补/退税额（42=39-40-41）	42	-1680	

是否享受免申报（收入不超过12万元且需要补税的，或补税金额不超过400元的，才需填写本部分）

□享受（符合政策条件的，可以不用补税）	□不享受（符合政策条件的，可以不用补税）

*银行账号：	*****************	*开户银行名称：	*********	*开户银行省份：	***

返回

图 3-53　"综合所得汇算清缴申报"页面（李睿）

2023年综合所得汇算清缴申报			
姓名： 刘峰	证件类型： 居民身份证	证件号码：	
国籍（地区）： 中国	是否存在境外所得： 否	报表类型： 标准申报	
手机号码： **********	联系地址： **	********	

无住所个人附报信息

纳税年度内在中国境内居住天数：	0	已在中国境内居住年数：	0

综合所得个人所得税计算

项目	行次	金额	操作
一、收入合计（1=2+3+4+5）	1	100000	
（一）工资、薪金	2	100000	
（二）劳务报酬	3	0	
（三）稿酬	4	0	
（四）特许权使用费	5	0	
二、费用合计 [6=(3+4+5)×20%]	6	0	
三、免税收入合计（7=8+9）	7	0	
（一）稿酬所得免税部分[8=4×(1-20%)×30%]	8	0	
（二）其他免税收入	9	0	
四、减除费用	10	60000	
五、专项扣除合计（11=12+13+14+15）	11	8000	
（一）基本养老保险费	12	3200	
（二）基本医疗保险费	13	800	
（三）失业保险费	14	200	
（四）住房公积金	15	3800	
六、专项附加扣除合计（16=17+18+19+20+21+22）	16	5000	
（一）子女教育	17	0	
（二）继续教育	18	0	
（三）大病医疗	19	5000	
（四）住房贷款利息	20	0	
（五）住房租金	21	0	
（六）赡养老人	22	0	
七、其他扣除合计（23=24+25+26+27+28）	23	0	
（一）年金	24	0	
（二）商业健康保险	25	0	
（三）税延养老保险	26	0	
（四）允许扣除的税费	27	0	
（五）其他	28	0	
八、准予扣除的捐赠额	29	0	
九、应纳税所得额（30=1-6-7-10-11-16-23-29）	30	27000	
十、税率（%）	31	3%	
十一、速算扣除数	32	0.00	
十二、应纳税额（33=30×31-32）	33	810	

全年一次性奖金个人所得税计算（无住所居民个人预判为非居民个人取得的数月奖金，选择按全年一次性奖金计税的填写本部分）

☐是 ☐否

一、全年一次性奖金收入	34	0	
二、准予扣除的捐赠额	35	0	
三、税率（%）	36	0	
四、速算扣除数	37	0	
五、应纳税额[38=（34-35）×36-37]	38	0	

应补（退）税款计算

一、应纳税额合计（39=33+38）	39	810	
二、减免税额	40	0	
三、已缴税额	41	4680	
四、应补/退税额（42=39-40-41）	42	-3870	

是否享受免申报（收入不超过12万元且需要补税的，或补税金额不超过400元的才需填写本部分）

☐享受（符合政策条件的，可以不用补税） ☐不享受（符合政策条件的，可以不用补税）

* 银行账号： ******************	* 开户银行名称： *********	* 开户银行省份： ***

返回

图 3-54 "综合所得汇算清缴申报"页面（刘峰）

2023年综合所得汇算清缴申报

姓名：	赵苑丽	证件类型：	居民身份证	证件号码：	████████████
国籍（地区）：	中国	是否存在境外所得：	否	报表类型：	标准申报
手机号码：	**********	联系地址：	***		

无住所个人附报信息

纳税年度内在中国境内居住天数：	0	已在中国境内居住年数：	0

综合所得个人所得税计算

项目	行次	金额	操作
一、收入合计（1=2+3+4+5）	1	195200	
（一）工资、薪金	2	187200	
（二）劳务报酬	3	0	
（三）稿酬	4	8000	
（四）特许权使用费	5	0	
二、费用合计 [6=(3+4+5)×20%]	6	1600	
三、免税收入合计（7=8+9）	7	1920	
（一）稿酬所得免税部分[8=4×(1-20%)×30%]	8	1920	
（二）其他免税收入	9	0	
四、减除费用	10	60000	
五、专项扣除合计（11=12+13+14+15）	11	24000	
（一）基本养老保险费	12	9600	
（二）基本医疗保险费	13	2400	
（三）失业保险费	14	600	
（四）住房公积金	15	11400	
六、专项附加扣除合计（16=17+18+19+20+21+22）	16	36000	
（一）子女教育	17	0	
（二）继续教育	18	0	
（三）大病医疗	19	0	
（四）住房贷款利息	20	0	
（五）住房租金	21	0	
（六）赡养老人	22	36000	
七、其他扣除合计（23=24+25+26+27+28）	23	0	
（一）年金	24	0	
（二）商业健康保险	25	0	
（三）税延养老保险	26	0	
（四）允许扣除的税费	27	0	
（五）其他	28	0	
八、准予扣除的捐赠额	29	0	
九、应纳税所得额（30=1-6-7-10-11-16-23-29）	30	71680	
十、税率（%）	31	10%	
十一、速算扣除数	32	2520	
十二、应纳税额（33=30×31-32）	33	4648	

全年一次性奖金个人所得税计算（无住所居民个人预判为非居民个人取得的数月奖金，选择按全年一次性奖金计税的填写本部分）

☐是 ☐否

项目	行次	金额	
一、全年一次性奖金收入	34	0	
二、准予扣除的捐赠额	35	0	
三、税率（%）	36	0	
四、速算扣除数	37	0	
五、应纳税额[38=（34-35）×36-37]	38	0	

应补（退）税款计算

项目	行次	金额	
一、应纳税额合计（39=33+38）	39	4648	
二、减免税额	40	0	
三、已缴税额	41	4200	
四、应补/退税额（42=39-40-41）	42	448	

是否享受免申报（收入不超过12万元且需要补税的，或补税金额不超过400元的才需填写本部分）

☐享受（符合政策条件的，可以不用补税）　　☐不享受（符合政策条件的，可以不用补税）

返回

图 3-55　"综合所得汇算清缴申报"页面（赵苑丽）

2023年综合所得汇算清缴申报			
姓名： 黄伟波	证件类型： 居民身份证	证件号码： ▇▇▇▇▇▇▇▇▇▇	
国籍（地区）： 中国	是否存在境外所得： 否	报表类型： 标准申报	
手机号码： ▇▇▇▇▇▇▇▇	联系地址： ▇▇▇ ▇▇▇▇▇▇▇		

无住所个人期报信息			
纳税年度内在中国境内居住天数：	0	已在中国境内居住年数：	0

综合所得个人所得税计算			
项目	行次	金额	操作
一、收入合计（1=2+3+4+5）	1	342000	
（一）工资、薪金	2	312000	
（二）劳务报酬	3	30000	
（三）稿酬	4	0	
（四）特许权使用费	5	0	
二、费用合计[6=(3+4+5)×20%]	6	6000	
三、免税收入合计（7=8+9）	7	0	
（一）稿酬所得免税部分[8=4×(1-20%)×30%]	8	0	
（二）其他免税收入	9	0	
四、减除费用	10	60000	
五、专项扣除合计（11=12+13+14+15）	11	24000	
（一）基本养老保险费	12	9600	
（二）基本医疗保险费	13	2400	
（三）失业保险费	14	600	
（四）住房公积金	15	11400	
六、专项附加扣除合计（16=17+18+19+20+21+22）	16	36000	
（一）子女教育	17	24000	
（二）继续教育	18	0	
（三）大病医疗	19	0	
（四）住房贷款利息	20	0	
（五）住房租金	21	0	
（六）赡养老人	22	12000	
七、其他扣除合计（23=24+25+26+27+28）	23	0	
（一）年金	24	0	
（二）商业健康保险	25	0	
（三）税延养老保险	26	0	
（四）允许扣除的税费	27	0	
（五）其他	28	0	
八、准予扣除的捐赠额	29		
九、应纳税所得额（30=1-6-7-10-11-16-23-29）	30	216000	
十、税率（%）	31	20%	
十一、速算扣除数	32	16920	
十二、应纳税额（33=30×31-32）	33	26280	

全年一次性奖金个人所得税计算（无住所居民个人预判为非居民个人取得的数月奖金，选择按全年一次性奖金计税的填写本部分）			
□是 □否			
一、全年一次性奖金收入	34	0	
二、准予扣除的捐赠额	35	0	
三、税率（%）	36	0	
四、速算扣除数	37	0	
五、应纳税额[38=（34-35）×36-37]	38	0	

应补（退）税款计算			
一、应纳税额合计（39=33+38）	39	26280	
二、减免税额	40	0	
三、已缴税额	41	21480	
四、应补/退税额（42=39-40-41）	42	4800	

是否享受免申报（收入不超过12万元且需要补税的，或补税金额不超过400元的才需填写本部分）		
□享受（符合政策条件的，可以不补税）		□不享受（符合政策条件的，可以不补税）

返回

图 3-56　"综合所得汇算清缴申报"页面（黄伟波）

2023年综合所得汇算清缴申报			

姓名：	宋志豪	证件类型：	居民身份证	证件号码：	▮▮▮▮▮▮▮▮▮▮▮▮▮▮
国籍（地区）：	中国	是否存在境外所得：	否	报表类型：	标准申报
手机号码：	▮▮▮▮▮▮▮▮▮▮▮	联系地址：	▮▮▮		▮▮▮▮▮▮▮▮

无住所个人附报信息

纳税年度内在中国境内居住天数：	0	已在中国境内居住年数：	0	

综合所得个人所得税计算

项目	行次	金额	操作
一、收入合计（1=2+3+4+5）	1	230000	
（一）工资、薪金	2	180000	
（二）劳务报酬	3	0	
（三）稿酬	4	0	
（四）特许权使用费	5	50000	
二、费用合计 [6=(3+4+5)×20%]	6	10000	
三、免税收入合计（7=8+9）	7	0	
（一）稿酬所得免税部分[8=4×(1-20%)×30%]	8	0	
（二）其他免税收入	9	0	
四、减除费用	10	60000	
五、专项扣除合计（11=12+13+14+15）	11	24000	
（一）基本养老保险费	12	9600	
（二）基本医疗保险费	13	2400	
（三）失业保险费	14	600	
（四）住房公积金	15	11400	
六、专项附加扣除合计（16=17+18+19+20+21+22）	16	54000	
（一）子女教育	17	0	
（二）继续教育	18	0	
（三）大病医疗	19	0	
（四）住房贷款利息	20	0	
（五）住房租金	21	18000	
（六）赡养老人	22	36000	
七、其他扣除合计（23=24+25+26+27+28）	23	0	
（一）年金	24	0	
（二）商业健康保险	25	0	
（三）税延养老保险	26	0	
（四）允许扣除的税费	27	0	
（五）其他	28	0	
八、准予扣除的捐赠额	29	0	
九、应纳税所得额（30=1-6-7-10-11-16-23-29）	30	82000	
十、税率（%）	31	10%	
十一、速算扣除数	32	2520	
十二、应纳税额（33=30×31-32）	33	5680	

全年一次性奖金个人所得税计算（无住所居民个人预判为非居民个人取得的数月奖金，选择按全年一次性奖金计税的填写本部分）

☐是 ☐否

一、全年一次性奖金收入	34	0	
二、准予扣除的捐赠额	35	0	
三、税率（%）	36	0	
四、速算扣除数	37	0	
五、应纳税额[38=（34-35）×36-37]	38	0	

应补（退）税款计算

一、应纳税额合计（39=33+38）	39	5680	
二、减免税额	40	0	
三、已缴税额	41	1680	
四、应补/退税额（42=39-40-41）	42	4000	

是否享受免申报（收入不超过12万元且需要补税的，或补税金额不超过400元的才需填写本部分）

☐享受（符合政策条件的，可以不用补税） ☐不享受（符合政策条件的，可以不用补税）

返回

图 3-57 "综合所得汇算清缴申报"页面（宋志豪）

2023年综合所得汇算清缴申报

姓名:	朱伟文	证件类型:	居民身份证	证件号码:	
国籍（地区）:	中国	是否存在境外所得:	否	报表类型:	标准申报
手机号码:	*********	联系地址:	***		

无住所个人附报信息

纳税年度内在中国境内居住天数：	0	已在中国境内居住年数：	0

综合所得个人所得税计算

项目	行次	金额	操作
一、收入合计（1=2+3+4+5）	1	300000	
（一）工资、薪金	2	300000	
（二）劳务报酬	3	0	
（三）稿酬	4	0	
（四）特许权使用费	5	0	
二、费用合计［6=(3+4+5)×20%］	6	0	
三、免税收入合计（7=8+9）	7	0	
（一）稿酬所得免税部分[8=4×(1-20%)×30%］	8	0	
（二）其他免税收入	9	0	
四、减除费用	10	60000	
五、专项扣除合计（11=12+13+14+15）	11	24000	
（一）基本养老保险费	12	9600	
（二）基本医疗保险费	13	2400	
（三）失业保险费	14	600	
（四）住房公积金	15	11400	
六、专项附加扣除合计（16=17+18+19+20+21+22）	16	54000	
（一）子女教育	17	24000	
（二）继续教育	18	0	
（三）大病医疗	19	0	
（四）住房贷款利息	20	0	
（五）住房租金	21	18000	
（六）赡养老人	22	12000	
七、其他扣除合计（23=24+25+26+27+28）	23	0	
（一）年金	24	0	
（二）商业健康保险	25	0	
（三）税延养老保险	26	0	
（四）允许扣除的税费	27	0	
（五）其他	28	0	
八、准予扣除的捐赠额	29	20000	
九、应纳税所得额（30=1-6-7-10-11-16-23-29）	30	142000	
十、税率（%）	31	10%	
十一、速算扣除数	32	2520	
十二、应纳税额（33=30×31-32）	33	11680	

全年一次性奖金个人所得税计算（无住所居民个人预判为非居民个人取得的数月奖金，选择按全年一次性奖金计税的填写本部分）

☐是 ☐否

项目	行次	金额	操作
一、全年一次性奖金收入	34	0	
二、准予扣除的捐赠额	35	0	
三、税率（%）	36	0	
四、速算扣除数	37	0	
五、应纳税额[38=（34-35）×36-37]	38	0	

应补（退）税款计算

项目	行次	金额	操作
一、应纳税额合计（39=33+38）	39	11680	
二、减免税额	40	0	
三、已缴税额	41	15480	
四、应补退税额（42=39-40-41）	42	-3800	

是否享受免申报（收入不超过12万元且需要补税的，或补税金额不超过400元的才需填写本部分）

☐享受（符合政策条件的，可以不用补税）		☐享受（符合政策条件的，可以不用补税）	
*银行账号：	************	*开户银行名称：	*********	*开户银行省份：	***

返回

图 3-58 "综合所得汇算清缴申报"页面（朱伟文）

2023年综合所得汇算清缴申报

姓名：	庞正	证件类型：	居民身份证	证件号码：	
国籍（地区）：	中国	是否存在境外所得：	否	报表类型：	标准申报
手机号码：	**********	联系地址：	***		**********

无住所个人居报信息

| 纳税年度内在中国境内居住天数： | 0 | 已在中国境内居住年数： | 0 |

综合所得个人所得税计算

项目	行次	金额	操作
一、收入合计（1=2+3+4+5）	1	180000	
（一）工资、薪金	2	180000	
（二）劳务报酬	3	0	
（三）稿酬	4	0	
（四）特许权使用费	5	0	
二、费用合计 [6=(3+4+5)×20%]	6	0	
三、免税收入合计（7=8+9）	7	0	
（一）稿酬所得免税部分[8=4×(1-20%)×30%]	8	0	
（二）其他免税收入	9	0	
四、减除费用	10	60000	
五、专项扣除合计（11=12+13+14+15）	11	24000	
（一）基本养老保险费	12	9600	
（二）基本医疗保险费	13	2400	
（三）失业保险费	14	600	
（四）住房公积金	15	11400	
六、专项附加扣除合计（16=17+18+19+20+21+22）	16	36000	
（一）子女教育	17	24000	
（二）继续教育	18	0	
（三）大病医疗	19	0	
（四）住房贷款利息	20	0	
（五）住房租金	21	0	
（六）赡养老人	22	12000	
七、其他扣除合计（23=24+25+26+27+28）	23	0	
（一）年金	24	0	
（二）商业健康保险	25	0	
（三）税延养老保险	26	0	
（四）允许扣除的税费	27	0	
（五）其他	28	0	
八、准予扣除的捐赠额	29	0	
九、应纳税所得额（30=1-6-7-10-11-16-23-29）	30	60000	
十、税率（%）	31	10%	
十一、速算扣除数	32	2520	
十二、应纳税额（33=30×31-32）	33	3480	

全年一次性奖金个人所得税计算（无住所居民个人预判为非居民个人取得的数月奖金，选择按全年一次性奖金计税的填写本部分）

☐是 ☐否

一、全年一次性奖金收入	34	0	
二、准予扣除的捐赠额	35	0	
三、税率（%）	36	0	
四、速算扣除数	37	0	
五、应纳税额[38=（34-35）×36-37]	38	0	

应补（退）税额计算

一、应纳税额合计（39=33+38）	39	3480	
二、减免税额	40	3480	
三、已缴税额	41	3480	
四、应补/退税额（42=39-40-41）	42	-3480	

是否享受免申报（收入不超过12万元且需要补税的，或补税金额不超过400元的才需填写本部分）

☐享受（符合政策条件的，可以不用补税） ☐不享受（符合政策条件的，可以不用补税）

| *银行账号： | ************ | *开户银行名称： | ********** | *开户银行省份： | *** |

返回

图 3-59　"综合所得汇算清缴申报"页面（庞正）

（2）审核并进行申报表报送。审核填报信息，如果准确无误，单击"报送"按钮，完成申报，如图3-60所示。

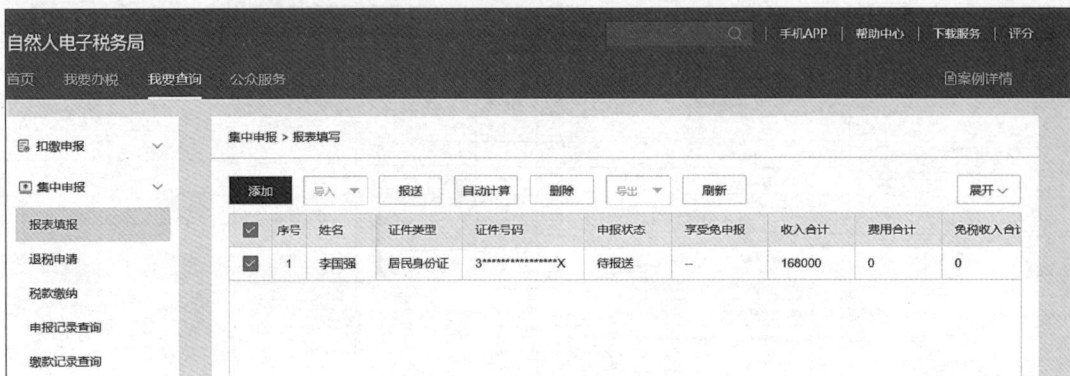

图3-60　"报表填报"页面

（3）退税申请。勾选需要退税的人员，单击"申请退税"按钮，若退税状态显示"退税中"，则完成退税申请，如图3-61所示。

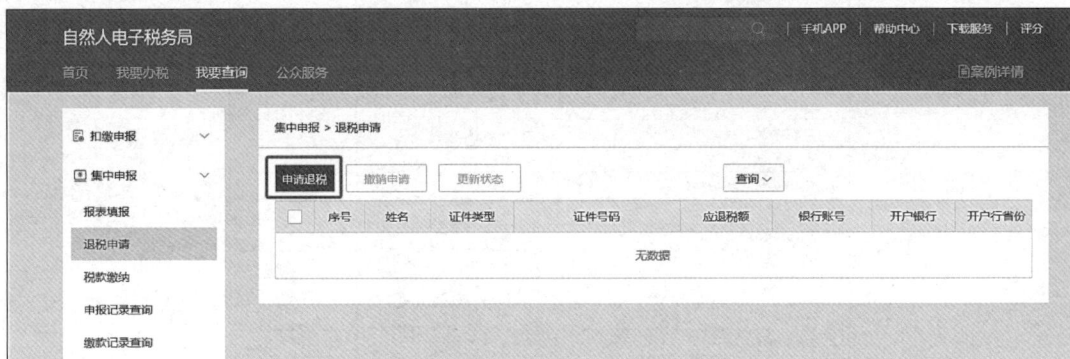

图3-61　"退税申请"页面

（4）税款缴纳。申报成功后，单击"税款缴纳"按钮，勾选需要缴纳税款的人员，单击"立即缴纳"按钮。若缴纳状态为"缴款成功"，则完成税款缴纳，如图3-62所示。

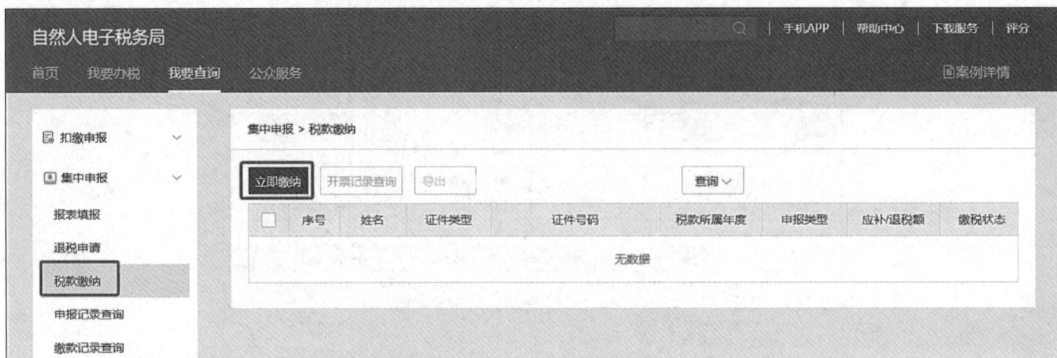

图3-62　"税款缴纳"页面

任务 3.4　居民个人分类所得的纳税申报

知识提升

（1）了解分类所得的纳税申报流程。

（2）熟悉各项分类所得申报时所需填报的内容及填报方法。

（3）掌握各项分类所得的纳税申报方法。

能力提升

（1）能准确完成利息、股息、红利所得的纳税申报。

（2）能准确完成财产租赁所得的纳税申报。

（3）能准确完成财产转让所得的纳税申报。

（4）能准确完成偶然所得的纳税申报。

素养提升

个人所得税是国家税收收入的重要组成部分。对征收的个税收入，政府可用于教育、医疗、卫生、社保、环保、养老服务、扶贫等项目。通过对个人所得税在财政收入中占比和个人所得税收入去向的了解，认识到税收在经济社会发展中的积极作用，从而增强责任意识与使命感，提高纳税意识。

案例情景

学优科技有限责任公司为以下人员进行 1 月份个人所得税代扣代缴申报，各项收入情况见项目 2 中的任务 2.2 案例情景。人员信息表如表 3-3 所示。

表 3-3　人员信息表

工号	姓名	性别	身份证号	联系电话	任职日期	任职受雇类型
001	姚强	男	110101****06079199	179***69017	2009-11-11	雇员
	姜甜	女	110101****08076222	178***70998		其他
	陈澜	女	110101****03079404	170***11327		其他
	李南	男	110101****03076472	189***65601		其他

业务要求

（1）完成李南获得抽奖奖金的纳税申报。

（2）完成股东姚强以企业资金购买住房的纳税申报。

（3）完成姜甜取得财产租赁所得的纳税申报。

（4）完成陈澜取得财产转让所得的纳税申报。

知识储备

一、分类所得个人所得税的申报方式

1. 自行申报

纳税人取得利息、股息、红利所得，财产租赁所得，财产转让所得，偶然所得，没有扣缴义务人的或者取得应税所得，扣缴义务人未扣缴税款或者国务院规定的其他情形，在取得所得的次年 6 月 30 日前应向税务机关报送《个人所得税自行纳税申报表（A 表）》及税务机关要求报送的其他有关资料，并缴纳税款。

2. 代扣代缴

个人所得税以向个人支付所得的单位或者个人为扣缴义务人。扣缴义务人向居民个人支付利息、股息、红利所得，财产租赁所得，财产转让所得或者偶然所得时，应当按月或按次代扣代缴个人所得税，在次月十五日填报《个人所得税扣缴申报表》及其他相关资料，向主管税务机关纳税申报。

二、分类所得申报时间

（1）按月或者按次计算个人所得税。

（2）有扣缴义务人的，由扣缴义务人按月或者按次代扣代缴税款。

（3）无扣缴义务人的在取得所得的次月十五日内向税务机关报送纳税申报表，并缴纳税款。

（4）扣缴义务人未扣缴的：

① 在取得所得的次年 6 月 30 日前，缴纳税款。

② 税务机关通知限期缴纳的，纳税人应当按照期限缴纳税款。

业务实施

1. 偶然所得纳税申报

（1）在"分类所得申报"中填写"偶然所得"报表，如图 3-63 所示。

（2）单击"添加"按钮，弹出"偶然所得编辑"界面，进行单个数据录入，单击"保存"按钮即可，如图 3-64 所示。另外，也可批量导入分类所得信息。

2. 利息、股息、红利所得纳税申报

（1）在"分类所得申报"中填写"利息股息红利所得"报表，如图 3-65 所示。

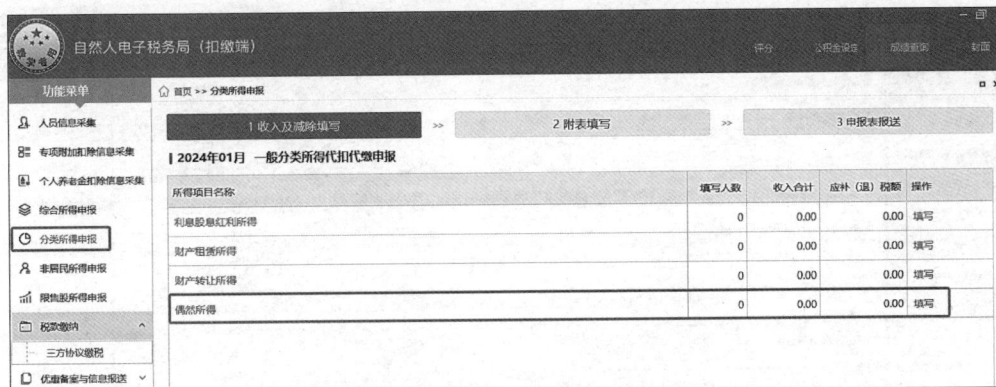

图 3-63 "分类所得申报"页面

图 3-64 "偶然所得编辑"页面

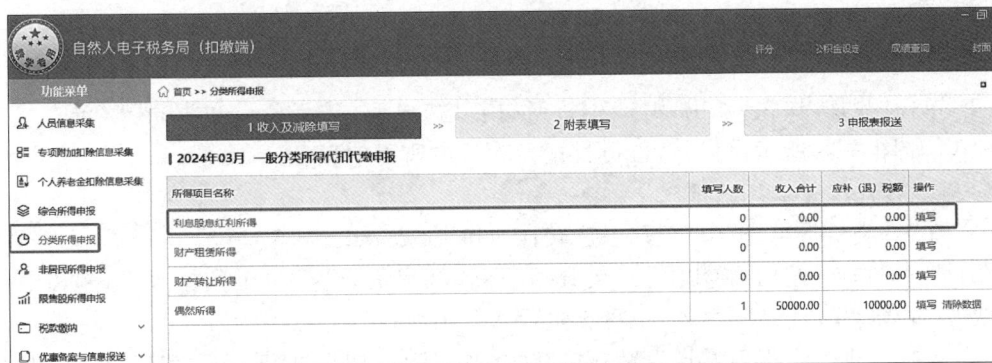

图 3-65 "利息股息红利所得"申报页面

（2）单击"添加"按钮，弹出"利息股息红利所得新增"界面，进行单个数据录入，单击"保存"按钮即可，如图 3-66 所示。另外，也可批量导入分类所得信息。

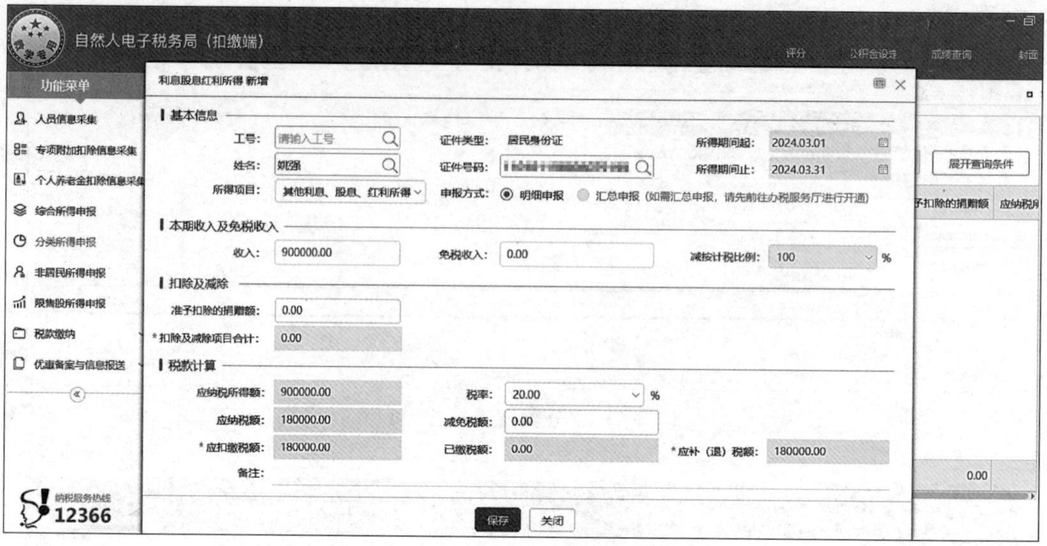

图 3-66 "利息股息红利所得新增"页面

3. 财产租赁所得纳税申报

(1) 在"分类所得申报"中填写"财产租赁所得"报表,如图 3-67 所示。

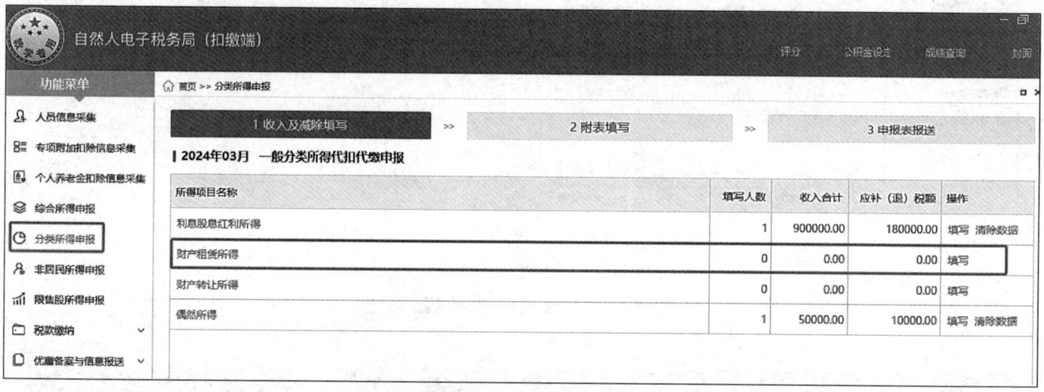

图 3-67 "财产租赁所得"申报页面

(2) 单击"添加"按钮,弹出"财产租赁所得新增"界面,进行单个数据录入,单击"保存"按钮即可,如图 3-68 所示。另外,也可批量导入分类所得信息。

4. 财产转让所得纳税申报

(1) 在"分类所得申报"中填写"财产转让所得"报表,如图 3-69 所示。

(2) 单击"添加"按钮,弹出"财产转让所得新增"界面,进行单个数据录入,单击"保存"按钮即可,如图 3-70 所示。另外,也可批量导入分类所得信息。

(3) 审核并进行申报表发送。审核应纳税额等信息,如果准确无误,单击"发送申报"按钮,然后获取反馈,完成分类所得项目申报,若有错误可通过"更正申报"进行处理,若已获取反馈则需进行申报作废操作,如图 3-71 所示。

(4) 缴纳税款。申报成功后,单击"税款缴纳"按钮,进行三方协议缴款,单击"立即缴税"按钮,完成缴纳税款,如图 3-72 所示。

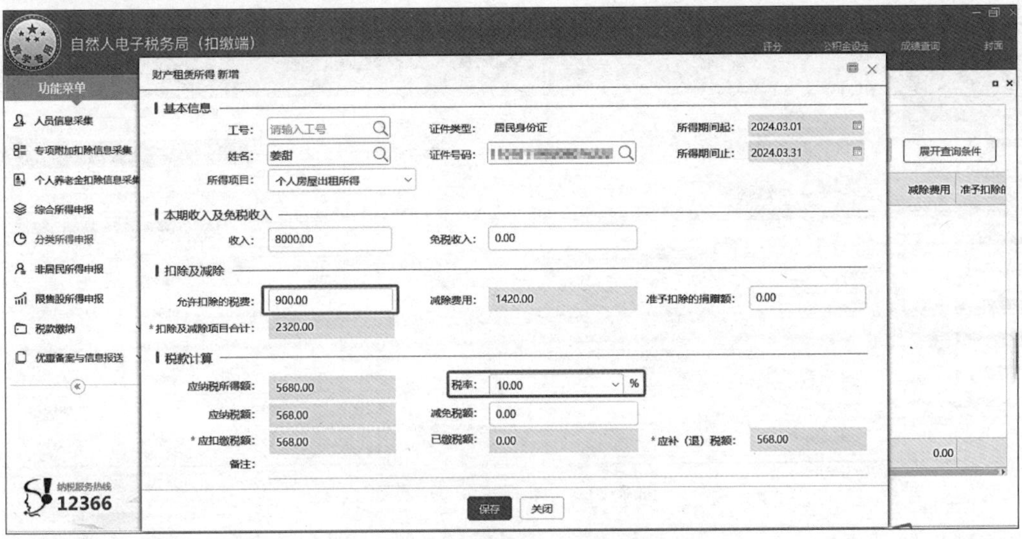

图 3-68　"财产租赁所得新增"页面

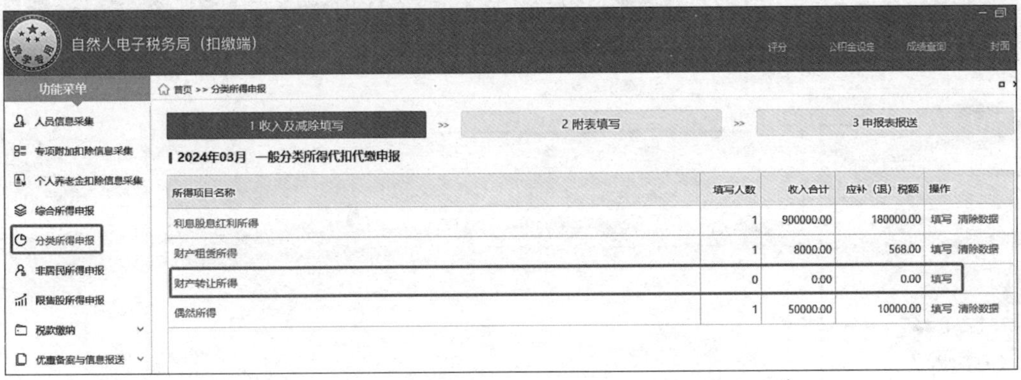

图 3-69　"财产转让所得"申报页面

图 3-70　"财产转让所得新增"页面

图 3-71 "申报表报送"页面

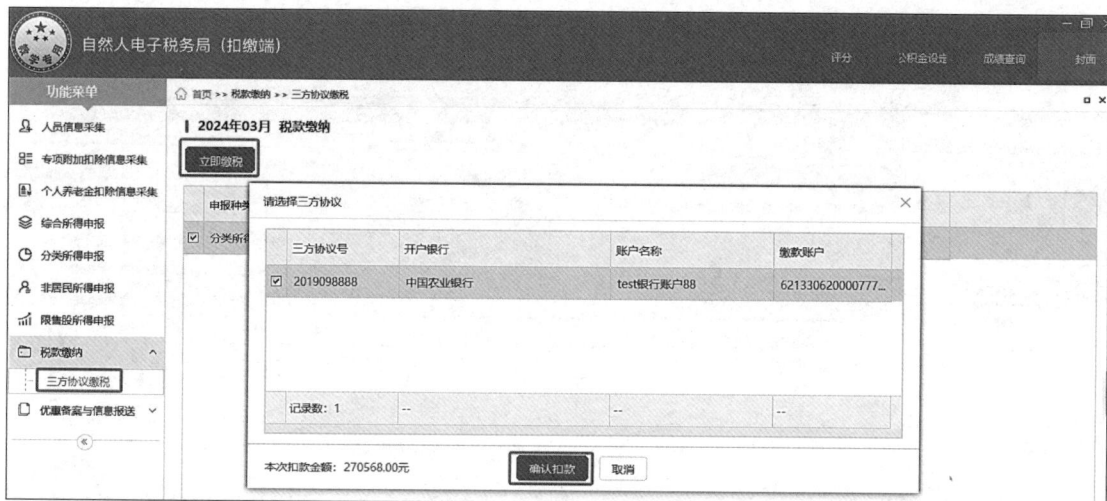

图 3-72 "税款缴纳"页面

实战演练

综合实训题

（一）纳税人基础信息

纳税人名称:学优科技有限责任公司

统一社会信用代码:913082102526520231

公司成立时间:2009 年 11 月 11 日

法定代表人名称:姚强

开户银行及账号:中国农业银行延安路支行 7012033180436213801

地址及电话:浙江省杭州市上城区延安路 1 号 0712-83120013

注册类型:有限公司

会计主管:姜甜

适用的会计准则:企业会计准则(一般企业)

会计核算软件:亿企代账

记账本位币:人民币

会计政策和估计是否发生变化:否

固定资产折旧方法:年限平均法

存货成本计价方法:先进先出法

经营范围:财经培训;财经书籍研究、技术开发、会计教育信息化服务方案供应商;提供会计考试、税务考试、税务实训系统等。

(二)业务资料

学优科技有限责任公司现有境内人员 5 名,财务人员姜甜计算并发放员工的工资、薪金、劳务报酬所得等,同时扣缴个人所得税。

要求:请进行税款所属期为 2024 年 3 月的个人所得税扣缴申报。

公司境内人员基础信息如表 3-4 所示。

表 3-4　公司境内人员基础信息

工号	姓名	性别	身 份 证 号	联系电话	任职日期	任职受雇类型
001	姚强	男	110101****06079199	179***69017	2010-11-11	雇员
002	姜甜	女	110101****08076222	178***70998	2010-11-02	雇员
003	陈澜	女	110101****03079404	170***11327	2018-01-01	雇员
004	李南	男	110101****03076472	189***65601	2017-03-01	雇员
—	袁翔	男	110101****06073117	199***40956	—	其他

2024 年 3 月境内员工正常工资、薪金发放情况如表 3-5 所示。

表 3-5　2024 年 3 月境内员工正常工资、薪金发放情况

工号	姓名	应发工资合计	基本养老保险金/元	基本医疗保险金/元	失业保险金/元	住房公积金/元	代扣个人所得税/元	实发工资/元
001	姚强	50 000.00	375.00	120.00	25.00	2 159.00		
002	姜甜	20 000.00	375.00	120.00	25.00	2 000.00		
003	陈澜	16 000.00	375.00	120.00	25.00	1 600.00		
004	李南	8 000.00	375.00	120.00	25.00	800.00		

备注:

1. 姚强情况

与妻子育有一女(妻子:刘圆,身份证号:140105****05066949),2023 年女儿姚莱(身份证号:110101****03078306)中考考入杭州美容技能学院(全日制)学习美容,2023 年 9 月 13 日报到入学。(子女教育专项附加扣除夫妻约定由姚强按扣除标准的 100% 扣除)

2022 年 3 月 15 日,姚强为女儿姚莱购买一套住房,地址:杭州市上城区钱江路 45 号 1201 室,房产证号:H20220968698,房产证上登记女儿姚莱的名字;杭州银行按照首套住房

贷款利息发放贷款 120 万元,合同编号:E2022091111,首次还款日:2022 年 4 月 15 日,贷款年限 30 年,贷款合同上贷款人是姚强。

姚强是独生子,需要独自赡养年满 66 周岁的父亲姚海(身份证号:110101****03073896)。

2. 姜甜情况

单身,与他人合租一间普通住宅,地址:杭州市上城区延安路 14-3 号 1701 室,自己需每个月付房租 2 000 元;租房合同写了姜甜和舍友两个人的名字,合同约定租赁时间:2023 年 7 月—2025 年 6 月;出租方类型:个人。

2023 年 9 月,姜甜开始攻读浙江财经大学的成人本科,预计毕业时间 2027 年 6 月。

2024 年 1—2 月个税的预缴金额,系统已经配置。

(三)其他资料

(1) 3 月,李南因工伤导致长期瘫痪,公司为其办理内部退养手续,其距离法定退休还有 2 年整,公司给予其 300 000 元的一次性补贴。

(2) 3 月,股东姚强以企业资金为其父亲购买了一套住房,房屋所有权登记在他的父亲名下,该房屋市场价值 900 000 元。

(3) 3 月 1 日,公司在姜甜的小汽车上喷刷公司 Logo 字样作为公司宣传,期限 1 个月,公司支付其 7 700 元报酬。

(4) 3 月,陈澜将自己去年购入的一套闲置商品房转让给公司,房屋不含税转让价款为 2 000 000 元,陈澜提供购买发票,发票注明金额 1 500 000 元,转让过程中发生合理的税费为 100 000 元。

(5) 高校专业财税教授袁翔是一位知名网红教师。自 3 月起,公司开始在网站上展示袁翔老师的照片,以此作为宣传手段,提高公司知名度。当月,公司支付其报酬 10 000 元。

(6) 3 月,公司聘请高校专业财税教授袁翔编写《财经一本通》书籍用于学员学习,3 月 20 日完稿,公司支付其报酬 8 000 元。

项目 4　个人所得税 App 纳税申报

项目描述

本项目主要学习个人所得税 App 的下载及注册、个税 App 中专项附加扣除填报及个人养老金扣除信息管理、个税 App 综合所得年度汇算申报。

本项目内容思维导图如图 4-1 所示。

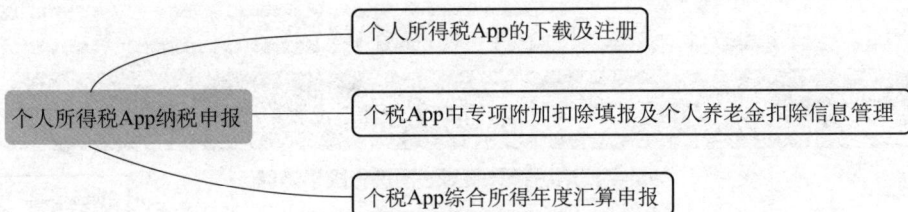

图 4-1　项目 4 内容思维导图

任务 4.1　个人所得税 App 的下载及注册

知识提升

（1）了解个人所得税 App 的用途。

（2）熟悉个人所得税 App 的下载流程。

（3）掌握个人所得税 App 的注册方式。

能力提升

（1）能够熟练进行个人所得税 App 的下载。

（2）能够熟练进行个人所得税 App 的注册。

素养提升

个人所得税 App 是国家税务总局推出的官方税收管理、个税申报系统手机应用。从 2019 年起，所有需要进行个人所得税申报的纳税人都可以下载手机版 App，在核实个人信息和身份后,随时随地完成其税务申报义务。个人所得税 App 的使用提高了办税效率,减轻了纳税人的办税负担,节约了办税时间,提供了更加便民化的服务,使纳税人可以随时完成个人纳税,推动了"互联网＋税收"思维的创新,促进了征管模式的转变。

知识储备

一、如何下载官方个人所得税 App

可以登录国家税务总局官方网站,在网站右上角选择"个税 App",通过扫码进行下载,也可以在各大官方手机应用商城下载,如图 4-2、图 4-3 所示。

图 4-2　国家税务总局官方网站界面

图 4-3　"个人所得税"下载界面

二、新用户如何注册个人所得税 App 的账户

新用户可以通过以下两种方式注册。

（1）人脸识别认证注册。通过人脸识别手段对用户身份真实性进行验证，该方式是通过对实时采集的人脸与公安留存的照片进行比对验证，验证通过后即可完成实名注册，该方式仅支持个人所得税 App。

（2）大厅注册码注册。可以携带本人有效身份证件前往当地办税大厅申请注册码，然后选择本平台的大厅注册码注册方式来完成实名注册。注册时需要填写注册码和身份信息，系统通过校验注册码与身份信息是否匹配来完成实名注册。注册码有效期为七天，若不慎遗失，可再次申请。

三、忘记个税 App 登录密码怎么办

忘记密码时，可以点击登录页的"找回密码"按钮来重置密码。首先需要填写身份证件信息，填写完成后选择一种可用的验证方式验证，在验证通过后，可在设置新密码页面完成新密码的设置。如果通过以上方式仍无法找回密码，可携带有效身份证件原件至办税服务厅进行密码重置，重置成功后即可使用重置后的密码登录。

任务 4.2　个税 App 中专项附加扣除填报及个人养老金扣除信息管理

知识提升

（1）了解七项专项附加扣除信息的内容。
（2）熟悉个人养老金扣除信息的规定。
（3）掌握专项附加扣除信息及个人养老金扣除信息的填报。

能力提升

（1）能够熟练地在个税 App 中进行专项附加扣除信息的填报。
（2）能够熟练地在个税 App 中进行个人养老金的填报扣除。

素养提升

个人所得税专项附加扣除项目政策的实施大大降低了家庭的税收负担。这一改革举措是十九大报告中关于"幼有所养、学有所教、病有所医、老有所养"要求的深刻体现，也是二十

大报告为民造福的精神指引。个人所得税专项附加扣除政策关注民生,体恤民情,契合中国特色社会主义制度的本质,能够促进制度自信不断增强。将知识点与日常生活深度融合,更加明晰个人所得税政策规定攸关每个人的切身利益,明确知识学有所用,提升课堂获得感,提高学习内驱力。

知识储备

一、个税 App 中专项附加扣除信息填报相关知识点

个人所得税专项附加扣除是指《中华人民共和国个人所得税法》规定的子女教育、继续教育、大病医疗、住房贷款利息、住房租金、赡养老人、3 岁以下婴幼儿照护七项专项附加扣除。

纳税人可以通过远程办税端、电子或者纸质报表等方式,向扣缴义务人或者主管税务机关报送个人专项附加扣除信息。

纳税人选择纳税年度内由扣缴义务人办理专项附加扣除的,按下列规定办理。

（1）纳税人通过远程办税端选择扣缴义务人并报送专项附加扣除信息的,扣缴义务人根据接收的扣除信息办理扣除。

（2）纳税人通过填写电子或者纸质《扣除信息表》直接报送扣缴义务人的,扣缴义务人将相关信息导入或者录入扣缴端软件,并在次月办理扣缴申报时提交给主管税务机关。《扣除信息表》应当一式两份,纳税人和扣缴义务人签字(盖章)后分别留存备查。

纳税人选择年度终了后办理汇算清缴申报时享受专项附加扣除的,既可以通过远程办税端报送专项附加扣除信息,也可以将电子或者纸质《扣除信息表》(一式两份)报送给汇缴地主管税务机关。

报送电子《扣除信息表》的,主管税务机关受理打印,交由纳税人签字后,一份由纳税人留存备查,一份由税务机关留存;报送纸质《扣除信息表》的,纳税人签字确认、主管税务机关受理签章后,一份退还纳税人留存备查,一份由税务机关留存。

二、个税 App 中专项附加扣除信息填报的三种情形

（一）情形一

如 2024 年个人所得税专项附加扣除信息无变动,仅需在 2023 年度基础上完成确认。

步骤一:登录个人所得税 App,在首页"常用业务"栏目点击"专项附加扣除填报",如图 4-4 所示。

步骤二:在"专项附加扣除"界面,点击"一键带入"按钮,如图 4-5 所示。

步骤三:系统弹出"将带入 2023 年度信息,请确认是否继续?"弹窗,点击"确定"按钮,如图 4-6 所示。

图 4-4　"专项附加扣除填报"界面

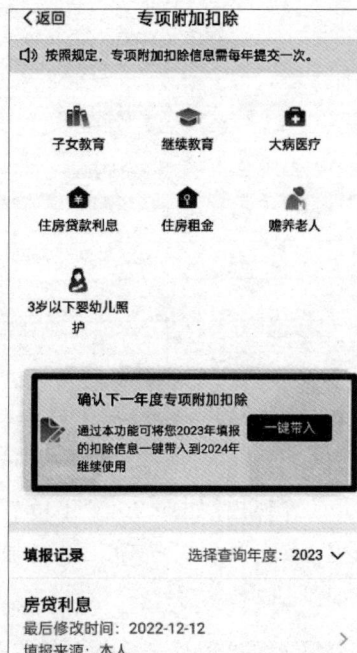

图 4-5　"专项附加扣除"界面（1）

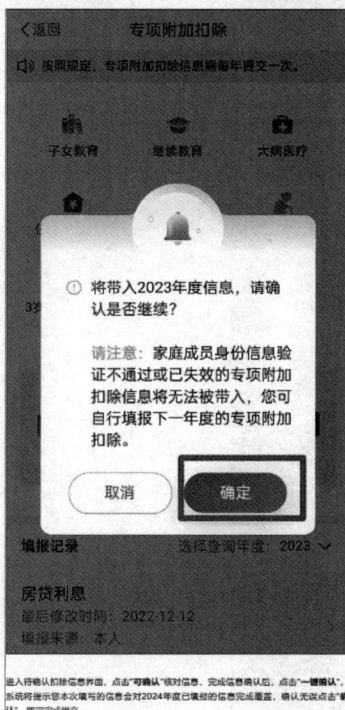

图 4-6　"专项附加扣除"界面（2）

步骤四：进入"待确认扣除信息"页面后，点击"一键确认"按钮，如图 4-7 所示。

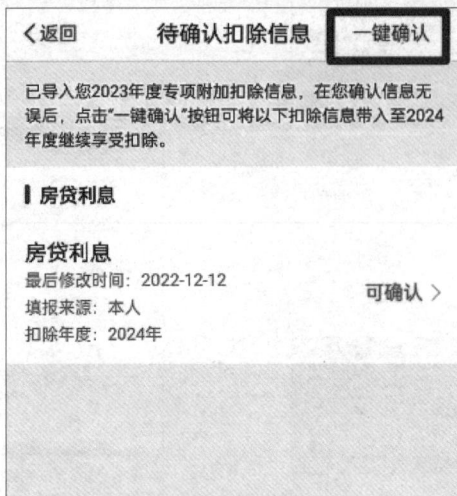

图 4-7　"待确认扣除信息"界面（1）

步骤五：系统弹出"如您 2024 年度存在已填报的信息，将会被本次操作完全覆盖，请确认是否继续？"，点击"确认"按钮。系统显示"提交成功"，2024 年度专项附加扣除确认完成，如图 4-8、图 4-9 所示。

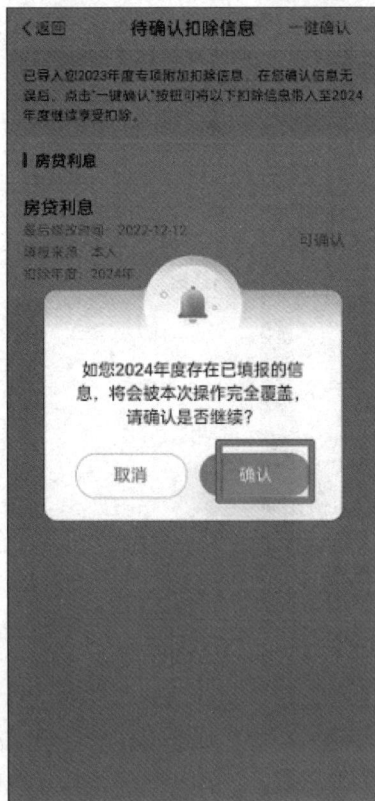

图 4-8　"待确认扣除信息"界面（2）

图 4-9　"提交成功"界面

（二）情形二

如 2024 年个人所得税专项附加扣除信息有变动，需修改或作废信息，则在专项附加扣除信息"填报详情"界面点击"作废"或"修改"按钮，如图 4-10 所示。

完成后，如 2024 年还有其他继续享受的专项附加扣除，可点击"一键确认"按钮完成信息提交。

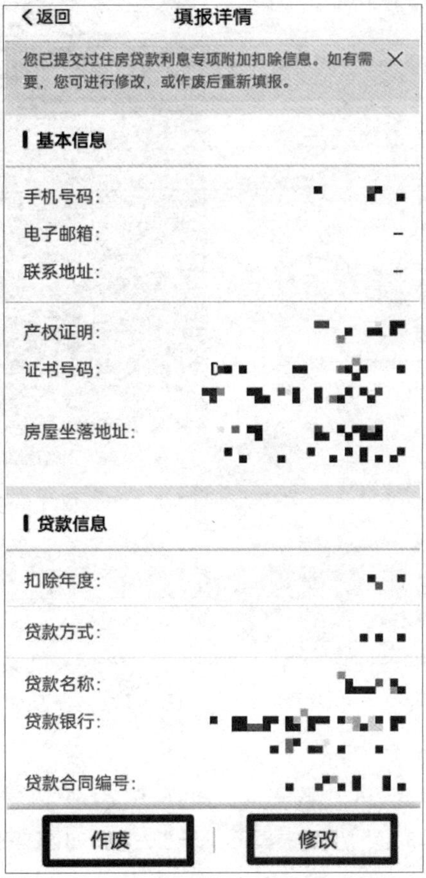

图 4-10 "专项附加扣除信息填报详情"界面

（三）情形三

如 2024 年个人所得税专项附加扣除信息需新增，可先对已有的专项附加扣除项目进行确认，可参考情形一完成操作，再点击"首页"→"常用功能"→"专项附加扣除填报"，进行填报。

温馨提示：

除了可以通过"个人所得税"App 完成专项附加扣除信息确认，也可以登录自然人电子税务局的网页端，点击首页中的"常用业务"→"专项附加扣除填报"，确认 2024 年度的个人所得税专项附加扣除信息。

三、个税 App 中子女教育专项附加扣除信息的填报流程

（1）登录个人所得税 App，在首页点击"专项附加扣除"模块的"我要填报"，选择"子女教育"，扣除年度选择 2023，点击"确认"按钮，进入填报界面，如图 4-11、图 4-12 所示。

图 4-11　个人所得税 App 首页　　图 4-12　"专项附加扣除"界面（3）

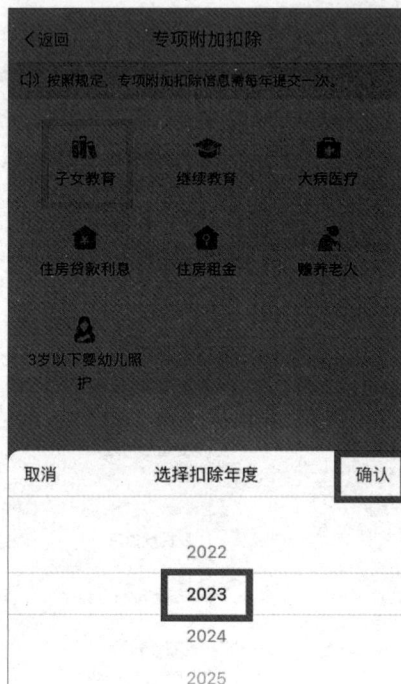

（2）选择或添加子女信息。

① 若之前填写过子女信息，可直接点击"选择子女"按钮进行选择，然后填写子女当前受教育阶段及开始时间等信息，然后点击"下一步"按钮，如图 4-13、图 4-14 所示。

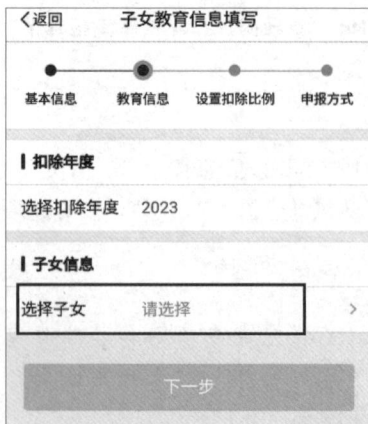

图 4-13　"子女教育信息填写"界面（1）

图 4-14 "子女教育信息填写"界面（2）

② 若之前未添加过子女信息，需要先点击"选择子女"按钮，然后点击"添加子女信息"按钮并保存，接着填写子女教育信息，最后点击"保存"按钮，如图 4-15、图 4-16 所示。

图 4-15 "选择子女"界面（1）

图 4-16 "添加子女信息详情"界面（1）

③ 设置扣除比例。

如果是由父母中的一人扣除，可选择 100％ 的比例进行扣除；如果是由父母双方平均扣除，可选择 50％ 的比例进行扣除，如图 4-17 所示。

④ 选择申报方式。

如果需要在每月发放工资、薪金时享受专项附加扣除，可选择"通过扣缴义务人申报"，并选择扣缴义务人；也可以选择"综合所得年度自行申报"，在年度汇算时一并享受。完成后，点击"提交"按钮即可。

如果此前没有填报，个税汇算期间就可以选择"综合所得年度自行申报"，也就是自己报，按年汇总扣除，如图 4-18 所示。

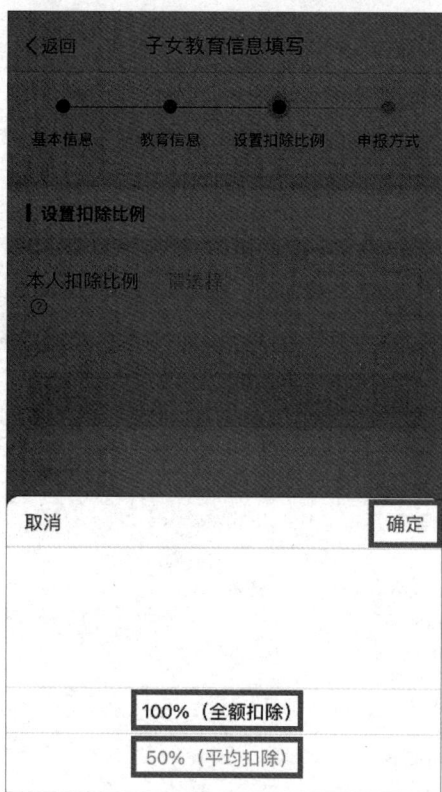

图 4-17　设置扣除比例界面

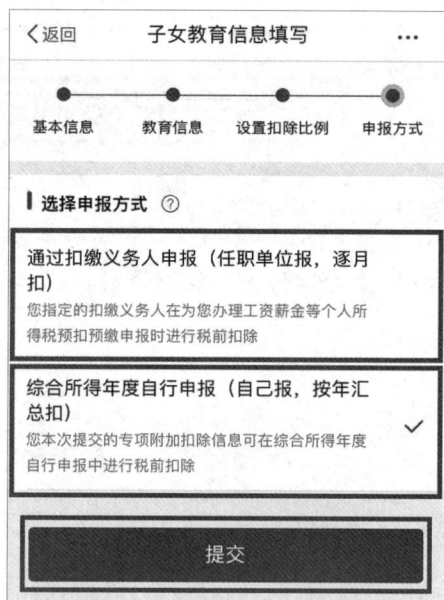

图 4-18　"选择申报方式"界面(1)

四、个税 App 中继续教育支出专项附加扣除信息的填报流程

（1）仔细查看填报前所需准备的材料信息，然后点击"准备完毕，进入填报"按钮，如图 4-19 所示。

（2）点击"修改"按钮，修改本人信息。修改完成之后，点击"保存"按钮，如图 4-20、图 4-21 所示。

（3）本人信息填写完成之后，点击"下一步"按钮，如图 4-22 所示。

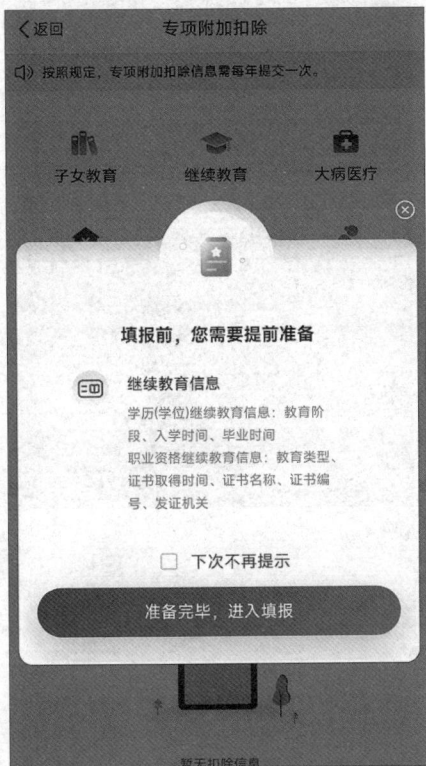

图 4-19　"专项附加扣除"界面(4)

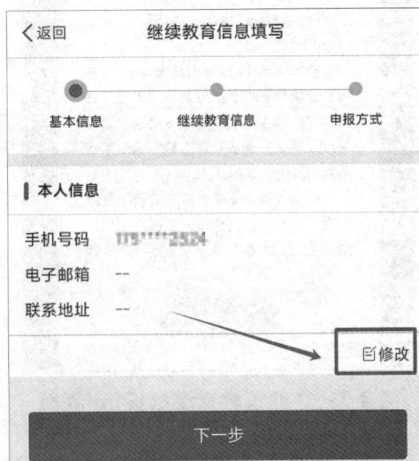

图 4-20　"继续教育信息填写"界面(1)

图 4-21　"修改本人信息"界面

图 4-22　"继续教育信息填写"界面(2)

(4) 仔细查看填报提示,然后点击"我知道了"按钮,如图 4-23 所示。

(5) 选择"继续教育类型",不同类型对应不同的填写资料,如图 4-24 所示。

① 类型一:"学历(学位)继续教育"所需信息如图 4-25 所示。

② 类型二:"职业资格继续教育"所需信息如图 4-26 所示。

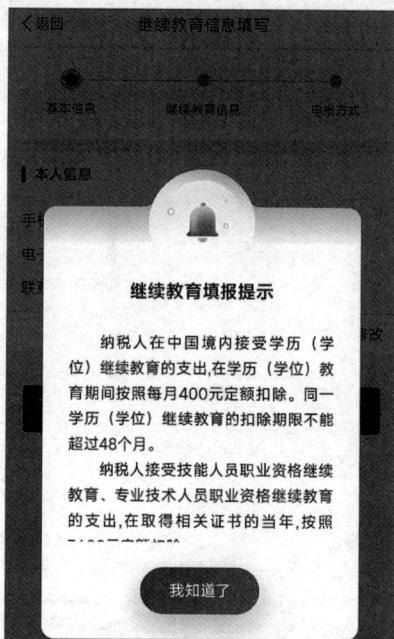

图 4-23 "继续教育填报提示"界面

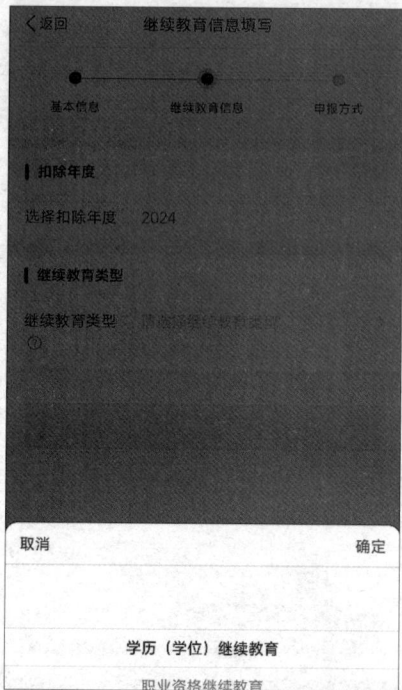

图 4-24 "继续教育类型"选择界面

图 4-25 "学历（学位）继续教育"填报界面

图 4-26 "职业资格继续教育"填报界面

（6）选择"申报方式"，点击"提交"按钮即可，如图 4-27 所示。

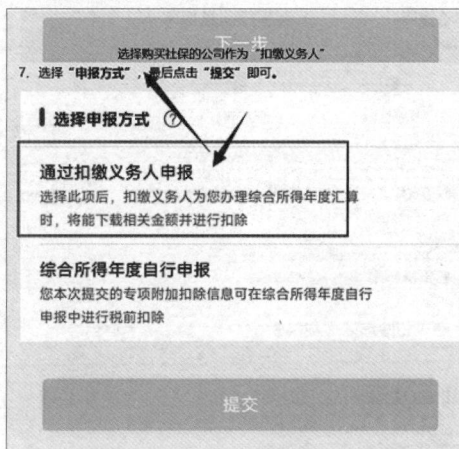

图 4-27　继续教育填报界面

五、个税 App 中大病医疗支出专项附加扣除信息的填报流程

（1）提前准备所需的材料信息，然后点击"准备完毕，进入填报"按钮，如图 4-28 所示。

注意：不可选择本年度，如本年度为 2024 年，则只可选择以前的年度，如 2023 年、2022 年。

（2）仔细查看填报提示，然后点击"我知道了"按钮，如图 4-29 所示。

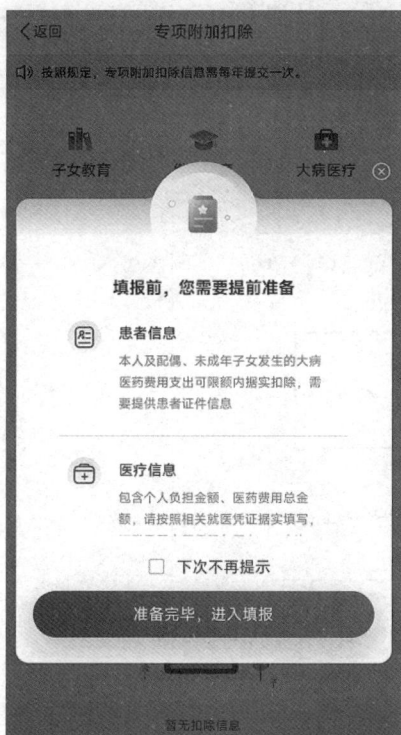

图 4-28　"专项附加扣除"填报界面（1）

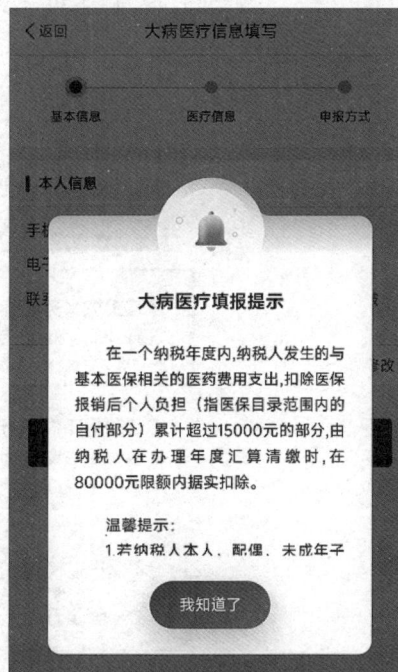

图 4-29　"大病医疗填报提示"界面

（3）填写相应信息，然后点击"下一步"按钮，如图 4-30 所示。

图 4-30 "大病医疗信息填写"界面

（4）选择申报方式之后，点击"提交"按钮即可，如图 4-31 所示。

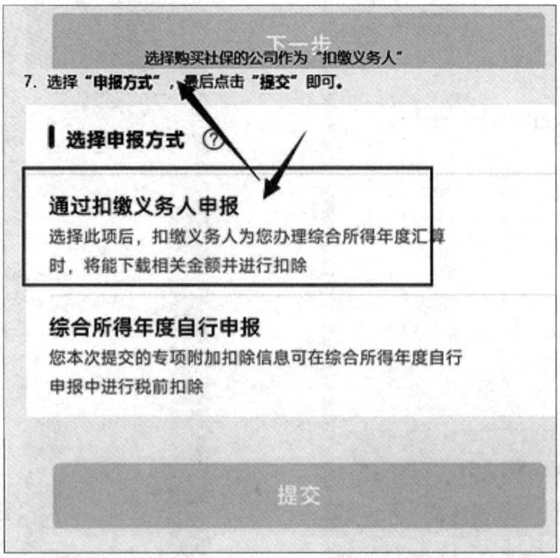

图 4-31 "选择申报方式"界面（2）

六、个税 App 中住房贷款利息支出专项附加扣除信息的填报流程

（1）提前准备所需的材料信息，然后点击"准备完毕，进入填报"按钮，如图 4-32 所示。

（2）填写房贷信息，然后点击"下一步"按钮，如图 4-33 所示。

图 4-32　"专项附加扣除"填报界面（2）

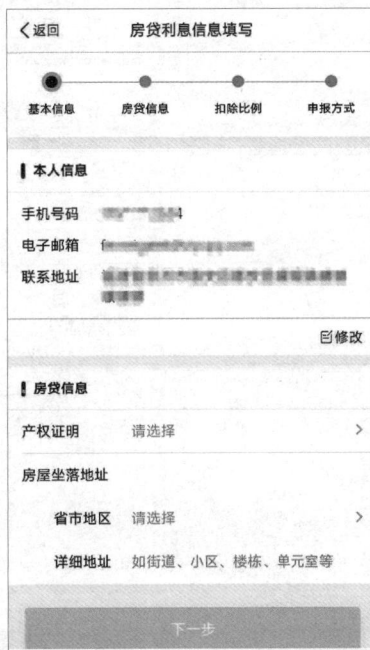

图 4-33　"房贷利息信息填写"界面（1）

（3）点击"贷款方式"按钮，进行选择，然后点击"下一步"按钮，如图 4-34 所示。

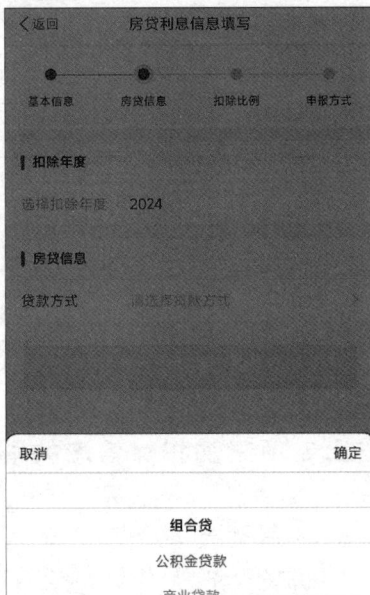

图 4-34　选择贷款方式界面

（4）选择"本人是否借款"，以及"扣除比例"，然后点击"下一步"按钮，如图 4-35 所示。

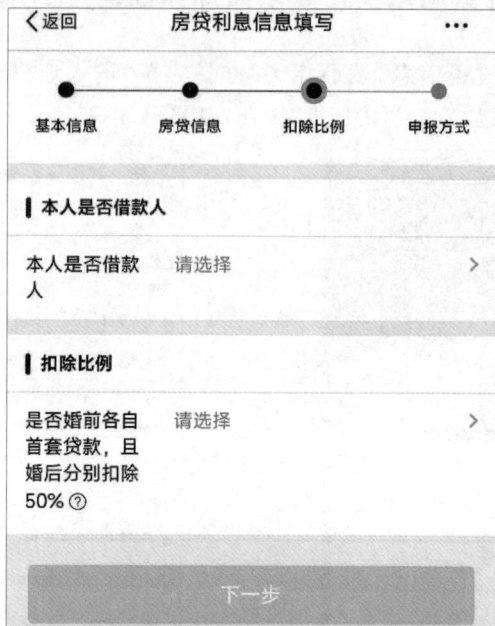

图 4-35 "房贷利息信息填写"界面（2）

（5）选择对应申报方式，点击"提交"按钮即可，如图 4-36 所示。

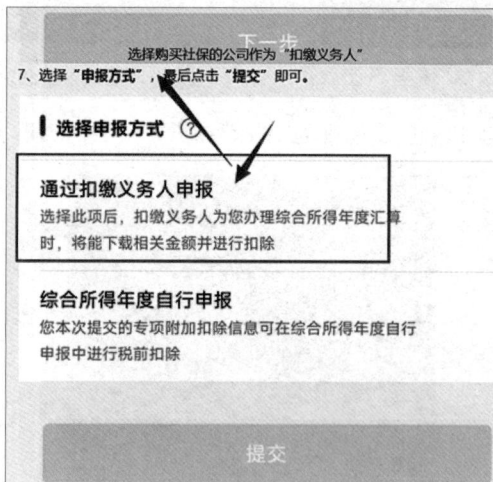

图 4-36 住房贷款利息支出专项附加扣除填报界面

七、个税 App 中住房租金支出专项附加扣除信息的填报流程

（1）提前准备所需的材料信息，然后点击"准备完毕，进入填报"按钮，如图 4-37 所示。

（2）填写本页的"住房租金支出信息"和"工作城市信息"，然后点击"下一步"按钮，如图 4-38、图 4-39 所示。

图 4-37　"专项附加扣除"填报界面(3)

图 4-38　"住房租金信息填写"界面

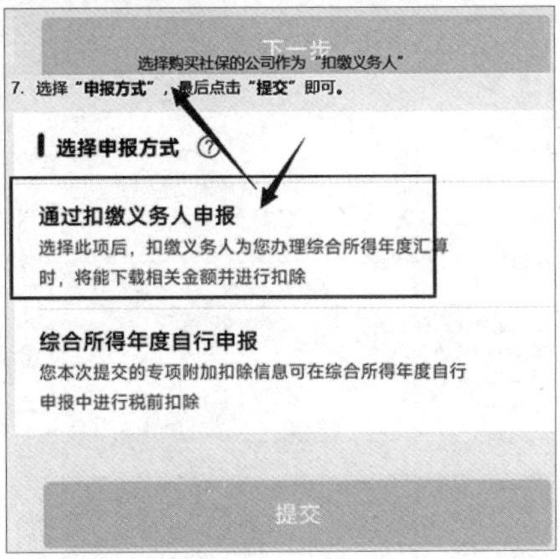

图 4-39　"住房租金支出专项附加扣除"填报界面

八、个税 App 中赡养老人支出专项附加扣除信息的填报流程

(1) 提前准备所需的材料信息,然后点击"准备完毕,进入填报"按钮,如图 4-40 所示。

注意:被赡养人需要年满 60(含)周岁。

(2) 仔细查看填报提示,然后点击"我知道了"按钮,如图 4-41 所示。

图 4-40　"专项附加扣除"填报界面（4）　　　图 4-41　"赡养老人填报提示"界面

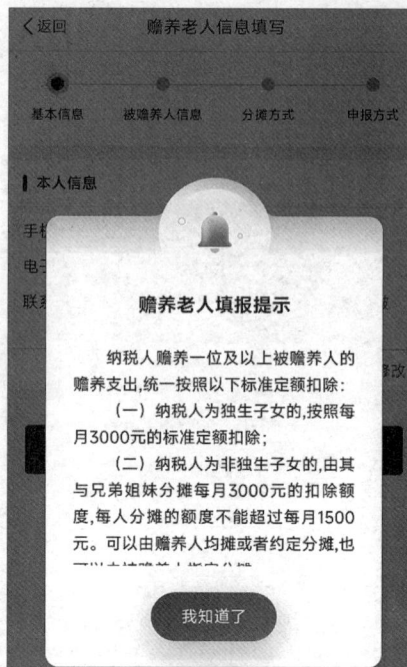

（3）点击"选择被赡养人"按钮，然后点击页面底部的"添加被赡养人信息"按钮，如图 4-42、图 4-43 所示。

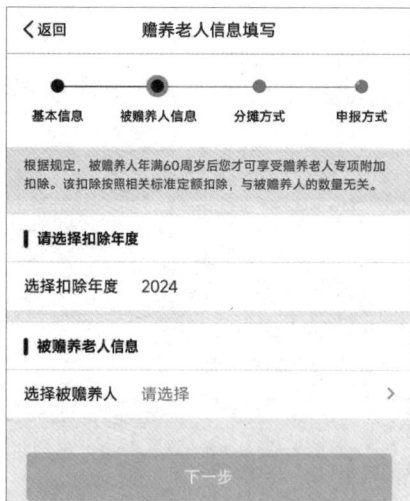

图 4-42　"赡养老人信息填写"界面　　　图 4-43　"选择被赡养人"界面

（4）填写相应的信息之后，点击"保存"按钮，如图 4-44 所示。

（5）设置分摊方式。

（6）选择申报方式，点击"提交"按钮即可，如图 4-45 所示。

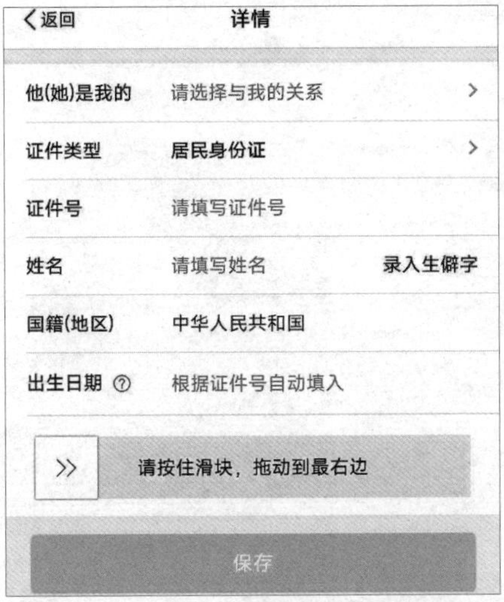

图 4-44　"被赡养人信息详情"填报界面

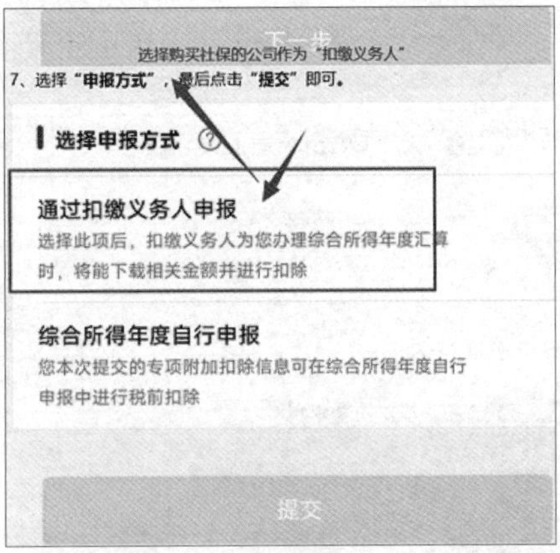

图 4-45　"赡养老人支出专项附加扣除"填报界面

九、个税 App 中婴幼儿照护支出专项附加扣除信息的填报流程

（1）提前准备所需的材料信息，然后点击"准备完毕，进入填报"按钮，如图 4-46 所示。

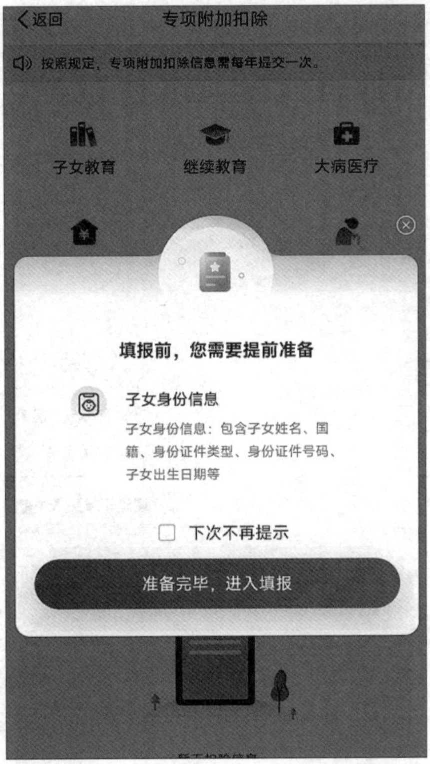

图 4-46　"专项附加扣除"填报界面（5）

（2）点击"选择子女"按钮，然后点击下面的"添加子女信息"按钮，如图4-47、图4-48所示。

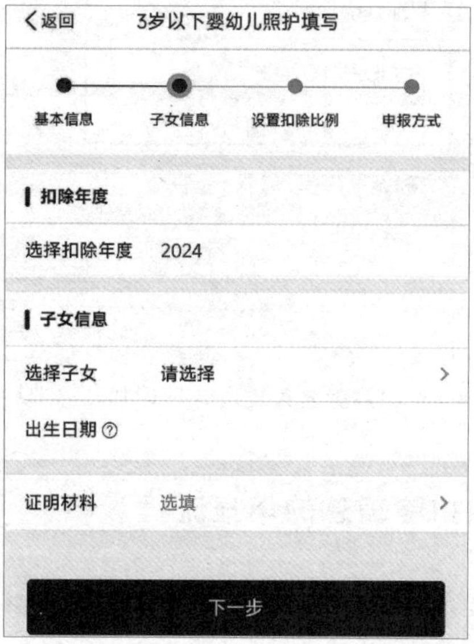

图4-47 "3岁以下婴幼儿照护填写"界面

图4-48 "选择子女"界面（2）

（3）填写子女信息，然后点击"保存"按钮，如图4-49所示。

（4）设置扣除比例。

（5）选择申报方式，点击"提交"按钮即可，如图4-50所示。

图4-49 "添加子女信息详情"界面（2）

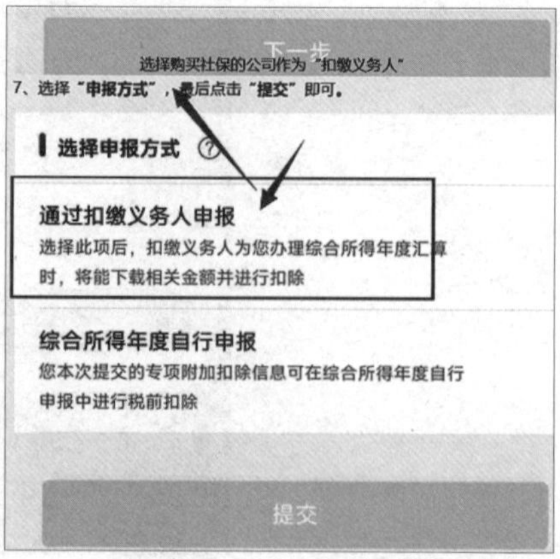

图4-50 "提交"界面

十、个人养老金扣除信息管理

个人养老金个税政策规定,对个人养老金实施递延纳税优惠政策。在缴费环节,个人向个人养老金资金账户的缴费,按 12 000 元/年的限额标准,在综合所得或经营所得中据实扣除。为方便纳税人及时享受政策,税务部门进一步优化升级了个人所得税 App 相关功能。

(一)个人养老金扣除信息如何录入

个人所得税 App 进一步优化"个人养老金扣除管理"功能,将原有"扫码录入"和"凭证录入"两种申报方式调整为"一站式申报"和"录入凭证申报"。"一站式申报"可通过人社部获取个人养老金缴费凭证信息,支持纳税人直接申报。操作步骤如下。

(1)登录个人所得税 App,点击"服务"→"个人养老金扣除管理"功能,进入功能首页,如图 4-51、图 4-52 所示。

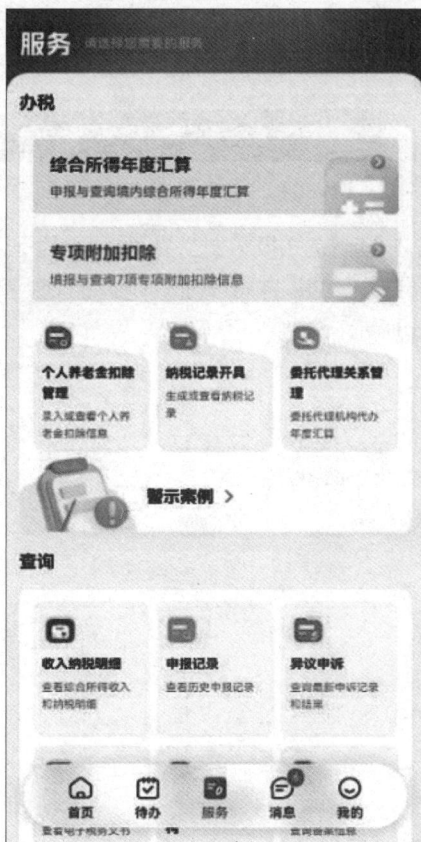

图 4-51 "服务"界面

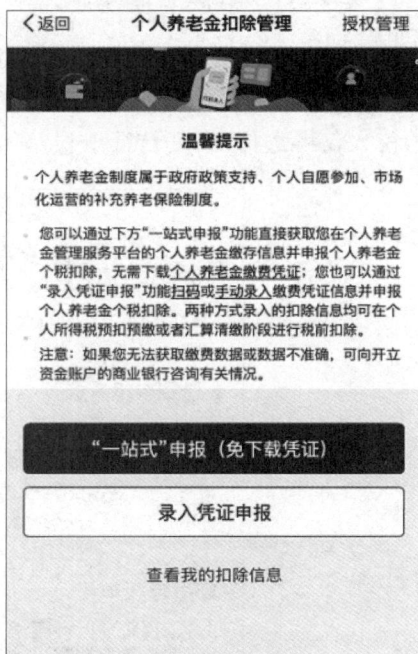

图 4-52 "个人养老金扣除管理"界面

(2)点击"'一站式'申报(免下载凭证)"按钮,选择凭证查询条件,查询本人的个人养老金缴费凭证信息,如图 4-53 所示。

(3)同意授权后,进入"扣除信息确认"界面,如图 4-54 所示。

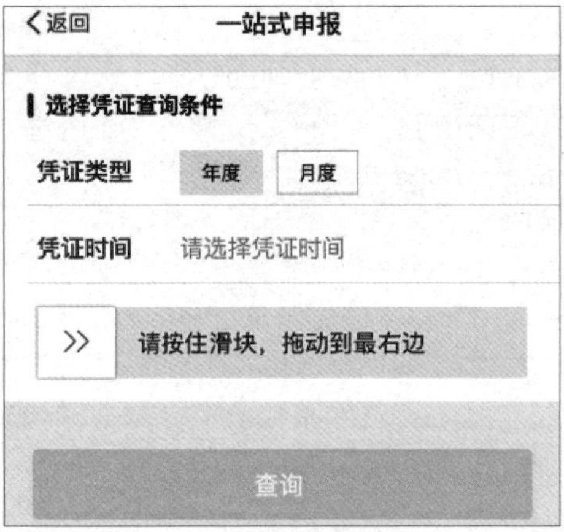

图 4-53 "一站式申报"界面

图 4-54 "扣除信息确认"界面

（4）确认信息无误后，点击"下一步"按钮，进入"选择申报方式"界面。若凭证类型是"月度"，则纳税人可以选择"通过扣缴义务人申报"或"年度自行申报"；若凭证类型是"年度"，则纳税人仅可选择"年度自行申报"，如图 4-55 所示。

图 4-55 "选择申报方式"界面（3）

（5）点击"提交"按钮，完成扣除信息提交，如图 4-56 所示。

图 4-56　"提交成功"界面

（二）个人养老金扣除信息查询

（1）登录个人所得税 App，点击"办税"→"个人养老金扣除信息管理"功能，进入功能首页，点击"查看我的扣除信息"按钮进入扣除信息列表，如图 4-57、图 4-58 所示。

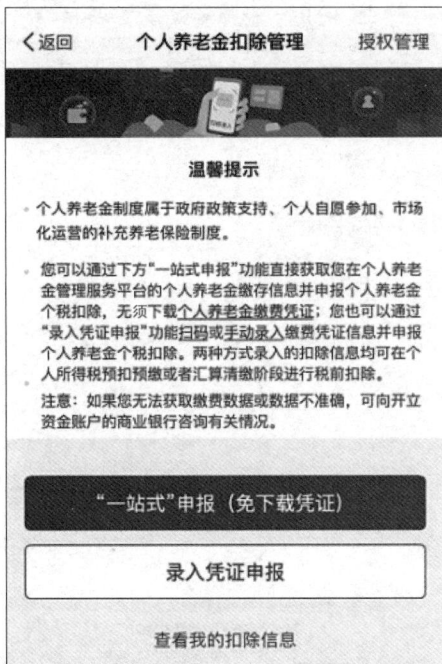

图 4-57　"个人养老金扣除管理"界面

图 4-58　"个人养老金扣除信息"界面

（2）点击某一项信息后，进入该项信息详情页，可进行修改和作废，如图 4-59 所示。

① 点击"修改"按钮，可以修改扣除信息的申报方式，如图 4-60 所示。

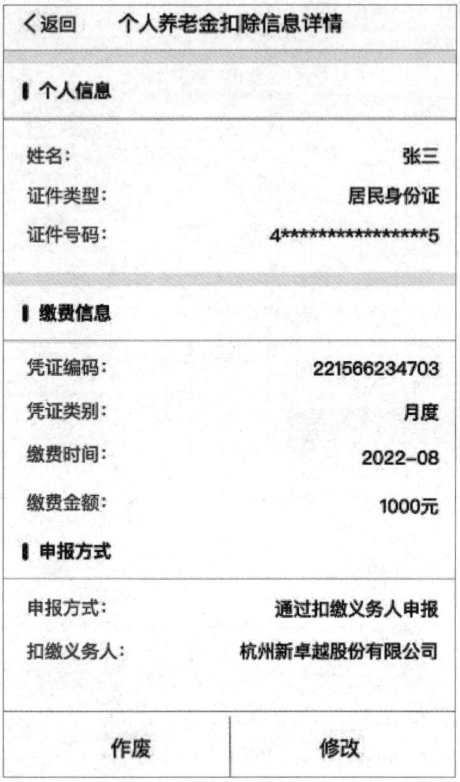

图 4-59 "个人养老金扣除信息详情"界面

图 4-60 "选择申报方式"界面（4）

② 点击"作废"按钮，可以作废本条扣除信息。作废后，可通过扣除信息列表下方的"查看已作废的扣除信息"查看已作废的扣除信息，如图 4-61 所示。

图 4-61 "已作废的扣除信息"界面

任务 4.3 个税 App 综合所得年度汇算申报

知识提升

（1）了解个税综合所得汇算清缴办理时间。

（2）熟悉哪些人不需要办理年度汇算。

（3）掌握个税 App 综合所得汇算清缴申报流程。

能力提升

能够熟练地进行个税 App 综合所得汇算清缴申报。

素养提升

授信于纳税人，还责于纳税人，引导公民主动履行税法规定的纳税义务，体现了国家税收治理领域治理模式的创新能力。个税被称为公民与政府的天然"纽带"，征收面较广，是反映税收在国家治理体系中基础性作用的重要组成部分。随着新个税法的实施，越来越多的普通公民将被要求进行个税年度汇算，这种"纽带"作用将会更加凸显。在首次个税年度汇算中，纳税人通过线上或线下申报可以实时办理"多退少补"事项，而不需要再进行单独的补税或退税申报，体现了授信于纳税人，还责于纳税人的管理理念。这种建立在良好的信任和责任感基础上，纳税人普遍参与的方式实现了管理模式的创新，除了能够增强公民纳税意识，还能增强公民对社会公共事务的参与感和责任感，有利于促进形成政府、社会与公民共治的良性社会治理模式。千万数量级的个税纳税人首次自主通过个税年度汇算及时办理"补税"或"退税"，既反映了个人纳税主体较高的自主性、自律性和参与度，也是现代公共治理理念在国家税收治理领域的体现。

知识储备

一、哪些人不需要办理年度汇算

（1）汇算需补税但综合所得收入全年不超过 12 万元的。

（2）汇算需补税金额不超过 400 元的。

（3）已预缴税额与汇算应纳税额一致的。

（4）符合汇算退税条件但不申请退税的。

二、个税综合所得汇算清缴办理时间

2023 年度汇算办理时间为 2024 年 3 月 1 日—6 月 30 日。在中国境内无住所的纳税人在 3 月 1 日前离境的,可以在离境前办理。

三、如何进行 2023 年度个税综合所得汇算清缴

1. 进入申报页面

登录个人所得税 App,点击首页"2023 综合所得年度汇算"专题页中的"开始申报"按钮,阅读提示信息后,点击"我已阅读并知晓"按钮进入申报界面,如图 4-62、图 4-63 所示。

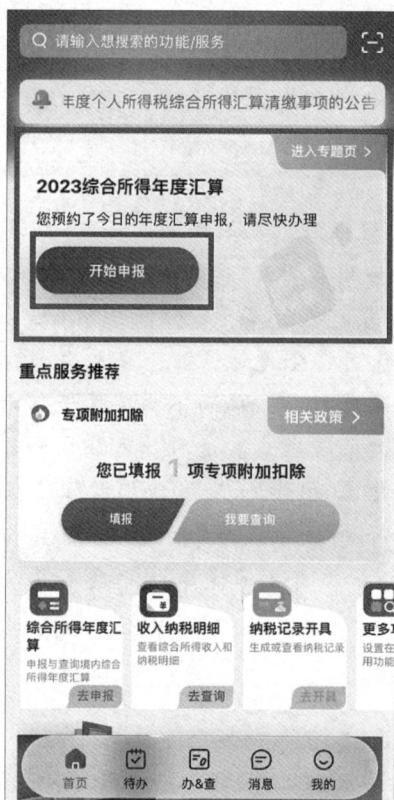

图 4-62 "综合所得年度汇算"填报界面(1)

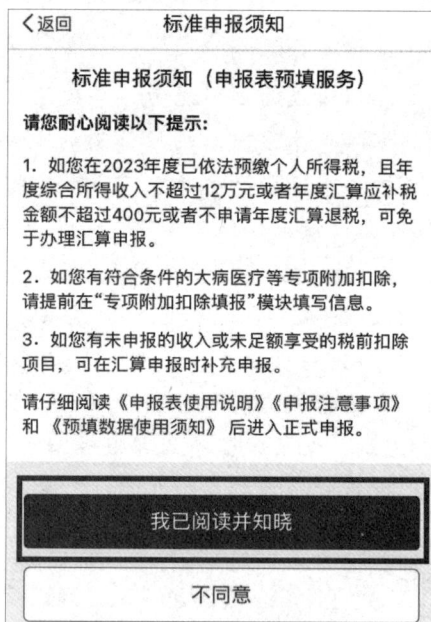

图 4-63 "标准申报须知"界面

2. 核对基本信息

在"综合所得年度汇算"界面核对基本信息,如图 4-64 所示。

3. 选择年终奖计税方式

在"收入和税前扣除"界面,如果系统提示"存在奖金,请在详情中进行确认",则需要点击"工资薪金"栏右侧提示框,选择年终奖计税方式。可以分别选择"全部并入综合所得计税"和"单独计税",查看系统自动计算出的结果,比较一下,哪种划算选哪种,然后点击"下一步"按钮,如图 4-65、图 4-66 所示。

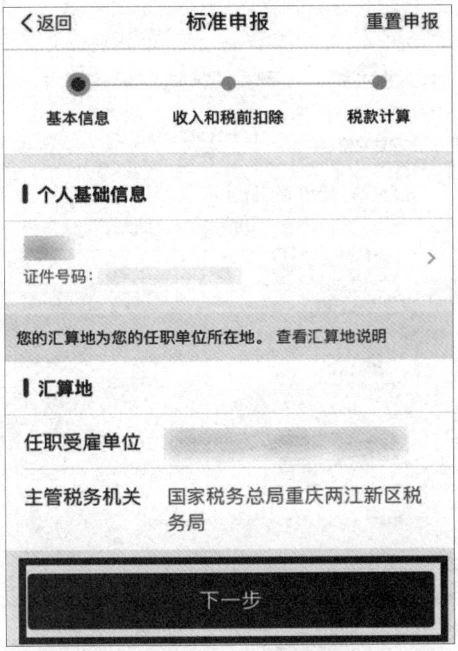

图 4-64　"综合所得年度汇算"填报界面（2）

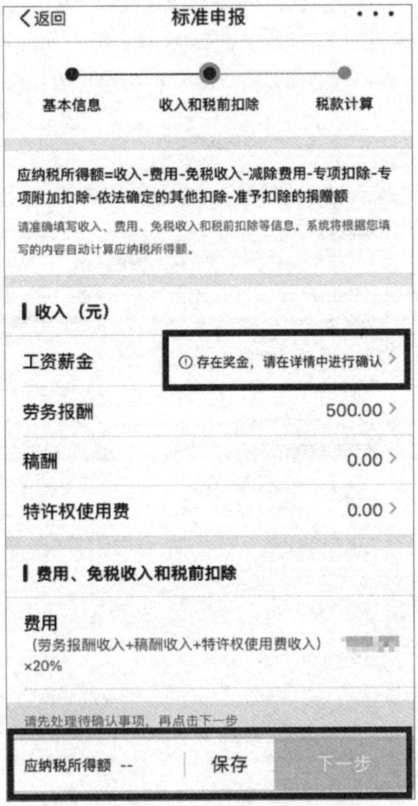

图 4-65　"收入和税前扣除"界面

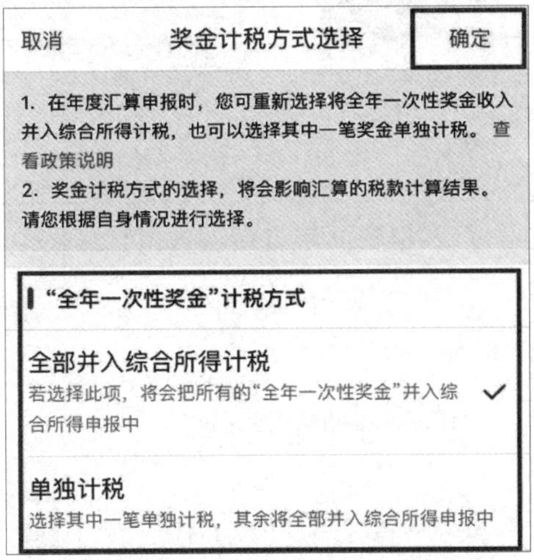

图 4-66　"奖金计税方式选择"界面

如果"工资薪金"栏右侧未显示奖金信息，则可以直接跳过此步骤。

4. 核对收入和税前扣除信息

仔细核对收入明细、专项附加扣除、其他扣除、个人养老金等信息，如果存在错漏可及时调整，如果核对无误直接点击"下一步"按钮，如图 4-67 所示。

5. 查看应退(补)税额

系统会自动进行税款计算,在页面左下方显示"应退税额"或"应补税额",确认无误后点击"下一步"按钮即可,如图 4-68 所示。

图 4-67　"收入和税前扣除信息"详情

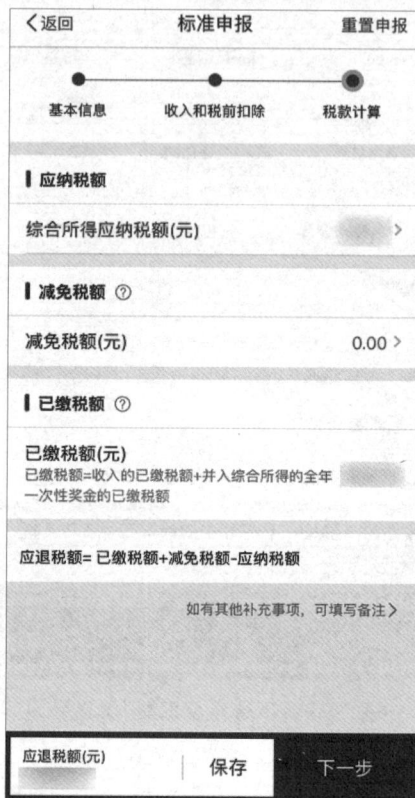

图 4-68　"税款计算"界面

6. 办理退(补)税

(1) 如果汇算结果为退税,则点击"申请退税"按钮,选择已绑定的银行卡或添加银行卡信息,点击"提交"按钮,待审核通过后,退税款将直接退到银行账户中,如图 4-69～图 4-71 所示。

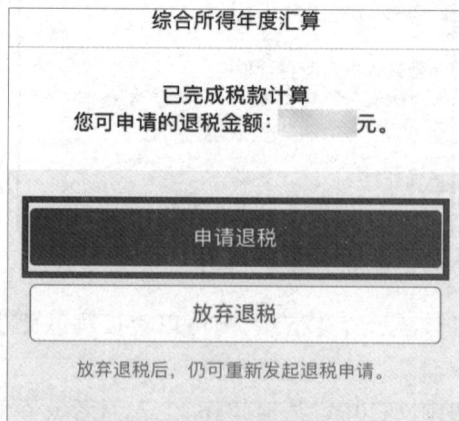

图 4-69　"综合所得年度汇算"界面

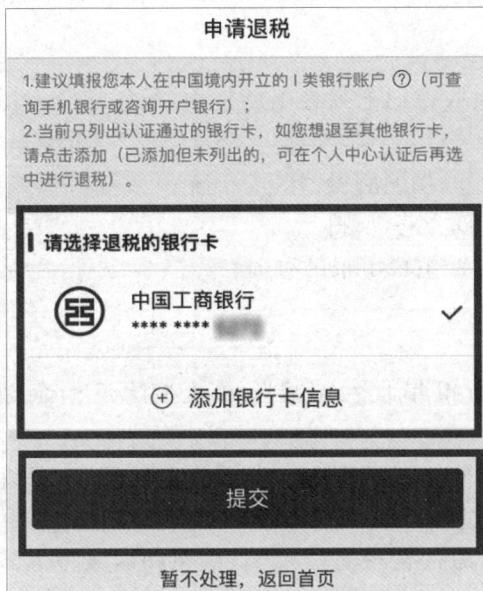

图 4-70　"申请退税"界面

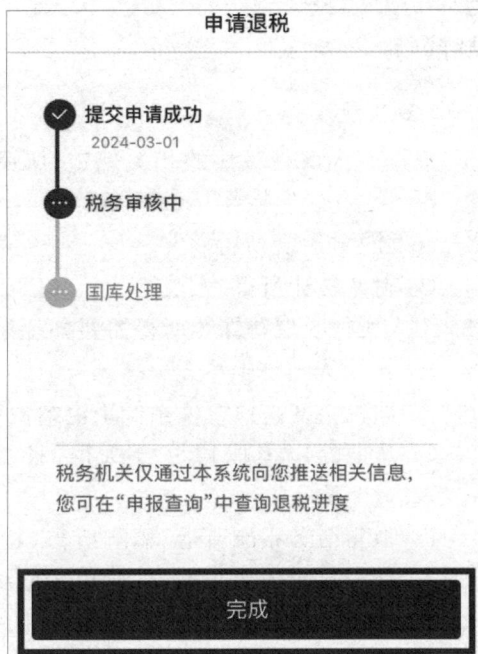

图 4-71　"提交申请成功"界面

（2）如果汇算结果为补税，则点击"立即缴税"按钮，通过三方协议支付、云闪付、银联卡支付、微信、支付宝等方式完成缴税，如图 4-72、图 4-73 所示。

图 4-72　"确认缴税金额"界面

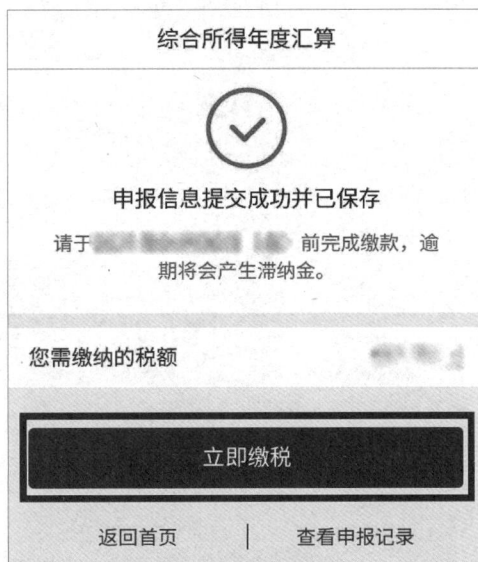

图 4-73　"立即缴税"界面

实战演练

一、多选题

1. 根据个人所得税法的相关规定,居民个人取得的下列各项所得中,属于综合所得的有(　　)。

    A. 工资、薪金所得　　　　　　　　　B. 稿酬所得

    C. 财产转让所得　　　　　　　　　　D. 经营所得

2. 个人所得税取得综合所得需要办理汇算清缴纳税申报的有(　　)。

    A. 纳税人申请退税

    B. 纳税年度内预缴税额低于应纳税额

    C. 从两处以上取得综合所得,且综合所得年收入额减除专项扣除后的余额超过6万元

    D. 取得劳务报酬所得、稿酬所得、特许权使用费所得中一项或者多项所得,且综合所得年收入额减除专项扣除的余额超过6万元

3. 居民个人取得的综合所得,可免于办理汇缴的情形有(　　),存在扣缴义务人未依法预扣预缴税款的情形除外。

    A. 年度综合所得收入不超过12万元且需要汇算清缴补税的

    B. 年度汇算清缴补税金额不超过400元的

    C. 年度汇算清缴补税金额不超过800元的

    D. 年度综合所得收入超过12万元且需要汇算清缴补税的

二、判断题

非居民个人不需要进行个税年终汇算。　　　　　　　　　　　　　　　(　　)

项目 5　经营所得税款的计算与申报

项目描述

本项目主要学习经营所得个人所得税的基本规定、相关政策法规；预缴、汇算清缴应纳税额的计算及申报等内容；本项目学习的重难点是经营所得纳税调整项目的填报及个体工商户减免税政策的解读。

本项目内容思维导图如图 5-1 所示。

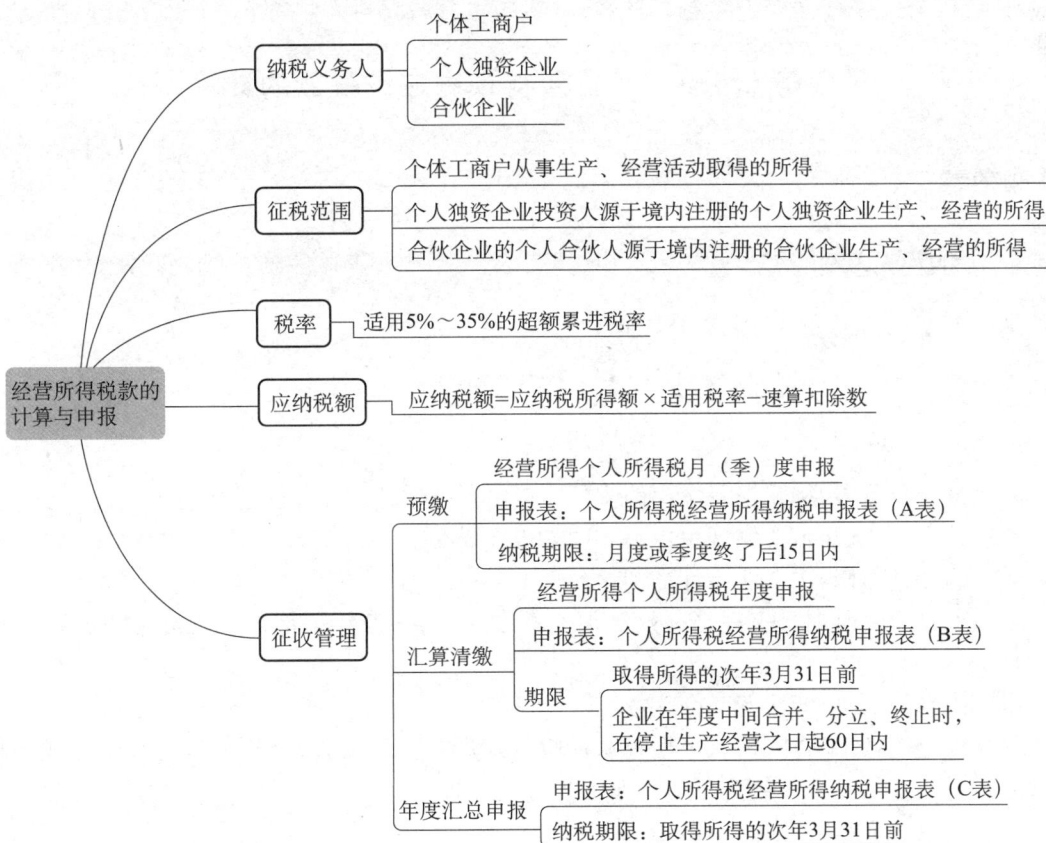

图 5-1　项目 5 内容思维导图

任务 5.1　经营所得应纳税额的计算

能力提升

（1）了解个体工商户、合伙企业和个人独资企业经营所得的相关政策规定。

（2）熟悉经营所得不得税前扣除项目及按规定标准扣除的项目。

（3）掌握个体工商户、合伙企业和个人独资企业经营所得预缴、汇缴应纳税额的计算。

素养提升

个人所得税是国家财政收入的重要来源，在个人所得税课程中，要养成精准计税、严谨细致的工匠精神，提升规范操作、坚持准则的会计职业素养。养成廉洁自律、诚信纳税的职业素养，实时更新税法政策的职业意识，提升终身学习能力和可持续发展能力。

子任务 5.1.1　经营所得预缴应纳税额的计算

案例情景

（一）纳税人基础信息

纳税人名称：聚香园饭店（个体工商户）

统一社会信用代码：52310246871212699J

成立时间：2018 年 8 月 1 日

经营者：王亮

开户银行及账号：杭州银行中山路支行 3301033426227789

地址及电话：杭州市上城区中山路 68 号 0571-85341362

适用的会计准则：小企业会计准则

企业主要经营范围：快餐服务（依法须经批准的项目，经相关部门批准后方可开展经营活动）

出资比例：王亮出资比例 100%

税务核定信息：聚香园饭店采用查账征收方式进行税务征收，个人所得税征收方式为据实预缴，收入、费用等资料健全。纳税期限为月度申报。

（二）业务资料

资料 1：

聚香园饭店 2024 年 2 月利润表如表 5-1 所示。

表 5-1 聚香园饭店 2024 年 2 月利润表

纳税人识别号:52310246871212699J

核算单位:聚香园饭店 2024-02

会小企 02 表

单位:元

项　目	行次	本年累计金额	本月金额
一、营业收入	1	1 503 000.00	1 235 000.00
减:营业成本	2	780 000.00	580 000.00
税金及附加	3	8 788.00	6 866.00
其中:消费税	4	0.00	0.00
营业税	5	0.00	0.00
城市维护建设税	6	0.00	0.00
资源税	7	0.00	0.00
土地增值税	8	0.00	0.00
城镇土地使用税、房产税、车船税、印花税	9	0.00	0.00
教育费附加、矿产资源补偿费、排污费	10	0.00	0.00
销售费用	11	0.00	0.00
其中:商品维修费	12	0.00	0.00
广告费和业务宣传费	13	0.00	0.00
管理费用	14	260 000.00	140 000.00
其中:开办费	15	0.00	0.00
业务招待费	16	0.00	0.00
研究费用	17	0.00	0.00
财务费用	18	0.00	0.00
其中:利息费用(收入以"-"号填列)	19	0.00	0.00
加:投资收益(损失以"-"号填列)	20	0.00	0.00
二、营业利润(亏损以"-"号填列)	21	454 212.00	508 134.00
加:营业外收入	22	0.00	0.00
其中:政府补助	23	0.00	0.00
减:营业外支出	24	0.00	0.00
其中:坏账损失	25	0.00	0.00
无法收回的长期债券投资损失	26	0.00	0.00
无法收回的长期股权投资损失	27	0.00	0.00
自然灾害等不可抗力因素造成的损失	28	0.00	0.00
税收滞纳金	29	0.00	0.00
三、利润总额(亏损总额以"-"号填列)	30	454 212.00	508 134.00

资料2：

饭店人员基础信息如表5-2所示。

表 5-2　饭店人员基础信息表

工号	姓名	性别	身 份 证 号	联系电话	任职日期	国籍
1	王亮	男	330102****0608097X	1376***6782	2018-08-01	中国

资料3：

2018年8月，王亮领取聚香园饭店（个体工商户）营业执照。

2020年6月，王亮购买了首套房，办理了为期25年的住房公积金首套房贷款，正在还款中。王亮2023年尚未结婚。

2023年8月，王亮父母刚年满57岁。

2024年王亮每月按国家规定的标准缴纳"三险一金"2 000元（其中养老保险800元，医疗保险300元，失业保险100元，公积金800元），另外上述管理费用中不包含王亮工资及其社保公积金，王亮2024年收入均源于聚香园饭店个体经营，无其他所得；2024年1月已预缴税款为0元。

业务要求

（1）2024年2月王亮经营所得预缴应纳税额的计算。

（2）2024年2月王亮经营所得减免税额的计算。

知识储备

一、个体工商户及其纳税义务人

（1）根据《中华人民共和国民法典》规定，公民在法律允许的范围内，依法经核准登记，从事工商业经营的，为个体工商户。个体工商户的债务，个人经营的，以个人财产承担；家庭经营的，以家庭财产承担。个体工商户对债务负无限责任，不具备法人资格。具体指：

① 依法取得个体工商户营业执照，从事生产经营的个体工商户；

② 经政府有关部门批准，从事办学、医疗、咨询等有偿服务活动的个人；

③ 其他从事个体生产、经营的个人。

（2）根据《个体工商户个人所得税计税办法》：个体工商户以业主为个人所得税纳税义务人。

二、个人独资、合伙企业及其纳税义务人

（1）个人独资企业的概念。

根据《中华人民共和国个人独资企业法》第二条规定，个人独资企业，是指依照该法在中国境内设立，由一个自然人投资，资产为投资人个人所有，投资人以其个人财产对企业债务

承担无限责任的经营实体。个人独资企业不具有法人资格。

（2）合伙企业的概念。

根据《中华人民共和国合伙企业法》第二条规定，本法所称合伙企业，是指自然人、法人和其他组织依照本法在中国境内设立的普通合伙企业和有限合伙企业。普通合伙企业由普通合伙人组成，合伙人对合伙企业债务承担无限连带责任。有限合伙企业由普通合伙人和有限合伙人组成，普通合伙人对合伙企业债务，承担无限连带责任，有限合伙人以其认缴的出资额为限对合伙企业债务承担责任。

（3）个人独资企业和合伙企业具体是指：

① 依照《中华人民共和国个人独资企业法》和《中华人民共和国合伙企业法》登记成立的个人独资企业、合伙企业；

② 依照《中华人民共和国私营企业暂行条例》登记成立的独资、合伙性质的私营企业；

③ 依照《中华人民共和国律师法》登记成立的合伙制律师事务所；

④ 经政府有关部门依照法律法规批准成立的负无限责任和无限连带责任的其他个人独资、个人合伙性质的机构或组织。

（4）依据《关于个人独资企业和合伙企业投资者征收个人所得税的规定》，个人独资企业以投资者为纳税义务人，合伙企业以每一个合伙人为纳税义务人。合伙企业以每一纳税年度的收入总额减除成本、费用以及损失后的余额，作为投资者个人的生产经营所得。

三、承包经营、承租经营纳税义务人

（1）承包经营是将企业发包给其他单位或个人，承包人以发包人或以自己的名义从事经营，发包人的发包收益与承包经营成果直接相关的业务形式。

（2）承租经营是将企业租赁给其他单位或个人经营，承租人向出租人交付租金，出租人的出租收益与租金直接相关而与承包经营成果不直接相关的业务形式。承租经营是指对企业的承租，承租的对象是企业而不是单项财产，企业租赁的特点是在取得财产的同时，还取得了被出租企业的某些生产经营权。

（3）取得所得的个人为纳税义务人。

四、经营所得的预缴及其规定

（一）预缴经营所得个人所得税时间的确定

根据《中华人民共和国个人所得税法》第十二条规定，纳税人取得经营所得，按年计算个人所得税，由纳税人在月度或者季度终了后 15 日内向税务机关报送纳税申报表，并预缴税款；在取得所得的次年 3 月 31 日前办理汇算清缴。也就是说，经营所得是按月预缴，还是按季预缴，是由纳税人决定。

（二）预缴经营所得计税依据的确定

预缴个人所得税计税依据为收入总额－成本费用后的利润总额扣除可弥补的亏损。

"收入总额"为本年度开始经营月份起截至本期从事经营以及与经营有关的活动取得的货币形式和非货币形式的各项收入总额。包括销售货物收入、提供劳务收入、转让财产收入、利息收入、租金收入、接受捐赠收入、其他收入。"成本费用"为本年度开始经营月份起截至本期实际发生的成本、费用、税金、损失及其他支出的总额。"利润总额"为本年度开始经营月份起截至本期的利润总额。"弥补以前年度亏损"为可在税前弥补的以前年度尚未弥补的亏损额。

需要注意的是,取得经营所得的个人,没有综合所得的,计算其每一纳税年度的应纳税所得额时,应当减除费用6万元、专项扣除、专项附加扣除以及依法确定的其他扣除(统称允许扣除的个人费用及其他扣除)。在这种情况下,经营所得的应纳税所得额计算公式如下:应纳税所得额=收入总额-成本费用-允许扣除的个人费用及其他扣除。但专项附加扣除在办理汇算清缴时减除,因此,按月(季)预缴时计算应纳税所得额不得减除专项附加扣除。

经营所得平时以利润总额为基数计算应当预缴个人所得税,于年度汇算清缴时,应当根据规定进行纳税调整,个人所得税实行多退少补。以企业支付的投资者个人"工资"为例,如果企业已正确计入"税后列支费用"或"合伙人提款"科目,则该项目不存在税会差异,不需要纳税调整;如已计入成本费用,相应减少了会计利润的,在年终汇算清缴时应进行纳税调整。

五、经营所得个人所得税适用税率表

经营所得个人所得税适用税率表如表 5-3 所示。

表 5-3　经营所得个人所得税适用税率表

级数	全年应纳税所得额	税率/%	速算扣除数/元
1	不超过 30 000 元的	5	0
2	超过 30 000 元至 90 000 元的部分	10	1 500
3	超过 90 000 元至 300 000 元的部分	20	10 500
4	超过 300 000 元至 500 000 元的部分	30	40 500
5	超过 500 000 元的部分	35	65 500

六、个体工商户取得经营所得应纳税额的计算

个体工商户经营所得应纳税额计算如表 5-4 所示。

表 5-4　个体工商户经营所得应纳税额计算

项　目	应纳税所得额
无综合所得	1. 应纳税所得额=(收入总额-成本、费用-损失)-60 000-专项扣除-专项附加扣除-其他扣除-准予扣除的捐赠额 2. 应纳税额=应纳税所得额×适用税率-速算扣除数
	专项附加扣除在办理汇算清缴时减除
	从多处取得经营所得的,应汇总计算个人所得税,只减除一次费用和扣除
有综合所得	1. 应纳税所得额=(收入总额-成本、费用-损失)-准予扣除的捐赠额 2. 应纳税额=应纳税所得额×适用税率-速算扣除数

七、个体工商户经营所得减免税额

根据《国家税务总局关于进一步支持个体工商户发展个人所得税优惠政策有关事项的公告》(国家税务总局公告 2023 年第 12 号)的规定,个体工商户经营所得减免税额政策如下。

(1) 对个体工商户年应纳税所得额不超过 200 万元的部分,减半征收个人所得税。个体工商户在享受现行其他个人所得税优惠政策的基础上,可叠加享受本条优惠政策。个体工商户不区分征收方式,均可享受。

(2) 个体工商户在预缴税款时即可享受,其年应纳税所得额暂按截至本期申报所属期末的情况进行判断,并在年度汇算清缴时按年计算、多退少补。若个体工商户从两处以上取得经营所得,需在办理年度汇总纳税申报时,合并个体工商户经营所得年应纳税所得额,重新计算减免税额,多退少补。

(3) 个体工商户按照以下方法计算减免税额:

减免税额＝(个体工商户经营所得应纳税所得额不超过 200 万元部分的应纳税额
　　　　　－其他政策减免税额×个体工商户经营所得应纳税所得额不超过 200 万元部分
　　　　　÷经营所得应纳税所得额)×(1－50%)

以上政策自 2023 年 1 月 1 日起施行,2027 年 12 月 31 日终止执行。按《国家税务总局关于进一步支持个体工商户发展个人所得税优惠政策有关事项的公告》(国家税务总局公告 2023 年第 12 号)应减征的税款,在本公告发布前已缴纳的,可申请退税;也可自动抵减以后月份的税款,当年抵减不完的在汇算清缴时办理退税;本公告发布之日前已办理注销的,不再追溯享受。

上述政策不适用个人独资企业和合伙企业。

八、准予扣除的捐赠

(1) 核定征收不扣除公益捐赠支出。

经营所得采取核定征收方式的,不扣除公益捐赠支出。也就是说,只有查账征收经营所得个人所得税的,才可以在经营所得中扣除公益捐赠支出。

(2) 个体工商户发生公益捐赠支出的处理。

个体工商户发生的公益捐赠支出,在其经营所得中扣除。

根据《个体工商户个人所得税计税办法》第三十六条规定,个体工商户通过公益社会团体或者县级以上任命政府及其部门,用于《公益事业捐赠法》规定的公益事业的捐赠,捐赠额不超过其应纳税所得额 30% 的部分可以据实扣除。财政部、国家税务总局规定可以全额在税前扣除的捐赠支出项目,按有关规定执行。个体工商户直接对受益人的捐赠不得扣除。

(3) 个人独资和合伙企业发生公益捐赠的处理。

个人独资企业、合伙企业发生的公益捐赠支出,其个人投资者应当按照捐赠年度合伙企业的分配比例(个人独资企业分配比例为 100%),计算归属于每一个人投资者的公益捐赠支出,个人投资者应将其归属的个人独资企业、合伙企业公益捐赠支出和本人需要在经营所得扣除的其他公益捐赠支出合并,在其经营所得中扣除。

(4) 在经营所得中扣除公益捐赠支出的,可以选择在预缴税款时扣除,也可以选择在汇算清缴时扣除。

九、商业健康保险的扣除

对个人购买符合规定的商业健康保险产品的支出,允许在当年(月)计算应纳税所得额时予以税前扣除,扣除限额为 2 400 元/年(200 元/月)。

适用商业健康保险税收优惠政策的纳税人,是指取得工资薪金所得、连续性劳务报酬所得的个人,以及取得个体工商户生产经营所得、对企事业单位的承包承租经营所得的个体工商户业主、个人独资企业投资者、合伙企业合伙人和承包承租经营者。

个体工商户业主、企事业单位承包承租经营者、个人独资和合伙企业投资者自行购买符合条件的商业健康保险产品的,在不超过 2 400 元/年的标准内据实扣除。一年内保费金额超过 2 400 元的部分,不得税前扣除。以后年度续保时,按上述规定执行。

注意:当征收方式为查账征收时,经营所得预缴纳税申报时不允许《个人所得税经营所得纳税申报表(A 表)》第 14 行到 17 行"依法确定的其他扣除"中的"商业健康险"和"税延养老险"行次申报。也就是说,查账征收经营所得个人所得税的,预缴环节不可以享受商业健康险和税延养老保险支出的扣除。

业务实施

1. 2024 年 2 月王亮经营所得预缴应纳税额的计算

个体工商户取得经营所得,没有综合所得的。

(1) 经营所得应纳税额=(全年收入总额-成本、费用以及损失-基本减除费用-专项扣除-专项附加扣除-其他扣除-准予扣除的捐赠额)×适用税率-速算扣除数。

(2) 专项附加扣除在办理经营所得汇算清缴时减除。

(3) 王亮应纳税额=(1 503 000-1 048 788-10 000-4 000)×30%-40 500=91 563.6(元)(1 503 000 元为收入总额;1 048 788 元为成本费用总额;10 000 元(5 000 元/月×2)为投资者减除费用;4 000 元为王亮三险一金金额 2 000 元/月×2)。

(4) 王亮应补/退税额=应纳税额-减免税额-已缴税额=91 563.6-45 781.8=45 781.8(元)。

点拨:个体工商户取得经营所得的个人,有综合所得的。

$$经营所得应纳税额=(全年收入总额-成本、费用以及损失-准予扣除的捐赠额)$$
$$×适用税率-速算扣除数$$

2. 2024 年 2 月王亮经营所得减免税额的计算

$$
\begin{aligned}
王亮个体工商户减免税额 =\ & \Big(个体工商户经营所得应纳税所得额不超过 200 万元部分的应纳税额 \\
& -其他政策减免税额×\frac{个体工商户经营所得应纳税所得额不超过 200 万元部分}{经营所得应纳税所得额}\Big)×(1-50\%) \\
=\ & (440\ 212×30\%-40\ 500)×(1-50\%)=45\ 781.8(元)
\end{aligned}
$$

点拨：算式中 440 212×30％－40 500 为个体工商户经营所得应纳税所得额不超过 200 万元部分的应纳税额,即(1 503 000－1 048 788－10 000－4 000)×30％－40 500＝91 563.6(元)(1 503 000 元为收入总额;1 048 788 元为成本费用总额;10 000 元(5 000 元/月×2)为投资者减除费用;4 000 元为王亮三险一金金额 2 000 元/月×2)。

子任务 5.1.2　经营所得汇缴应纳税额的计算

案例情景

(一)纳税人及扣缴义务单位基本信息

纳税人名称:净雅美妆合伙企业(普通合伙)

纳税人识别号:913322086043000199

成立时间:2019 年 2 月 1 日

开户银行及账号:杭州银行解放路支行 3301041235327645

地址及电话:杭州市江干区解放路 19 号 0571-85356832

适用的会计准则:小企业会计准则

企业主要经营范围:在化妆品、美容用品和卫生用品领域(包括各类彩妆产品、护肤品、护发品和香水等)进行投资和研发。

出资比例:净雅美妆合伙企业由李书清、张凯两人出资成立,两人的出资额分别为 80 000 元和 20 000 元,其中李书清出资 80％,张凯出资 20％,预缴金额均为零。

税务核定信息:净雅美妆合伙企业为查账征收企业,个人所得税征收方式为据实预缴,收入、费用等资料健全。纳税期限为月度申报。

(二)业务资料

资料 1:

企业员工基础信息如表 5-5 所示。

表 5-5　企业员工基础信息

工号	姓 名	性别	身 份 证 号	联系电话	任职日期	国籍
1	李书清	男	330102****03077595	153***92230	2019-02-01	中国
2	张凯	男	330102****03070078	171***96542	2019-02-01	中国

资料 2:

净雅美妆合伙企业 2023 年 12 月利润如表 5-6 所示。

表 5-6　净雅美妆合伙企业 2023 年 12 月利润

纳税人识别号:913322086043000199　　　　　　　　　　　　　　会小企 02 表

核算单位:净雅美妆合伙企业　　　　　　　2023-12　　　　　　　　单位:元

项　　目	行次	本年累计金额	本月金额
一、营业收入	1	190 000.00	20 000.00
减:营业成本	2	16 500.00	6 000.00

续表

项 目	行次	本年累计金额	本月金额
税金及附加	3	6 700.00	900.00
其中:消费税	4	0.00	0.00
营业税	5	0.00	0.00
城市维护建设税	6	0.00	0.00
资源税	7	0.00	0.00
土地增值税	8	0.00	0.00
城镇土地使用税、房产税、车船税、印花税	9	0.00	0.00
教育费附加、矿产资源补偿费、排污费	10	0.00	0.00
销售费用	11	0.00	0.00
其中:商品维修费	12	0.00	0.00
广告费和业务宣传费	13	0.00	0.00
管理费用	14	120 000.00	1 000.00
其中:开办费	15	0.00	0.00
业务招待费	16	0.00	0.00
研究费用	17	0.00	0.00
财务费用	18	0.00	0.00
其中:利息费用(收入以"－"号填列)	19	0.00	0.00
加:投资收益(损失以"－"号填列)	20	0.00	0.00
二、营业利润(亏损以"－"号填列)	21	46 800.00	12 100.00
加:营业外收入	22	0.00	0.00
其中:政府补助	23	0.00	0.00
减:营业外支出	24	0.00	0.00
其中:坏账损失	25	0.00	0.00
无法收回的长期债券投资损失	26	0.00	0.00
无法收回的长期股权投资损失	27	0.00	0.00
自然灾害等不可抗力因素造成的损失	28	0.00	0.00
税收滞纳金	29	0.00	0.00
三、利润总额(亏损总额以"－"号填列)	30	46 800.00	12 100.00

资料 3：

(1) 合伙协议中约定李书清在净雅美妆合伙企业工作,每月除了从净雅美妆分得的收入外无其他综合所得,经营所得由李书清、张凯按出资比例进行分配。李书清每月自行实际缴纳"三险一金"1 343 元(其中养老保险 534 元,医疗保险 424 元,失业保险 35 元,公积金 350 元),依法全年每月可享受的住房贷款利息 1 000 元。独生子李书清需独自赡养父亲和母亲(父亲 2023 年 8 月 20 日年满 60 周岁,母亲 2023 年 9 月 9 日年满 60 周岁)。

(2) 李书清以自有资金购买符合规定的商业健康保险产品 3 000 元,税优识别码 202300100003328201,选择在经营所得中扣除,保单生效时间:2023-08-01,保险期限为 2023 年 8 月 1 日至 2024 年 7 月 31 日。

(3) 李书清 2023 年在净雅美妆合伙企业取得的工资为 70 000 元。

(4) 张凯另在杭州天乐游乐场上班,每月领取工资收入 13 000 元,每月实际缴纳"三险一金"2 089 元(其中养老保险 898 元,医疗保险 326 元,失业保险 65 元,公积金 800 元),依法可享受的专项附加扣除 1 900 元(其中继续教育 400 元,住房租金 1 500 元)。

(5) 净雅美妆合伙企业上年度亏损 16 000 元需要弥补。张凯投资的另一合伙企业美嘉合伙企业上年亏损 40 000 元。

(6) 2023 年合伙企业管理费用中有 10 000 元用于李书清和张凯的私人开销。

(7) 2023 年当年管理费用发生中业务招待费 40 950 元。

业务要求

(1) 2023 年李书清经营所得年度汇算清缴应纳税额的计算。

(2) 2023 年张凯经营所得汇缴应纳税额的计算。

知识储备

一、经营所得的征收方式

(一)个体工商户经营所得征收方式

1. 查账征收

适用情形:设置账簿,且不存在《中华人民共和国税收征收管理法》第三十五条第一款第二项至第六项规定情形。

2. 核定征收

1) 税收定期定额

适用情形:①经主管税务机关认定和县以上税务机关(含县级)批准的生产、经营规模小,达不到《个体工商户建账管理暂行办法》规定设置账簿标准的个体工商户;②虽设置账簿,但账目混乱或成本资料、收入凭证、费用凭证残缺不全,难以查账的个体工商户。

2) 核定附征率

适用情形:实行定期定额核定征收管理,可以按照换算后的附征率,依据增值税、消费税的计税依据实行附征。

3) 核定税额或应纳税所得额

适用情形:无法确定按照核定率、核定应税所得率计征的,税务机关可以采取其他合理的方式。

(二)个人独资企业和合伙企业经营所得征收方式

1. 查账征收

适用情形:设置账簿,且不存在《中华人民共和国税收征收管理法》第三十五条第一款第二项至第六项规定情形。

2. 核定征收

(1) 定额征收。

(2) 核定应税所得率。

（3）其他合理的征收方式。

适用情形：

（1）应当设置但未设置账簿的。

（2）虽设置账簿，但账目混乱或者成本资料、收入凭证、费用凭证残缺不全，难以查账的。

（3）未按照法规的期限办理纳税申报，经税务机关责令限期申报，逾期仍不申报的其他合理的征收方式。

二、个体工商户收入的构成

个体工商户收入的构成如表 5-7 所示。

表 5-7　个体工商户收入的构成

序号	类　别	形　式
1	销售货物收入	
2	提供劳务收入	
3	转让财产收入	
4	利息收入	
5	租金收入	
6	接受捐赠收入	货币形式和非货币形式
7	资产溢余收入	
8	逾期一年以上的未退包装物押金收入	
9	确实无法偿付的应付款项	
10	已作坏账损失处理后又收回的应收账款	
11	债务重组收入、补贴收入、违约金收入、汇兑收益等	

三、个人独资和合伙企业收入的构成

个人独资和合伙企业收入的构成如表 5-8 所示。

表 5-8　个人独资和合伙企业收入的构成

序号	类　别	形　式
1	商品（产品）销售收入	
2	营运收入	
3	劳务服务收入	
4	工程价款收入	货币形式和非货币形式
5	财产出租或转让收入	
6	利息收入	
7	其他业务收入	
8	营业外收入	

四、经营所得按规定标准扣除的项目

经营所得按规定标准扣除的项目汇总如表 5-9 所示。

表 5-9 经营所得按规定标准扣除的项目汇总

扣 除 项 目		扣 除 标 准
工资薪金	从业人员合理的部分	准予扣除
	业主	不得扣除
工会经费、职工福利费、职工教育经费支出	个体工商户发生	分别在工资、薪金总额的 2%、14%、2.5% 的标准内据实扣除
	业主本人发生	以当地(地级市)上年度社会平均工资的 3 倍为计算基数,分别在工资、薪金总额的 2%、14%、2.5% 的标准内据实扣除
五险一金	规定的范围和标准内的准予扣除	
补充养老保险费、补充医疗保险费	为从业人员缴纳	分别在不超过从业人员工资总额 5% 标准内的部分据实扣除;超过部分,不得扣除
	为业主本人缴纳	以当地(地级市)上年度社会平均工资的 3 倍为计算基数,分别在不超过该计算基数 5% 标准内的部分据实扣除;超过部分,不得扣除
财产保险	按照规定缴纳的保险费,准予扣除	
商业保险	为特殊工种从业人员支付的人身安全保险费	准予扣除
	财政部、国家税务总局规定可以扣除的其他商业保险费	
	其他	不得扣除
借款费用	不需要资本化的费用	准予扣除
	资本化的费用,作为资本性支出计入有关资产的成本	按规定扣除
利息支出	向金融企业借款	准予扣除
	向非金融企业和个人借款	不超过按照金融企业同期同类贷款利率计算的数额的部分准予扣除
汇兑损失	未计入资产成本	准予扣除
	计入资产成本	按规定扣除
业务招待费	1. 与生产经营活动有关的业务招待费,按照实际发生额的 60% 扣除,但最高不得超过当年销售(营业)收入的 5‰	
	2. 业主自申请营业执照之日起至开始生产经营之日止所发生的业务招待费,按照实际发生额的 60% 计入个体工商户的开办费	

续表

扣除项目	扣除标准	
广告业务宣传费	不超过当年销售(营业)收入15%的部分,据实扣除,超过部分,准予在以后纳税年度结转扣除	
租赁费	经营租赁	租赁期内均匀扣除
	融资租赁	折旧分期扣除
劳动保护支出	合理的部分准予扣除	
开办费	1. 开始生产经营的当年一次性扣除	
	2. 自生产经营月份起在不短于3年期限内摊销(扣除方式一经选定,不得改变)	
公益事业捐赠	符合规定的捐赠	捐赠额不超对其应纳税所得额30%的部分可以据实扣除
	财政部、国家税务总局规定可以全额在税前扣除的捐赠	全额扣除
	直接对受益人的捐赠	不得扣除
研发费用	购置单台价值在10万元以下的测试仪器和试验性装置的购置费	准予直接扣除
	单台价值在10万元以上(含10万元)的测试仪器和试验性装置	按固定资产管理,不得在当期直接扣除
行政性收费等其他费用	按实际发生数额扣除	

五、经营所得不得税前扣除的项目

经营所得不得税前扣除的项目如表5-10所示。

表5-10　经营所得不得税前扣除的项目

序号	项目
1	个人所得税税款
2	税收滞纳金
3	罚金、罚款和被没收财物的损失
4	不符合扣除规定的捐赠支出
5	赞助支出
6	用于个人和家庭的支出
7	与取得生产经营收入无关的其他支出
8	个体工商户代其从业人员或者他人负担的税款
9	国家税务总局规定不准扣除的支出

注:"与取得生产经营收入无关的其他支出"是指除依照国家有关规定为特殊工种从业人员支付的人身安全保险费和财政部、国家税务总局规定可以扣除的其他商业保险费外,业主本人或者为从业人员支付的商业保险费不得扣除。

六、个体工商户混用费用的扣除

个体工商户混用费用的扣除如表 5-11 所示。

表 5-11　个体工商户的混用费用的扣除

项　　目	扣　　除
分别核算划分清楚	生产费用可据实扣除
混用难以分清	40%视为与生产经营有关费用,准予扣除

七、个人独资企业和合伙企业投资者及其家庭发生的生活费用的扣除

（1）个人独资企业和合伙企业投资者及其家庭发生的生活费用不允许在税前扣除。投资者及其家庭发生的生活费用与企业生产经营费用混合在一起,并且难以划分的,全部视为投资者个人及其家庭发生的生活费用,不允许在税前扣除。

个人独资企业和合伙企业投资者及其家庭发生的生活费用的扣除如表 5-12 所示。

表 5-12　个人独资企业和合伙企业投资者及其家庭发生的生活费用的扣除

项　　目	扣　　除
分别核算划分清楚	生活费用可据实扣除
生活、生产费用混合,且难以划分	全部视为生活费用,不得税前扣除
生活、生产共用固定资产	税务机关核定准予在税前扣除的折旧费用的数额或比例

（2）个人独资企业、合伙企业的个人投资者以企业资金为本人、家庭成员及其相关人员支付与企业生产经营无关的消费性支出及购买汽车、住房等财产性支出,视为企业对个人投资者的利润分配,并入投资者个人的经营所得,依照"经营所得"项目计征个人所得税。

八、个体工商户取得经营所得应纳税额的计算

个体工商户取得经营所得应纳税额的计算如表 5-13 所示。

表 5-13　个体工商户经营所得应纳税额的计算

项目	应纳税所得额
无综合所得	1. 应纳税所得额＝(收入总额－成本、费用－损失)－60 000－专项扣除－专项附加扣除 　　　　　　　－其他扣除－准予扣除的捐赠额 2. 应纳税额＝应纳税所得额×适用税率－速算扣除数
	专项附加扣除在办理汇算清缴时减除
	从多处取得经营所得的,应汇总计算个人所得税,只减除一次费用和扣除
有综合所得	1. 应纳税所得额＝(收入总额－成本、费用－损失)－准予扣除的捐赠额 2. 应纳税额＝应纳税所得额×适用税率－速算扣除数

九、个人独资企业、合伙企业取得经营所得应纳税额的计算

1. 个人独资企业、合伙企业经营所得应纳税所得额

1) 个人独资企业经营所得应纳税所得额

根据《财政部 国家税务总局关于印发〈关于个人独资企业和合伙企业投资者征收个人所得税的规定〉的通知》(财税〔2000〕91号)中第五条规定,个人独资企业的投资者以全部生产经营所得为应纳税所得额。

经营所得以每一纳税年度的收入总额减除成本、费用以及损失后的余额,作为投资者个人的生产经营所得(包括企业分配给投资者个人的所得和企业当年留存的利润)。计算公式如下。

(1) 取得经营所得的个人,没有综合所得的。

$$应纳税所得额 = 全年收入总额 - 成本、费用以及损失 - 基本减除费用 - 专项扣除$$
$$- 专项附加扣除 - 其他扣除 - 准予扣除的捐赠额$$

个人独资企业和合伙企业因在纳税年度中间开业、合并、注销及其他原因,导致该纳税年度的实际经营期不足1年的,对个人独资企业投资者和合伙企业自然人合伙人的生产经营所得计算个人所得税时,以其实际经营期为一个纳税年度。投资者本人的费用扣除标准,统一确定为60 000元/年,即5 000元/月。

(2) 取得经营所得的个人,有综合所得的。

$$应纳税所得额 = 全年收入总额 - 成本、费用以及损失$$

2) 合伙企业经营所得应纳税所得额

合伙企业的投资者按照合伙企业的全部生产经营所得和合伙协议约定的分配比例确定应纳税所得额,合伙协议没有约定分配比例的,以全部生产经营所得和合伙人数量平均计算每个投资者的应纳税所得额。生产经营所得包括企业分配给投资者个人的所得和企业当年留存的所得(利润)。计算公式如下。

(1) 取得经营所得的个人,没有综合所得的。

$$经营所得应纳税所得额 = (收入总额 - 成本 - 费用 - 损失) \times 分配比例$$
$$- 基本减除费用 - 专项扣除 - 专项附加扣除$$
$$- 依法确定的其他扣除 - 准予扣除的捐赠$$

从多处取得经营所得的,应汇总计算个人所得税,只减除一次费用和扣除。

专项附加扣除在办理经营所得汇算清缴时减除。

(2) 取得经营所得的个人,没有综合所得的。

$$经营所得应纳税所得额 = (收入总额 - 成本 - 费用 - 损失) \times 分配比例$$
$$- 准予扣除的捐赠$$

2. 个人独资企业、合伙企业经营所得税率

《关于个人独资企业和合伙企业投资者征收个人所得税的规定》(财税〔2000〕91号)规定,比照个人所得税法的"经营所得"应税项目,适用5%～35%的五级超额累进税率,计算征收个人所得税。

3. 个人独资企业、合伙企业经营所得应纳税额

$$应纳税额 = 应纳税所得额 \times 适用税率 - 速算扣除数$$

业务实施

1. 2023 年李书清经营所得年度汇算清缴应纳税额的计算

李书清经营所得应纳税额(取得经营所得的个人,没有综合所得的)计算如下。

(1) 经营所得应纳税额＝[(收入总额－成本－费用－损失)×分配比例－基本减除费用－专项扣除－专项附加扣除－依法确定的其他扣除－准予扣除的捐赠]×适用税率－速算扣除数。

(2) 专项附加扣除在办理经营所得汇算清缴时减除。

(3) 李书清应纳税额＝[(190 000－143 200＋40 000＋10 000＋70 000－16 000)×80％－60 000－16 116－27 000－1 000]×5％＝826.2(元)(190 000 元为收入总额;143 200 元为成本费用总额;40 000 元为业务 7 中超过规定标准的扣除的业务招待费金额;10 000 元为业务 6 中不允许扣除的用于个人和家庭的支出金额;70 000 元为业务 3 中不允许扣除的投资者工资、薪金支出金额;16 000 元为业务 5 中允许扣除的弥补亏损金额;60 000 元为投资者减除费用;16 116 元为业务 1 中李书清三险一金金额 1 343 元/月×12;27 000 元为业务 1 中李书清专项附加扣除金额;1 000 元为业务 2 中允许扣除的商业健康保险金额)。

点拨:

(1) 投资者减除费用、专项扣除、专项附加扣除。

政策依据:根据《个人所得税法实施条例》第十五条第二款规定,取得经营所得的个人,没有综合所得的,计算其每一纳税年度的应纳税所得额时,应当减除费用 6 万元、专项扣除、专项附加扣除以及依法确定的其他扣除。专项附加扣除在办理汇算清缴时减除。

(2) 商业健康保险。

个体工商户业主、个人独资企业投资者、合伙企业自然人合伙人对其购买符合规定的商业健康保险产品支出,可按照限额 2 400 元/年(200 元/月)规定标准在个人所得税前扣除。

李书清购买的商业健康保险保单生效时间为 2023 年 8 月 1 日,2023 年商业健康保险可以享受的月份为 8—12 月,共 5 个月,每个月享受金额为 200 元,所以李书清 2023 年可以扣除的商业健康保险金额为 5×200＝1 000(元)。

(3) 投资者工资、薪金扣除。

① 个体工商户、个人独资企业和合伙企业实际支付给从业人员的、合理的工资、薪金支出,准予扣除。

② 个体工商户业主、个人独资企业投资者、合伙企业自然人合伙人的工资、薪金支出不得税前扣除。

(4) 弥补亏损。

政策依据:根据《财税部 国家税务总局关于印发〈关于个人独资企业和合伙企业投资者征收个人所得税的规定〉的通知》(财税〔2000〕91 号)第十四条规定,企业的年度亏损,允许用本企业下一年度的生产经营所得弥补,下一年度所得不足弥补的,允许逐年延续弥补,但最长不得超过 5 年。所以 B 表中弥补以前年度亏损的金额为 16 000 元。

(5) 投资者用于个人的支出。

投资者用于个人的支出不得税前扣除。

⑥ 招待费。

个体工商户、个人独资企业和合伙企业发生的与生产经营活动有关的业务招待费,按照实际发生额的 60％扣除,但最高不得超过当年销售(营业)收入的 0.5％,因实际发生的招待费用为 40 950 元,招待费用为实际发生额的 60％,即 24 570 元;当年销售(营业)收入的 0.5％为 950 元,根据孰低原则 2023 年允许税前扣除的招待费金额为 950 元,所以超过规定标准扣除的业务招待费金额为 40 000 元。

2. 2023 年张凯经营所得年度汇算清缴应纳税额的计算

张凯经营所得应纳税额(取得经营所得的个人,有综合所得的)计算如下。

(1) 经营所得应纳税额=[(收入总额-成本-费用-损失)×分配比例-准予扣除的捐赠]×适用税率-速算扣除数。

(2) 张凯应纳税额=[(190 000-143 200+40 000+10 000+70 000-16 000)×20％]×10％-1 500=30 160×10％-1 500=1 516(元)(190 000 元为收入总额;143 200 元为成本费用总额;40 000 元为业务 7 中超过规定标准的扣除的业务招待费金额;10 000 元为业务 6 中不允许扣除的用于个人和家庭的支出金额;70 000 元为业务 3 中不允许扣除的投资者工资、薪金支出金额;16 000 元为业务 5 中允许扣除的弥补亏损金额)。

点拨:

(1) 既有经营所得又有综合所得的费用扣除。

因张凯有综合所得,所以其投资者减除费用、专项扣除及专项附加扣除在综合所得处扣除,不能在经营所得处重复进行扣除。

(2) 弥补亏损。

政策依据:根据《财税部 国家税务总局关于印发〈关于个人独资企业和合伙企业投资者征收个人所得税的规定〉的通知》(财税〔2000〕91 号)第十四条规定,企业的年度亏损,允许用本企业下一年度的生产经营所得弥补,下一年度所得不足弥补的,允许逐年延续弥补,但最长不得超过 5 年。所以 B 表中弥补以前年度亏损的金额为 16 000 元。

(3) 投资者用于个人的支出。

投资者用于个人的支出不得税前扣除。

(4) 招待费。

个体工商户、个人独资企业和合伙企业发生的与生产经营活动有关的业务招待费,按照实际发生额的 60％扣除,但最高不得超过当年销售(营业)收入的 0.5％,因实际发生的招待费用为 40 950 元,招待费用为实际发生额的 60％,即 24 570 元;当年销售(营业)收入的 0.5％为 950 元,根据孰低原则 2023 年允许税前扣除的招待费金额为 950 元,所以超过规定标准扣除的业务招待费金额为 40 000 元。

任务 5.2　经营所得的纳税申报

能力提升

(1) 了解经营所得 A、B、C 表的适用范围及报表结构。

（2）熟悉个体工商户、合伙企业和个人独资企业经营所得年度汇算清缴的收入、成本费用、纳税调整增加额的填报。

（3）熟悉个体工商户、合伙企业和个人独资企业经营所得年度汇算清缴的专项扣除、专项附加扣除、投资抵扣、准予扣除的个人捐赠支出的填报。

（4）掌握个体工商户、合伙企业和个人独资企业经营所得预缴、汇缴纳税申报表的填报、更正、作废、导出及税款的缴纳。

素养提升

通过经营所得纳税申报课程的学习，培养家国情怀和正确处理国家与个人分配关系的原则意识，正确理解税费取之于民用之于民的意图，提升依法纳税的公民意识和责任担当。按照税收法规填写纳税申报表的过程中，培养严谨细致的会计职业素养，提高实践操作技能，掌握填报申报表格、计算个人所得税等实用技能。强化纪律观念，遵守税收法规，不得有逃税行为。通过以上学习和实践，能够更好地理解和运用个人所得税制度，提高自身综合素质，为国家的繁荣富强和维护社会公共利益作出贡献。

子任务 5.2.1　经营所得的预缴及其申报

案例情景

聚香园饭店为个体工商户，经营者王亮，王亮出资比例为 100%，聚香园饭店为查账征收，个人所得税征收方式为据实预缴，收入、费用等资料健全。纳税期限为月度申报。聚香园饭店 2024 年 2 月利润表及相关业务详情见子任务 5.1.1 资料 1～资料 3。

业务要求

完成 2024 年 2 月王亮的经营所得预缴申报与缴纳。

知识储备

一、经营所得预缴申报期限与申报地点

除各省、自治区、直辖市和计划单列市税务局另行规定的情形外，从事生产、经营活动的个人取得经营所得的，应当在季度终了之日起 15 日内，向个体工商户、个人独资企业、合伙企业、承包承租企业或者从事生产经营机构的登记注册地主管税务机关办理预缴申报，报送个人所得税经营所得纳税申报表（A 表）。纳税人没有进行登记注册的，向实际经营所在地主管税务机关办理预缴申报。

二、个人所得税经营所得纳税申报表(A表)及其填报

个人所得税经营所得纳税申报表(A表)适用于查账征收和核定征收的个体工商户业主、个人独资企业投资人、合伙企业个人合伙人、承包承租经营者个人以及其他从事生产、经营活动的个人在中国境内取得经营所得,办理个人所得税预缴纳税申报时,向税务机关报送。

合伙企业有两个或者两个以上个人合伙人的,应分别填报该表。该报表栏次中除利润总额,应补(退)税额栏次可以为负数外,其他栏次都不能为负数,只能填写大于等于零的数值。

纳税人取得经营所得,应当在月度或者季度终了后15日内,向税务机关办理预缴纳税申报。

三、经营所得纳税人预缴申报注意事项

(1)从事生产、经营活动,未提供完整、准确的纳税资料,不能正确计算应纳税所得额的,由主管税务机关核定应纳税所得额或者应纳税额。

(2)预缴申报时,合伙企业有多个自然人合伙人的,应分别填报个人所得税经营所得纳税申报表(A表)。

(3)纳税人因移居境外注销中国户籍,且在当年取得经营所得的,应当在申请注销中国户籍前,向户籍所在地主管税务机关办理汇算清缴,进行税款清算。

(4)纳税人有未缴或者少缴税款的,应当在注销户籍前,结清欠缴或未缴的税款。纳税人存在分期缴税且未缴纳完毕的,应当在注销户籍前,结清尚未缴纳的税款。

(5)依法享受纳税人税收优惠等相关的资料,按规定留存备查或报送。

(6)纳税人在纳税期内没有应纳税款的,也应当按照规定办理申报纳税。

四、个人所得税经营所得纳税申报表(A表)填表说明

(1)第1行"收入总额":填写本年度开始经营月份起截至本期从事经营以及与经营有关的活动取得的货币形式和非货币形式的各项收入总额,包括销售货物收入、提供劳务收入、转让财产收入、利息收入、租金收入、接受捐赠收入和其他收入。

(2)第2行"成本费用":填写本年度开始经营月份起截至本期实际发生的成本、费用、税金、损失及其他支出的总额。

(3)第3行"利润总额":填写本年度开始经营月份起截至本期的利润总额。

(4)第4行"弥补以前年度亏损":填写可在税前弥补的以前年度尚未弥补的亏损额。

(5)第5行"应税所得率":按核定应税所得率方式纳税的纳税人,填写税务机关确定的核定征收应税所得率。按其他方式纳税的纳税人不填本行。

(6)第6行"合伙企业个人合伙人分配比例":纳税人为合伙企业个人合伙人的,填写本行;其他则不填写。分配比例按照合伙协议约定的比例填写;合伙协议未约定或不明确的,按合伙人协商决定的比例填写;协商不成的,按合伙人实缴出资比例填写;无法确定出资比例的,按合伙人平均分配。

(7)第7~17行"允许扣除的个人费用及其他扣除"按如下填写。

① 第8行"投资者减除费用":填写根据本年实际经营月份数计算的可在税前扣除的投

资者本人每月 5 000 元减除费用的合计金额。

② 第 9～13 行"专项扣除"：填写按规定允许扣除的基本养老保险费、基本医疗保险费、失业保险费、住房公积金的金额。

③ 第 14～17 行"依法确定的其他扣除"：填写商业健康保险、税延养老保险以及其他按规定允许扣除项目的金额。

④ 第 18 行"准予扣除的捐赠额"：填写按照税法及相关法规、政策规定，可以在税前扣除的捐赠额，并按规定附报《个人所得税公益慈善事业捐赠扣除明细表》。

业务实施

2024 年 2 月王亮经营所得预缴申报与缴纳如下所示。

（1）选择申报年度。登录系统后依次单击"我要办税""经营所得（A 表）""申报年度"，如图 5-2、图 5-3 所示。

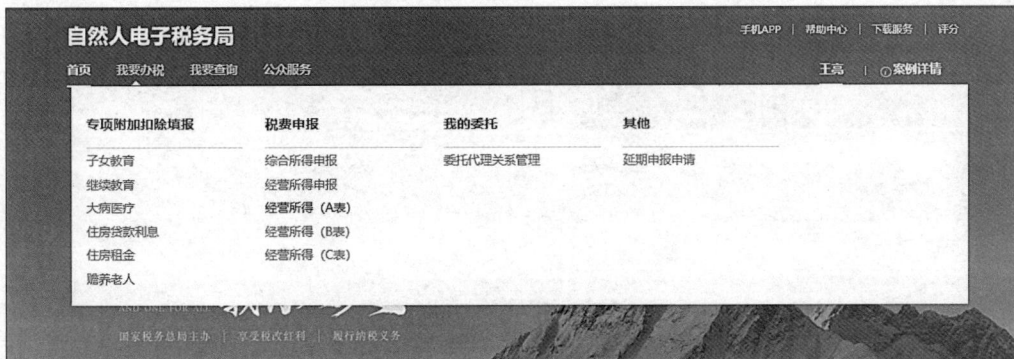

图 5-2　选择"经营所得（A 表）"界面

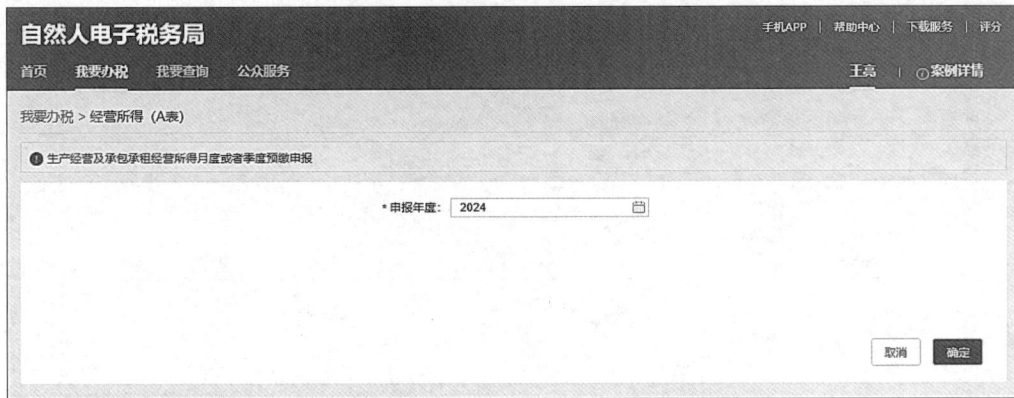

图 5-3　选择"申报年度"界面

（2）录入被投资单位信息。根据案例详情，填写被投资单位的社会信用代码，税款所属期等信息，如图 5-4 所示。

（3）录入计税信息。根据案例详情，录入 2024 年 2 月利润表相关的收入、成本费用等信息，如图 5-5 所示。

图 5-4 "录入被投资单位信息"界面

图 5-5 "录入计税信息"界面

（4）录入减免税额。根据案例详情和相关税法知识计算减免税额并进行填写，如图 5-6 所示。

（5）确认申报信息。根据案例详情，核对申报信息，如有错误，可以单击"修改"按钮进行修改，确认无误后单击"提交"按钮，提交更正信息，如图 5-7 所示。

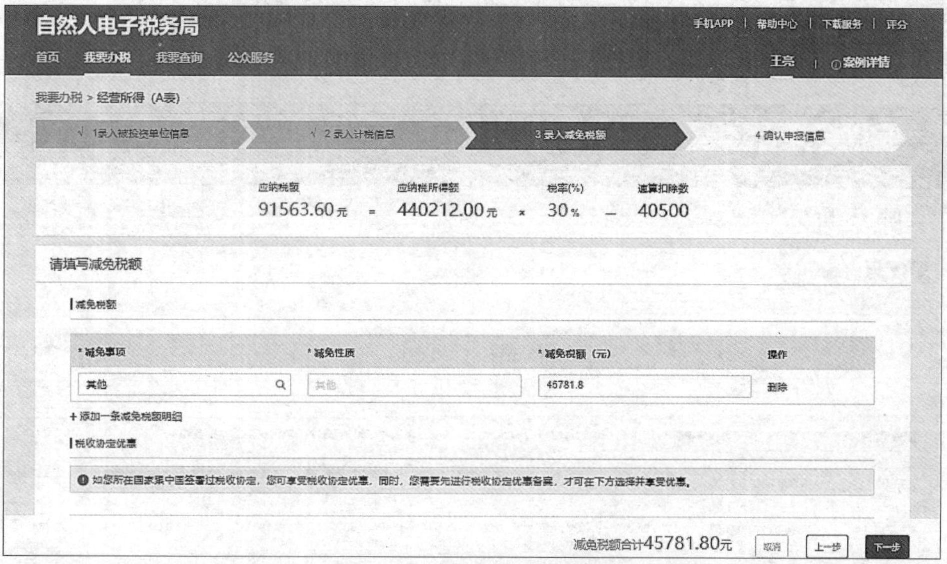

图 5-6　“录入减免税额”界面

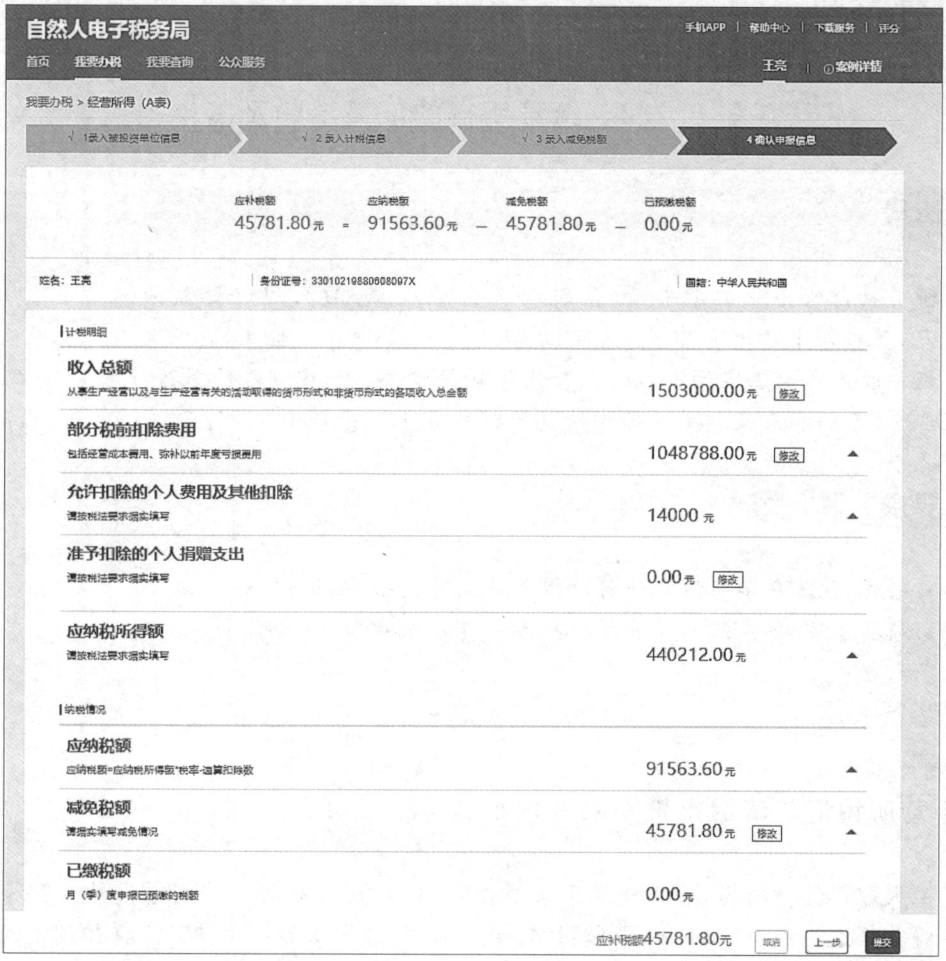

图 5-7　“确认申报信息”界面

(6) 查询申报表。报表申报成功后，单击"我要查询"中"申报查询（更正/作废申报）"，如有错误可以单击"经营所得（A）"表进行更正或作废，如图 5-8 所示。

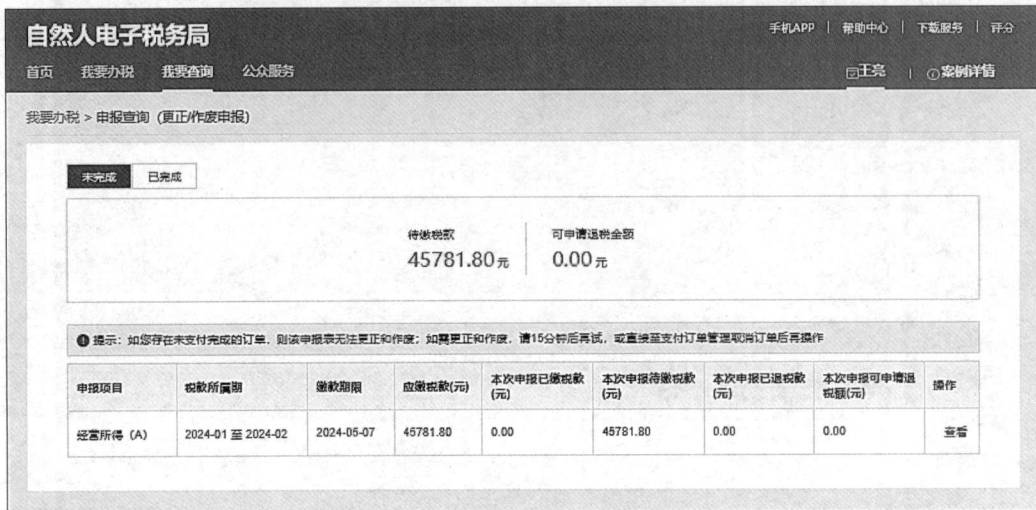

图 5-8 "申报查询（更正/作废申报）"界面

子任务 5.2.2 经营所得的汇算清缴及其申报

案例情景

净雅美妆合伙企业由李书清、张凯两人出资成立，两人的出资额分别为 80 000 元和 20 000 元，其中李书清出资 80%，张凯出资 20%，为普通合伙企业，企业为查账征收企业，个人所得税征收方式为据实预缴，收入、费用等资料健全。纳税期限为月度申报。净雅美妆合伙企业 2023 年利润表及相关业务详情见子任务 5.1.2 资料 1～资料 3。

业务要求

(1) 完成 2023 年李书清的经营所得年度汇算清缴申报与缴纳。
(2) 完成 2023 年张凯的经营所得年度汇算清缴申报与缴纳。

知识储备

一、经营所得汇算清缴申报期限与申报地点

纳税人取得经营所得，按年计算个人所得税，由纳税人在月度或者季度终了后 15 日内向税务机关报送纳税申报表，并预缴税款；在取得所得的次年 3 月 31 日前办理汇算清缴。个体工商户终止生产经营及企业在年度中间合并、分立、终止的，个体工商户业主、个人独资

企业投资者、合伙企业自然人合伙人应当在停止生产经营之日起 60 日内，向主管税务机关办理当期个人所得税汇算清缴。

从事生产、经营活动的个人取得经营所得，并且实行查账征收的，应当在取得所得的次年 3 月 31 日前向个体工商户、个人独资企业、合伙企业、承包承租企业或者从事生产经营机构的登记注册地主管税务机关办理汇算清缴申报，报送个人所得税经营所得纳税申报表（B 表）。纳税人没有进行登记注册的，向实际经营所在地主管税务机关办理汇算清缴申报。

二、个人所得税经营所得纳税申报表（B 表）及其填报

个人所得税经营所得纳税申报表（B 表）适用于个体工商户业主、个人独资企业投资人、合伙企业个人合伙人、承包承租经营者个人以及其他从事生产、经营活动的个人在中国境内取得经营所得，且实行查账征收的，在办理个人所得税汇算清缴纳税申报时，向税务机关报送。

合伙企业有两个或者两个以上个人合伙人的，应分别填报该表。

纳税人在取得经营所得的次年 3 月 31 日前，向税务机关办理汇算清缴。报表栏次中除利润总额、应补（退）税额栏次可以为负数外，其他栏次都不能为负数，只能填写大于等于零的值。

三、经营所得纳税人汇算清缴申报注意事项

（1）从事生产、经营活动，未提供完整、准确的纳税资料，不能正确计算应纳税所得额的，由主管税务机关核定应纳税所得额或者应纳税额。

（2）汇算清缴时，合伙企业有多个自然人合伙人的，应分别填报个人所得税经营所得纳税申报表（B 表）。

（3）取得经营所得的个人，没有综合所得的，计算其每一纳税年度的应纳税所得额时，应当减除费用 6 万元、专项扣除、专项附加扣除以及依法确定的其他扣除。专项附加扣除在办理汇算清缴时减除。

（4）纳税人在注销户籍年度取得经营所得的，应当在注销户籍前，向户籍所在地主管税务机关办理当年经营所得的汇算清缴，并报送个人所得税经营所得纳税申报表（B 表）。从两处以上取得经营所得的，还应当一并报送个人所得税经营所得纳税申报表（C 表）。尚未办理上一年度经营所得汇算清缴的，应当在办理注销户籍纳税申报时一并办理。

（5）纳税人有未缴或者少缴税款的，应当在注销户籍前，结清欠缴或未缴的税款。纳税人存在分期缴税且未缴纳完毕的，应当在注销户籍前，结清尚未缴纳的税款。

（6）依法享受纳税人税收优惠等相关的资料，按规定留存备查或报送。

（7）纳税人在纳税期内没有应纳税款的，也应当按照规定办理申报纳税。

四、个人所得税经营所得纳税申报表（B 表）填表说明

（1）收入总额：填写本年度从事生产经营以及与生产经营有关的活动取得的货币形式和非货币形式的各项收入总金额，包括销售货物收入、提供劳务收入、转让财产收入、利息收

入、租金收入、接受捐赠收入和其他收入。

（2）国债利息收入：填写本年度已计入收入的因购买国债而取得的应予免税的利息金额。

（3）成本费用：填写本年度实际发生的成本、费用、税金、损失及其他支出的总额。

① 营业成本：填写在生产经营活动中发生的销售成本、销货成本、业务支出以及其他耗费的金额。

② 营业费用：填写在销售商品和材料、提供劳务的过程中发生的各种费用。

③ 管理费用：填写为组织和管理企业生产经营发生的管理费用。

④ 财务费用：填写为筹集生产经营所需资金等发生的筹资费用。

⑤ 税金：填写在生产经营活动中发生的除个人所得税和允许抵扣的增值税以外的各项税金及其附加。

⑥ 损失：填写生产经营活动中发生的固定资产和存货的盘亏、毁损、报废损失，转让财产损失，坏账损失，自然灾害等不可抗力因素造成的损失以及其他损失。

⑦ 其他支出：填写除成本、费用、税金、损失外，生产经营活动中发生的与之有关的、合理的支出。

（4）利润总额：根据相关行次计算填报。

（5）"纳税调整增加额"根据相关行次计算填报。

（6）超过规定标准的扣除项目金额：填写扣除的成本、费用和损失中，超过税法规定的扣除标准应予调增的应纳税所得额。

（7）不允许扣除的项目金额：填写按规定不允许扣除但被投资单位已将其扣除的各项成本、费用和损失，应予调增应纳税所得额的部分。

（8）纳税调整减少额：填写在计算利润总额时已计入收入或未列入成本费用，但在计算应纳税所得额时应予扣除的项目金额。

（9）纳税调整后所得：根据相关行次计算填报。

（10）弥补以前年度亏损：填写本年度可在税前弥补的以前年度亏损额。

（11）合伙企业个人合伙人分配比例：纳税人为合伙企业个人合伙人的，填写本栏；其他则不填。分配比例按照合伙协议约定的比例填写；合伙协议未约定或不明确的，按合伙人协商决定的比例填写；协商不成的，按合伙人实缴出资比例填写；无法确定出资比例的，按合伙人平均分配。

（12）允许扣除的个人费用及其他扣除：填写按税法规定可以税前扣除的各项费用、支出，包括以下几项。

① 投资者减除费用：填写按税法规定的减除费用金额。

② 专项扣除：分别填写本年度按规定允许扣除的基本养老保险费、基本医疗保险费、失业保险费、住房公积金的合计金额。

③ 专项附加扣除：分别填写本年度纳税人按规定可享受的子女教育、继续教育、大病医疗、住房贷款利息、住房租金、赡养老人等专项附加扣除的合计金额。

④ 依法确定的其他扣除：分别填写按规定允许扣除的商业健康保险、税延养老保险，以及国务院规定其他可以扣除项目的合计金额。

（13）投资抵扣：填写按照税法规定可以税前抵扣的投资金额。

（14）准予扣除的个人捐赠支出：填写本年度按照税法及相关法规、政策规定，可以在税前扣除的个人捐赠合计额。

（15）应纳税所得额：根据相关行次系统自动计算填报。

（16）税率、速算扣除数：填写按规定适用的税率和速算扣除数。

（17）应纳税额：根据相关行次系统自动计算填报。

（18）减免税额：填写符合税法规定可以减免的税额，并附报个人所得税减免税事项报告表。

（19）已缴税额：填写本年度累计已预缴的经营所得个人所得税金额。

（20）应补/退税额：根据相关行次系统自动计算填报。

业务实施

2023 年李书清经营所得年度汇算清缴申报与缴纳步骤如下。

（1）选择申报年度。登录系统后依次单击"我要办税""经营所得（B 表）""申报年度"，如图 5-9、图 5-10 所示。

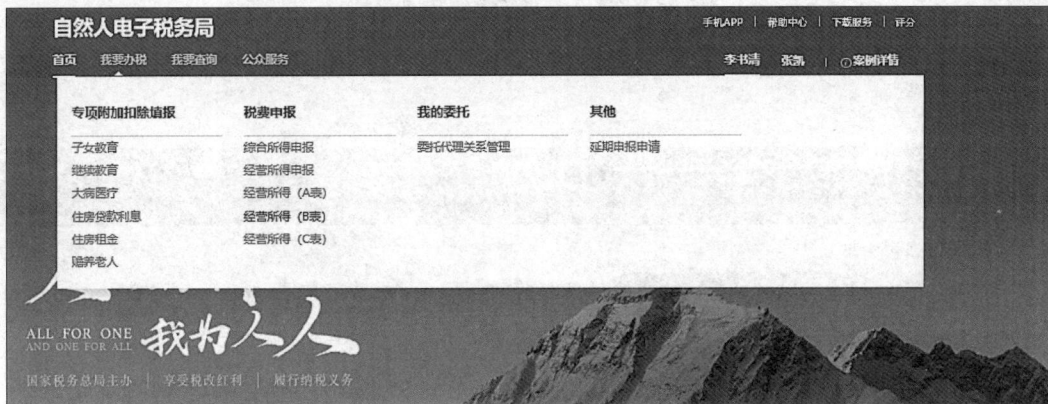

图 5-9　选择"经营所得（B 表）"界面

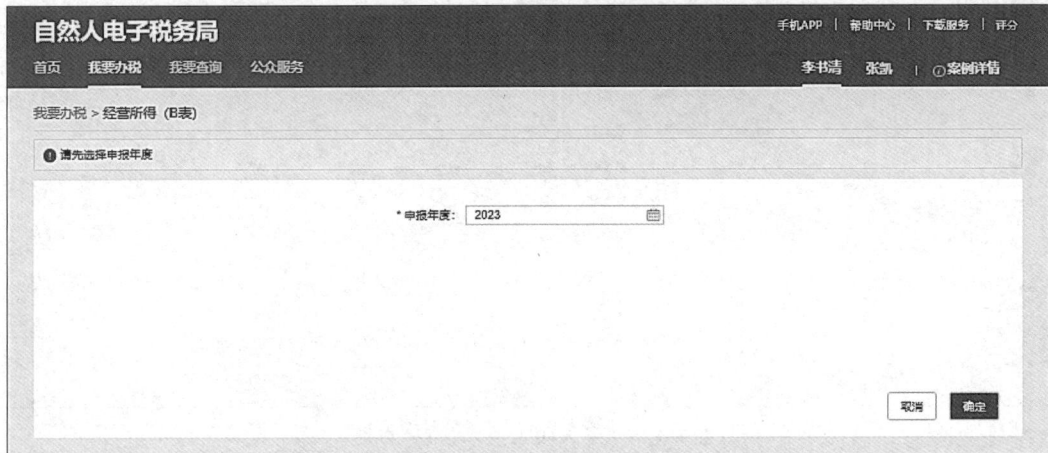

图 5-10　选择"申报年度"界面

（2）录入被投资单位信息。根据案例详情，填写被投资单位的社会信用代码，税款所属期等信息，如图 5-11 所示。

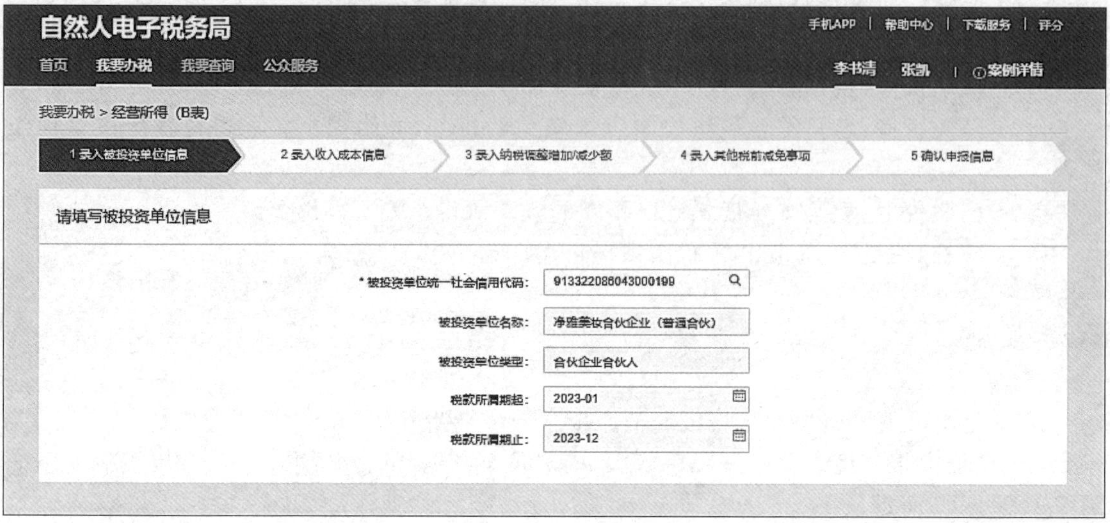

图 5-11 "录入被投资单位信息"界面

（3）录入收入成本信息。根据案例详情，录入 2023 年利润表相关的收入、成本费用等信息，如图 5-12 所示。

图 5-12 "录入收入成本信息"界面

（4）录入纳税调整增加/减少额。根据案例详情和相关税法知识计算相关扣除项目限额并进行相应的纳税调整项目填写，如图 5-13 所示。

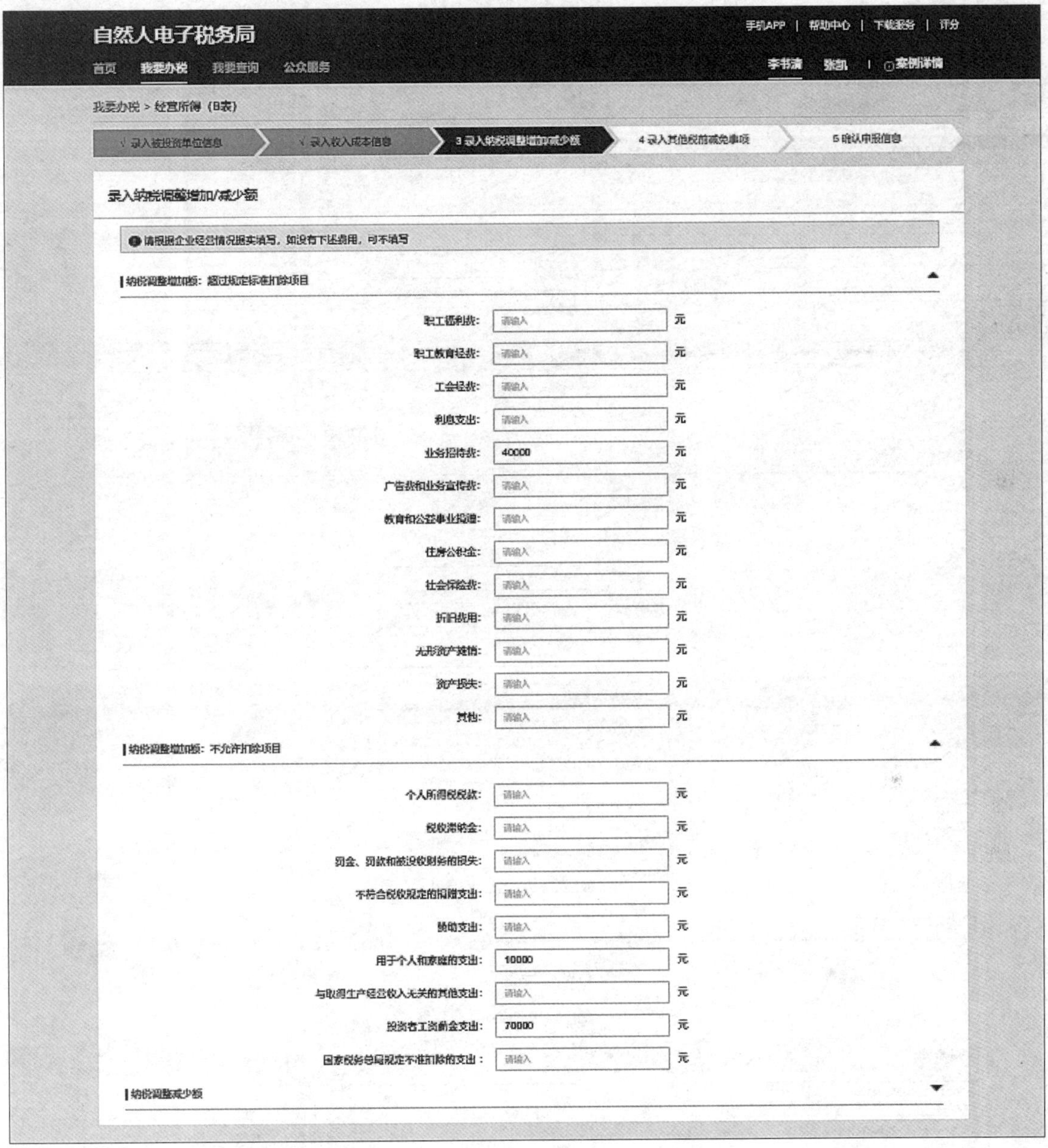

图 5-13　"录入纳税调整增加/减少额"界面

（5）录入其他税前减免事项。根据案例详情，填写专项扣除、专项附加扣除及商业健康保险等信息，如图 5-14 所示。

（6）确认申报信息。根据案例详情，核对申报信息，如有错误，可以单击"修改"按钮进行修改，确认无误后单击"提交"按钮，提交更正信息，如图 5-15 所示。

（7）查询申报表。报表申报成功后，可以单击"我要查询"中"申报查询（更正/作废申报）"，如有错误可以单击"经营所得（B）"表进行更正或作废，如图 5-16 所示。

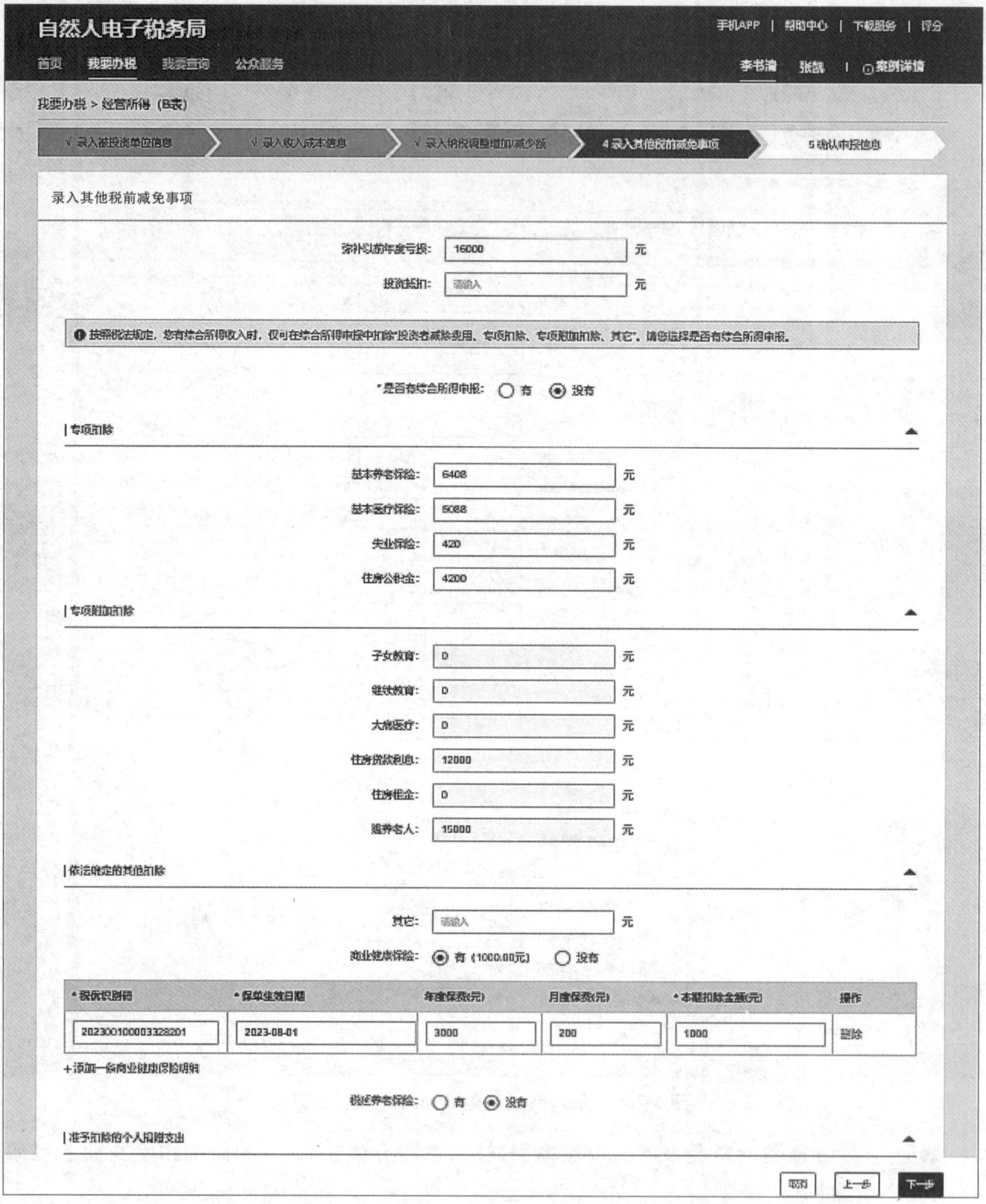

自然人电子税务局

手机APP | 帮助中心 | 下载服务 | 评分

首页　我要办税　我要查询　公众服务　　　　　李书清　张凯 | ⓘ 案例详情

我要办税 > 经营所得 (B表)

√ 录入被投资单位信息 ┃ √ 录入收入成本信息 ┃ √ 录入纳税调整增加/减少额 ┃ 4 录入其他税前减免事项 ┃ 5 确认申报信息

录入其他税前减免事项

项目	金额	单位
弥补以前年度亏损:	16000	元
投资抵扣:	请输入	元

ⓘ 按照税法规定，您有综合所得收入时，仅可在综合所得申报中扣除"投资者减除费用、专项扣除、专项附加扣除、其它"。请您选择是否有综合所得申报。

* 是否有综合所得申报：　○ 有　　● 没有

┃专项扣除　　　　　　　　　　　　　　　　　　　　　　　　　　▲

项目	金额	单位
基本养老保险:	6408	元
基本医疗保险:	5088	元
失业保险:	420	元
住房公积金:	4200	元

┃专项附加扣除　　　　　　　　　　　　　　　　　　　　　　　▲

项目	金额	单位
子女教育:	0	元
继续教育:	0	元
大病医疗:	0	元
住房贷款利息:	12000	元
住房租金:	0	元
赡养老人:	15000	元

┃依法确定的其他扣除　　　　　　　　　　　　　　　　　　　　▲

项目	金额	单位
其它:	请输入	元

商业健康保险:　● 有 (1000.00元)　　○ 没有

* 税优识别码	* 保单生效日期	年度保费(元)	月度保费(元)	* 本期扣除金额(元)	操作
202300100003328201	2023-08-01	3000	200	1000	删除

+添加一条商业健康保险明细

税延养老保险:　○ 有　● 没有

┃准予扣除的个人捐赠支出　　　　　　　　　　　　　　　　　　▲

取消　上一步　下一步

图 5-14　"录入其他税前减免事项"界面

自然人电子税务局

| 手机APP | 帮助中心 | 下载服务 | 评分 |

首页　我要办税　我要查询　公众服务　　　　　　　李书清　张凯 | ⊙ 案例详情

我要办税 > 经营所得（B表）

√ 录入被投资单位信息 > √ 录入收入成本信息 > √ 录入纳税调整增加/减少额 > √ 录入其他性税费减免事项 > 5 确认申报信息

| 应补税额 | | 应纳税额 | | 减免税额 | | 已预缴税额 |
| 826.20元 | = | 826.20元 | − | 0.00元 | − | 0.00元 |

姓名：李书清 | 被投资企业：净雅美妆合伙企业（普通合伙） | 征收方式：查账征收 | 税款所属期：2023-01 至 2023-12

| 计税明细 |

收入总额
从事生产经营以及与生产经营有关的活动取得的货币形式和非货币形式的各项收入总金额　　　190000.00元　修改　▼

成本费用
实际发生的成本、费用、税金、损失及其他支出的总额　　　143200.00元　修改　▼

纳税调整减少额
　　　0.00元　修改

纳税调整增加额
根据税法要求据实填写　　　120000.00元　修改　▼

纳税调整后所得
根据税法规定计算　　　166800.00元　▼

弥补以前年度亏损
可在税前弥补的以前年度尚未弥补的亏损额　　　16000.00元　修改

允许扣除的个人费用及其他扣除
包含投资者减除费用、专项扣除、专项附加扣除、其他　　　104116.00元　▼

投资抵扣
符合规定的投资者可享受投资抵扣　　　0.00元　修改

准予扣除的个人捐赠支出
请按税法要求据实填写　　　0.00元　修改

应纳税所得额
税法规定的计税依据　　　16524.00元　▼

| 计税明细 |

应纳税额
应纳税额=应纳税所得额*税率-速算扣除数　　　826.20元　▼

可减免税额
请据实填写减免情况　　　0.00元　修改

已缴税额
月（季）度申报已预缴的税额　　　0.00元

应补税额 826.20元　取消　上一步　提交

图 5-15　"确认申报信息"界面

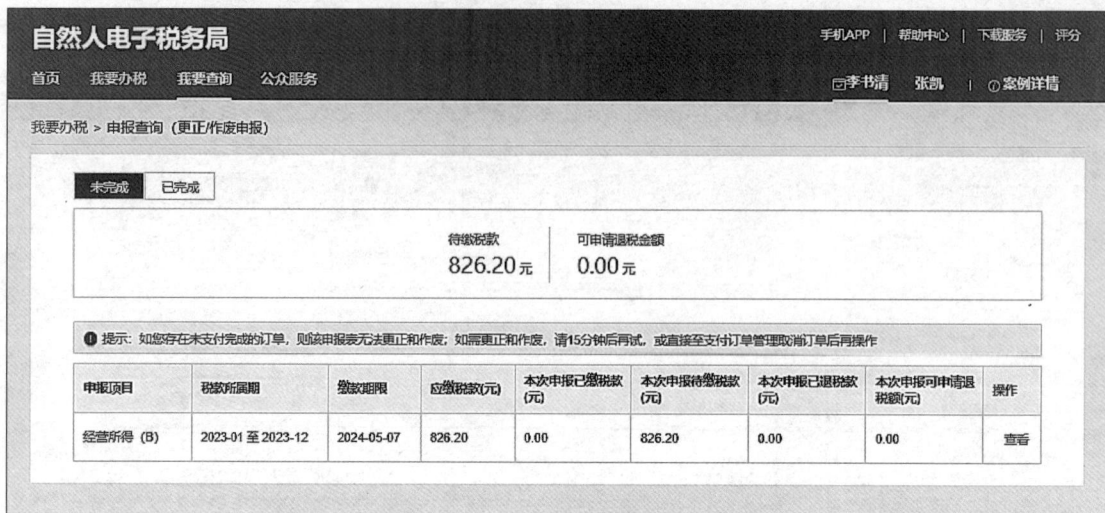

图 5-16 "申报查询（更正/作废申报）"界面

实战演练

一、单选题

1. 根据个人所得税的规定，个人独资企业的投资者及其家属发生的生活费用与企业生产经营费用混合在一起且难以划分的，其正确的账务处理是（　　）。

    A. 实际发生额不得在税前扣除

    B. 实际发生额的 60％可以在税前扣除

    C. 实际发生额的 40％可以在税前扣除

    D. 实际发生额的 10％可以在税前扣除

2. 计算个体工商户个人所得税应纳税所得额时准予扣除的是（　　）。

    A. 赞助支出   B. 摊位费

    C. 用于家庭的费用支出   D. 行政罚款

3. 投资者经营所得适用（　　）的超额累进税率，经营所得的征收方式，分为查账征收和核定征收。

    A. 3％～45％   B. 3％～30％   C. 5％～50％   D. 5％～35％

4. 居民个人取得的下列所得中，在计缴个人所得税时可享受专项附加扣除的是（　　）。

    A. 偶然所得   B. 财产转让所得

    C. 经营所得   D. 财产租赁所得

二、多选题

1. 根据《中华人民共和国个人所得税法》的有关规定，下列关于个人独资企业和合伙企业投资者征收个人所得税的说法中，正确的有（　　）。

    A. 凡实行查账征税办法的，按照"经营所得"应税项目，适用 5％～35％的五级超额累进税率，计算征收个人所得税

B. 投资者兴办两个或两个以上企业的,年度终了时,应汇总从所有企业取得的应纳税所得额,据此确定适用税率并计算缴纳个人所得税

C. 对个人独资企业取得的各项所得均征收个人所得税

D. 投资者兴办两个或两个以上企业的,其费用扣除标准由投资者选择在其中一个企业的生产经营所得中扣除

2. 个体工商户业主、个人独资企业投资者、合伙企业个人合伙人、承包承租经营者个人以及其他从事生产、经营活动的个人取得应税经营所得包括的情形有(   )。

A. 个人通过在中国境内注册登记的个体工商户、个人独资企业、合伙企业从事生产、经营活动取得的所得

B. 个人依法取得执照,从事办学、医疗、咨询以及其他有偿服务活动取得的所得

C. 个人承包、承租、转包、转租取得的所得

D. 个人从事其他生产、经营活动取得的所得

3. 下列税务处理中,符合个人独资企业所得税相关规定的有(   )。

A. 个人独资企业计提的各种准备金不得税前扣除

B. 个人独资企业用于家庭的支出不得税前扣除

C. 个人独资企业支付给环保部门的罚款允许税前扣除

D. 个人独资企业发生的与生产经营有关的业务招待费,可按规定扣除

4. 对个体工商户的经营所得在计算个人所得税时,允许对一些支出项目按一定标准予以税前扣除。下列关于税前扣除项目和标准的表述中,正确的有(   )。

A. 个体工商户业主的工资、薪金可以据实扣除

B. 实际支付给从业人员合理的工资、薪金和缴纳的“五险一金”可以税前扣除

C. 在经营过程中发生的业务招待费可据实扣除

D. 以经营租赁方式租入固定资产发生的租赁费支出,按照租赁期限均匀扣除

三、判断题

1. 经营所得,在取得所得的次年 6 月 30 日前办理汇算清缴。   (   )

2. 在经营所得中扣除公益捐赠支出的,既可以选择在预缴税款时扣除,也可以选择在汇算清缴时扣除。   (   )

3. 纳税人经营所得预缴申报可通过办税服务厅、自然人税收管理系统办理。   (   )

4. 个体工商户发生的职工教育经费在工资薪金总额 8% 的标准内据实扣除。   (   )

四、综合实训题

(一) 纳税人基础信息

纳税人名称:力洁洗车行(个人独资企业)

统一社会信用代码:91130430MA092L1245

成立时间:2019 年 12 月 12 日

投资人:王勇

注册资本:100 000 元

开户银行及账号:中国工商银行半山支行 1202101116804026218

地址及电话:杭州市滨江区南环路 1375 号 0571-80197742

适用的会计准则：小企业会计准则

企业主要经营范围：普通洗车、精细洗车、普通打蜡、深度打蜡、封釉、镀膜。

税务核定信息：力洁洗车行为查账征收方式，个人所得税征收方式为据实预缴，收入、费用等资料健全。按季申报。核算方式为年度整体核算。

（二）业务资料一

要求：请根据资料进行税款所属期为 2024 年第二季度的个人所得税经营所得预缴纳税申报。2024 年第一季度已预缴个税 0 元。

资料 1：

力洁洗车行人员信息表如表 5-14 所示。

表 5-14　力洁洗车行人员信息表

工号	姓名	性别	身 份 证 号	联系电话	任职日期
1	王勇	男	110101****03078056	189***91345	2019-12-12

资料 2：

力洁洗车行 2024 年 1—6 月利润表如表 5-15 所示。

表 5-15　力洁洗车行 2024 年 1—6 月利润表

项　　目	行次	本年累计金额/元	本月发生额/元
一、营业收入	1	1 352 598.00	112 716.50
减：营业成本	2	270 519.60	22 543.30
税金及附加	3	87 918.87	7 326.57
其中：消费税	4	0.00	0.00
营业税	5	0.00	0.00
城市维护建设税	6	0.00	0.00
资源税	7	0.00	0.00
土地增值税	8	0.00	0.00
城镇土地使用税、房产税、车船税、印花税	9	0.00	0.00
教育费附加、矿产资源补偿费、排污费	10	0.00	0.00
销售费用	11	297 571.56	24 797.63
其中：商品维修费	12	0.00	0.00
广告费和业务宣传费	13	0.00	0.00
管理费用	14	338 149.50	28 179.13
其中：开办费	15	0.00	0.00
业务招待费	16	0.00	0.00
研究费用	17	0.00	0.00
财务费用	18	27 051.96	2 254.33
其中：利息费用（收入以"－"号填列）	19	0.00	0.00

续表

项　　目	行次	本年累计金额/元	本月发生额/元
加:投资收益(损失以"-"号填列)	20	0.00	0.00
二、营业利润(亏损以"-"号填列)	21	331 386.51	27 615.54
加:营业外收入	22	100 000.00	12 500.00
其中:政府补助	23	0.00	0.00
减:营业外支出	24	0.00	0.00
其中:坏账损失	25	0.00	0.00
无法收回的长期债券投资损失	26	0.00	0.00
无法收回的长期股权投资损失	27	0.00	0.00
自然灾害等不可抗力因素造成的损失	28	0.00	0.00
税收滞纳金	29	0.00	0.00
三、利润总额(亏损总额以"-"号填列)	30	431 386.51	40 115.54

资料3:

(1)王勇,独生子女,已婚,儿子3周岁,正在就读江南幼儿园,2022年8月父母刚满61周岁,2021年6月王勇与爱人于丽娜购买了位于杭州市滨江区的首套住宅,目前正在还款中,子女教育和住房贷款利息均由王勇一人扣除。

(2)王勇无综合所得,每月按照国家规定缴纳基本养老保险1 000元,失业保险100元,基本医疗保险200元,住房公积金2 000元,合计3 300元。

(3)2024年5月20日王勇以企业资金通过山东省济南市公益事业基金会(纳税人识别号:913322086043000120)向公益性青少年活动场所捐赠现金10 000元,捐赠证书号411000293467。

(三)业务资料二

要求:假设2023年内已预缴个税0元,请在2024年3月31日财务人员为出资人进行2023年的个人所得税经营所得年度汇算清缴。

资料1:

力洁洗车行2023年利润表如表5-16所示。

表5-16　力洁洗车行2023年利润表

项　　目	行次	本年累计金额/元	本月发生额/元
一、营业收入	1	1 680 000.00	963 376.67
减:营业成本	2	630 000.00	192 675.33
税金及附加	3	70 000.00	2 619.48
其中:消费税	4	0.00	0.00
营业税	5	0.00	0.00
城市维护建设税	6	0.00	0.00

续表

项　目	行次	本年累计金额/元	本月发生额/元
资源税	7	0.00	0.00
土地增值税	8	0.00	0.00
城镇土地使用税、房产税、车船税、印花税	9	0.00	0.00
教育费附加、矿产资源补偿费、排污费	10	0.00	0.00
销售费用	11	310 000.00	211 942.87
其中:商品维修费	12	0.00	0.00
广告费和业务宣传费	13	0.00	0.00
管理费用	14	150 000.00	20 000.00
其中:开办费	15	0.00	0.00
业务招待费	16	0.00	0.00
研究费用	17	0.00	0.00
财务费用	18	−30 000.00	−2 500.00
其中:利息费用(收入以"−"号填列)	19	0.00	0.00
加:投资收益(损失以"−"号填列)	20	0.00	0.00
二、营业利润(亏损以"−"号填列)	21	550 000.00	538 638.99
加:营业外收入	22	0.00	0.00
其中:政府补助	23	0.00	0.00
减:营业外支出	24	170 000.00	170 000.00
其中:坏账损失	25	0.00	0.00
无法收回的长期债券投资损失	26	0.00	0.00
无法收回的长期股权投资损失	27	0.00	0.00
自然灾害等不可抗力因素造成的损失	28	0.00	0.00
税收滞纳金	29	0.00	0.00
三、利润总额(亏损总额以"−"号填列)	30	380 000.00	368 638.99

资料2:

(1) 王勇,独生子女,已婚,儿子3周岁,正在就读江南幼儿园,2022年8月父母刚满61周岁,2021年6月王勇与爱人于丽娜购买了位于杭州市滨江区的首套住宅,目前正在还款中,子女教育和住房贷款利息均由王勇一人扣除。

(2) 王勇每月按照国家规定缴纳基本养老保险1 000元,失业保险100元,基本医疗保险200元,住房公积金2 000元,合计3 300元。

(3) 2023年王勇的收入主要源于洗车行收入,全年共发放王勇个人工资300 000元。无综合所得。

(4) 2022年发生亏损60 000元。

(5) 以下费用均在利润总额已经列支,具体明细如下。

① 2023 年 12 月 20 日王勇以企业资金通过山东省济南市公益事业基金会(纳税人识别号:913322086043000120)向公益性青少年活动场所捐赠现金 100 000 元,捐赠证书号 311000292822。

② 通过非金融机构取得 300 000 元拆借资金,全年利息支出 20 000 元,银行同期同类型贷款利率 5.1%。

③ 对萧山图书馆赞助支出 50 000 元。

④ 因处理污水不规范被环保局处罚 20 000 元。

⑤ 投资人王勇缴纳工会经费 4 000 元,发生职工教育经费 10 000 元,职工福利费 30 000 元。

(6) 以下费用均在利润总额已经列支,具体明细如下。

① 发生业务招待费 86 000 元。

② 公交车投放广告费 300 000 元。

③ 儿子兴趣班费用 24 400 元。

2022 年全市月平均工资为 5 600 元。

(7) 2023 年王勇取得国债利息收入 50 000 元,已经计入财务费用。

项目 6　非居民个人税款的计算与申报

项目描述

本项目主要学习非居民个人各项所得应纳税额的计算,非居民个人各项所得申报表的填报及税款缴纳。本项目学习的难点是非居民个人工资、薪金收入额的计算,非居民个人数月奖金税款的计算。

本项目内容思维导图如图 6-1 所示。

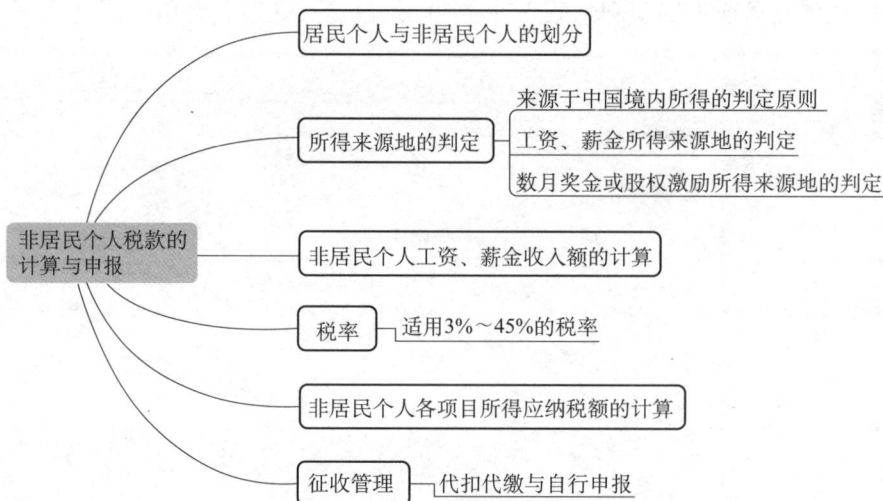

图 6-1　项目 6 内容思维导图

任务 6.1　非居民个人各类所得应纳税额的计算

知识提升

(1) 了解居民个人和非居民个人的判定标准。

(2) 熟悉非居民工资、薪金所得应税收入额的计算。

(3) 掌握非居民正常工资、薪金所得,数月奖金所得,劳务报酬所得,稿酬所得,财产租赁所得,财产转让所得,利息股息红利所得,特许权使用费所得,偶然所得等所得项目应纳税额的计算。

能力提升

(1) 能够熟练计算非居民工资、薪金所得应税收入额。

(2) 能正确计算非居民各项目所得的应纳税额。

素养提升

个人所得税是社会主义市场经济下一项重要的税收制度,也是国家财政收入的重要来源之一。伏尔泰曾说:"税收上的任何特权都是不公平的。"通过以正确的态度和方法深入学习个人所得税制度,能够增强自我税收意识和责任感。

案例情景

(一) 纳税人基础信息

纳税人名称:杭州十一分杂志社(上市公司)

纳税人识别号:913376152016111855

所属行业:新闻出版业

纳税人资格:一般纳税人

企税核定类型:查账征收

登记日期:2018 年 6 月 20 日

经济性质:有限公司

会计准则:企业会计准则(一般企业)

开户银行及账号:中国农业银行杭州闻堰支行 19082011540311089

注册地址及电话号码:杭州市萧山区宁围街道 94 号 0571-88845570

生产经营地址:杭州市萧山区时代大道 158 号 0571-82291103

生产经营范围:出版期刊;广告设计、制作及发布;社会经济咨询;营销策划等。

(二) 业务资料

(1) 外籍个人马歇尔(性别:男;出生日期:1989-09-11;在中国境内无住所,非高管,证照类型:外国护照;证照号码:Y140257;国籍:英国;出生国家:英国;任职受雇从业类型:雇员;手机号码:15609112323;任职受雇从业日期:2023-11-10;首次入境时间:2023-11-09;预计离境时间:2024-02-02;涉税事由:任职受雇)受英国其任职的某机构委托来到中国的杭州十一分杂志社工作。2024 年 1 月,杭州十一分杂志社向马歇尔支付工资折合人民币 60 000 元,同时其所在外国机构支付其工资折合人民币 80 000 元。2024 年 1 月境内工作天数为 22.5 天(公历天数 31 天)。

(2) 外籍个人艾瑞克(性别:男;出生日期:1986-11-14;在中国境内无住所,非高管,证照类型:外国护照;证照号码:F421006;国籍:法国;出生国家:法国;任职受雇从业类型:雇员;

手机号码:18830132711;任职受雇从业日期:2023-08-15;首次入境时间:2023-08-14;预计离境时间:2024-04-20;涉税事由:任职受雇)在境外某机构工作,2023 年 8 月 14 日来到中国杭州十一分杂志社进行工作指导。2024 年 1 月,杭州十一分杂志社支付工资 15 000 元,境外单位支付工资折合人民币 45 000 元。2024 年 1 月境内工作天数为 10 天(公历天数 31 天)。

同时,2024 年 1 月取得 2023 年第四季度(公历天数 92 天)奖金 80 000 元,对应境内工作天数为 46 天。该笔奖金分别由境内公司杭州十一分杂志社、境外公司各支付一半。

外籍个人艾瑞克 2023 年、2024 年在中国境内居住时间均超过 90 天但不满 183 天。

(3) 2024 年 1 月杭州十一分杂志社外聘非居民纳税人朴嘉熙(国籍:韩国;证照类型:外国护照;证照号码:H113008;性别:男;出生日期:1992-03-23;出生国家:韩国;任职受雇从业类型:其他;涉税事由:提供临时劳务)作为其审稿人员,支付其报酬 18 800 元。

(4) 2024 年 1 月非居民纳税人高恩雅(国籍:韩国;证照类型:外国护照;证照号码:H881546;性别:女;出生日期:1991-08-17;出生国家:韩国;任职受雇从业类型:其他;涉税事由:其他)在杭州十一分杂志社出版了一本书籍,一次性取得稿酬收入 46 000 元。

(5) 2024 年 1 月非居民纳税人戴森(国籍:美国;证照类型:外国护照;证照号码:M721105;性别:男;出生日期:1986-06-20;出生国家:美国;任职受雇从业类型:其他;涉税事由:其他)将自己的一辆汽车租赁给杭州十一分杂志社用于打广告,租赁期限为 7 天,戴森取得租赁所得 7 000 元。

(6) 2024 年 1 月非居民纳税人艾伦(国籍:英国;证照类型:外国护照;证照号码:Y461715;性别:男;出生日期:1988-05-11;出生国家:英国;任职受雇从业类型:其他;涉税事由:转让财产)将其一件收藏品拍卖给了杭州十一分杂志社,取得收入 50 000 元,但艾伦不能提供合法、完整、准确的收藏品财产原值凭证。

(7) 2024 年 1 月,非居民纳税人姬娜(国籍:英国;证照类型:外国护照;证照号码:Y774512;性别:女;出生日期:1988-05-18;出生国家:英国;任职受雇从业类型:其他;涉税事由:其他)从杭州十一分杂志社取得股息所得 12 000 元,该上市公司股票是姬娜 2023 年 12 月从公开市场购买。

(8) 2024 年 1 月,非居民纳税人赤坂丽(国籍:日本;证照类型:外国护照;证照号码:R303712;性别:女;出生日期:1985-12-12;出生国家:日本;任职受雇从业类型:其他;涉税事由:其他)将其拥有的一项专利技术提供给杭州十一分杂志社使用,收取使用费 50 000 元。

(9) 2024 年 1 月,非居民纳税人金俊秀(国籍:韩国;证照类型:外国护照;证照号码:H931776;性别:男;出生日期:1992-03-27;出生国家:韩国;任职受雇从业类型:其他;涉税事由:其他)在杭州十一分杂志社发起的推广活动中,随机抽奖获得 500 元的网络红包,该红包可直接提现。

业务要求

(1) 2024 年 1 月非居民个人马歇尔的工资、薪金所得应纳税额的计算。

(2) 2024 年 1 月非居民个人艾瑞克的工资、薪金所得应纳税额的计算。

(3) 2024 年 1 月非居民个人艾瑞克的数月奖金所得应纳税额的计算。

(4) 2024 年 1 月非居民个人朴嘉熙的劳务报酬所得应纳税额的计算。

（5）2024 年 1 月非居民个人高恩雅的稿酬所得应纳税额的计算。

（6）2024 年 1 月非居民个人戴森的财产租赁所得应纳税额的计算。

（7）2024 年 1 月非居民个人艾伦的财产转让所得应纳税额的计算。

（8）2024 年 1 月非居民个人姬娜的利息、股息、红利所得应纳税额的计算。

（9）2024 年 1 月非居民个人赤坂丽的特许权使用费所得应纳税额的计算。

（10）2024 年 1 月非居民个人金俊秀的偶然所得应纳税额的计算。

知识储备

一、非居民个人

非居民个人是指在中国境内无住所又不居住，或者无住所而一个纳税年度内在中国境内居住累计不满 183 天的个人。无住所个人一个纳税年度内在中国境内累计居住天数，按照个人在中国境内累计停留的天数计算。在中国境内停留的当天满 24 小时的，计入中国境内居住天数，在中国境内停留的当天不足 24 小时的，不计入中国境内居住天数。一个纳税年度，自公历 1 月 1 日起至 12 月 31 日止。

二、非居民个人所得适用税率表

非居民个人所得税税率如表 6-1 所示。

表 6-1　非居民个人所得税税率

（非居民个人工资、薪金所得，劳务报酬所得，稿酬所得，特许权使用费所得适用）

级数	月度应纳税所得额	税率/%	速算扣除数/元
1	不超过 3 000 元的	3	0
2	超过 3 000 元至 12 000 元的部分	10	210
3	超过 12 000 元至 25 000 元的部分	20	1 410
4	超过 25 000 元至 35 000 元的部分	25	2 660
5	超过 35 000 元至 55 000 元的部分	30	4 410
6	超过 55 000 元至 80 000 元的部分	35	7 160
7	超过 80 000 元的部分	45	15 160

三、非居民个人工资、薪金所得应纳税额计算

（1）非居民个人的工资、薪金所得，以每月收入额减除费用 5 000 元后的余额为应纳税所得额：

非居民个人工资、薪金所得应纳税额＝应纳税所得额×税率－速算扣除数

注意：非居民个人不享受专项扣除、专项附加扣除和其他费用的扣除。

非居民个人发生的公益捐赠支出,未超过其在公益捐赠支出发生的当月应纳税所得额30%的部分,可以从其应纳税所得额中扣除。

非居民个人取得工资、薪金所得的纳税义务如表6-2所示。

表6-2 非居民个人取得工资、薪金所得的纳税义务

居住时间	纳税人	境 内 所 得		境 外 所 得	
		境内支付	境外支付	境内支付	境外支付
90日以内	非居民个人	征税	免税	不征税	不征税
90~183日	非居民个人	征税	征税	不征税	不征税

(2)非居民个人一个月内取得数月奖金,不与当月其他工资、薪金合并,按6个月分摊计税,不减除费用,适用月度税率表计算应纳税额,在一个公历年度内,对每一个非居民个人,该计税办法只允许适用一次。计算公式如下:

当月数月奖金应纳税额=(数月奖金收入额÷6×适用税率-速算扣除数)×6

(3)非居民个人一个月内取得股权激励所得,不与当月其他工资、薪金合并,按6个月分摊计税(一个公历年度内的股权激励所得应合并计算),不减除费用,适用月度税率表计算应纳税额,计算公式如下:

当月股权激励所得应纳税额=(本公历年度内股权激励所得合计额÷6×适用税率
-速算扣除数)×6-本公历年度内股权激励所得已纳税额

(4)非居民个人取得来源于境内的劳务报酬所得、稿酬所得、特许权使用费所得,以税法规定的每次收入额为应纳税所得额,适用月度税率表计算应纳税额。

四、关于工资、薪金所得来源地的规定

个人取得归属于中国境内(以下称境内)工作期间的工资、薪金所得为来源于境内的工资、薪金所得。境内工作期间按照个人在境内工作天数计算,包括其在境内的实际工作日以及境内工作期间在境内、境外享受的公休假、个人休假、接受培训的天数。在境内、境外单位同时担任职务或者仅在境外单位任职的个人,在境内停留的当天不足24小时的,按照半天计算境内工作天数。无住所个人在境内、境外单位同时担任职务或者仅在境外单位任职,且当期同时在境内、境外工作的,按照工资、薪金所属境内、境外工作天数占当期公历天数的比例计算确定来源于境内、境外工资、薪金所得的收入额。境外工作天数按照当期公历天数减去当期境内工作天数计算。

五、不论支付地点是否在中国境内,均为来源于中国境内的所得

(1)因任职、受雇、履约等而在中国境内提供劳务取得的所得。
(2)将财产出租给承租人在中国境内使用而取得的所得。
(3)转让中国境内的建筑物、土地使用权等财产或者在中国境内转让其他财产取得的所得。
(4)许可各种特许权在中国境内使用而取得的所得。

（5）从中国境内的公司、企业以及其他经济组织或者个人取得的利息、股息、红利所得。

六、关于数月奖金以及股权激励所得来源地的规定

数月奖金是指一次取得归属于数月的奖金、年终加薪、分红等工资、薪金所得，不包括每月固定发放的奖金及一次性发放的数月工资。股权激励包括股票期权、股权期权、限制性股票、股票增值权、股权奖励以及其他因认购股票等有价证券而从雇主取得的折扣或者补贴。

无住所个人取得的数月奖金或者股权激励所得按照规定确定所得来源地的，无住所个人在境内履职或者执行职务时收到的数月奖金或者股权激励所得，归属于境外工作期间的部分，为来源于境外的工资、薪金所得；无住所个人停止在境内履约或者执行职务离境后收到的数月奖金或者股权激励所得，对属于境内工作期间的部分，为来源于境内的工资、薪金所得。具体计算方法为：数月奖金或者股权激励乘数月奖金或者股权激励所属工作期间境内工作天数与所属工作期间公历天数之比。

无住所个人一个月内取得的境内外数月奖金或者股权激励包含归属于不同期间的多笔所得的，应当先分别按照规定计算不同归属期间来源于境内的所得，然后加总计算当月来源于境内的数月奖金或者股权激励收入额。

七、非居民个人扣缴方法

扣缴义务人向非居民个人支付工资、薪金所得，劳务报酬所得，稿酬所得和特许权使用费所得时，应当按以下方法按月或者按次代扣代缴个人所得税：非居民个人的工资、薪金所得，以每月收入额减除费用 5 000 元后的余额为应纳税所得额；劳务报酬所得、稿酬所得、特许权使用费所得，以每次收入额为应纳税所得额，适用按月换算后的非居民个人月度税率表计算应纳税额。其中，劳务报酬所得、稿酬所得、特许权使用费所得以收入减除 20% 的费用后的余额为收入额。稿酬所得的收入额减按 70% 计算。

非居民个人工资、薪金所得、劳务报酬所得、稿酬所得、特许权使用费所得应纳税额 ＝应纳税所得额×税率－速算扣除数

八、非居民个人劳务报酬所得应纳税额计算

劳务报酬所得属于一次性收入的，以取得该项收入为一次；属于同一项目连续性收入的，以一个月内取得的收入为一次。

劳务报酬所得应纳税额＝每次收入×（1－20%）×税率－速算扣除数

九、工资、薪金所得和劳务报酬所得的区别

在实际操作过程中，可能出现难以判定一项所得是属于工资、薪金所得，还是属于劳务报酬所得的情况。这两者的区别在于：工资、薪金所得是属于非独立个人劳务活动，即在机关、团体、学校、部队、企业、事业单位及其他组织中任职、受雇而得到的报酬；而劳务报酬所

得,则是个人独立从事各种技艺、提供各项劳务取得的报酬。

注意:个人由于担任董事职务所取得的董事费收入,属于劳务报酬所得性质,按照劳务报酬所得项目征收个人所得税,但仅适用于个人担任公司董事、监事,且不在公司任职、受雇的情形。个人在公司(包括关联公司)任职、受雇,同时兼任董事、监事的,应将董事费、监事费与个人工资收入合并,统一按工资、薪金所得项目缴纳个人所得税。

十、稿酬所得的计税比劳务报酬所得更加优惠

稿酬所得是指个人因其作品以图书、报刊形式出版、发表而取得的所得。将稿酬所得独立划归一个征税项目,而对不以图书、报刊形式出版、发表的翻译、审稿、书画所得归为劳务报酬所得,主要是考虑了出版、发表作品的特殊性。第一,它是一种依靠较高智力创作的精神产品;第二,它具有普遍性;第三,它与社会主义精神文明和物质文明密切相关;第四,它的报酬相对偏低。因此,稿酬所得应当与一般劳务报酬相区别,并给予适当优惠照顾。

十一、非居民个人稿酬所得应纳税额计算

稿酬所得以每次出版、发表取得的收入为一次。扣缴义务人向非居民个人支付稿酬所得时,应当按以下方法按次代扣代缴个人所得税:非居民个人的稿酬所得以每次收入额为应纳税所得额,适用按月换算后的非居民个人月度税率表(见表6-1)计算应纳税额。其中稿酬所得以收入减除20%的费用后的余额为收入额。稿酬所得的收入额减按70%计算。

非居民个人稿酬所得应纳税所得额=每次收入×(1-20%)×70%

非居民个人稿酬所得应纳税额=应纳税所得额×税率-速算扣除数

十二、财产租赁所得

财产租赁所得是指个人出租不动产、机器设备、车船以及其他财产取得的所得。

十三、非居民个人财产租赁所得应纳税额计算

财产租赁所得,适用20%的比例税率。

(1) 每次(月)收入不超过4 000元:

应纳税所得额=每次(月)收入额-准予扣除项目-修缮费用-800

(2) 每次(月)收入超过4 000元:

应纳税所得额=[每次(月)收入额-准予扣除项目-修缮费用]×(1-20%)

应纳税额=应纳税所得额×20%

十四、财产租赁收入确认期间

《中华人民共和国个人所得税法》第十二条规定:"纳税人取得利息、股息、红利所得,财产

租赁所得,财产转让所得和偶然所得,按月或者按次计算个人所得税,有扣缴义务人的,由扣缴义务人按月或者按次代扣代缴税款。"财产租赁所得,以一个月内取得的收入为一次。

(1) 一个月收取一年的租金,算一次收入,实务中税务机关放宽口径按照每月收入为一次。

(2) 每个月收取租金,每月算一次收入。

(3) 不同租赁标的物(如出租两套房),分别算次数。

十五、非居民个人财产转让所得应纳税额计算

1. 财产拍卖所得及回流文物拍卖所得

$$应纳税额＝(收入总额－财产原值－合理费用)×适用税率$$

注意:纳税人如不能提供合法、完整、准确的财产原值凭证,不能正确计算财产原值的,按转让收入额的 3% 征收率计算缴纳个人所得税;拍卖品为经文物部门认定是海外回流文物的,按转让收入额的 2% 征收率计算缴纳个人所得税。

2. 股权转让所得(适用税率 20%)

$$应纳税额＝(收入总额－财产原值－合理费用)×20\%$$

3. 其他财产转让所得(适用税率 20%)

$$应纳税额＝(收入总额－财产原值－合理费用)×20\%$$

十六、财产原值

1. 财产拍卖中财产原值

财产原值是指售出方个人取得该拍卖品的价格(以合法有效凭证为准)。具体为:

(1) 通过商店、画廊等途径购买的,为购买该拍卖品时实际支付的价款。

(2) 通过拍卖行拍得的,为拍得该拍卖品实际支付的价款及交纳的相关税费。

(3) 通过祖传收藏的,为其收藏该拍卖品而发生的费用。

(4) 通过赠送取得的,为其受赠该拍卖品时发生的相关税费。

(5) 通过其他形式取得的,参照以上原则确定财产原值。

2. 个人转让股权的原值的确认方法

(1) 以现金出资方式取得的股权,按照实际支付的价款与取得股权直接相关的合理税费之和确认股权原值。

(2) 以非货币性资产出资方式取得的股权,按照税务机关认可或核定的投资入股时非货币性资产价格与取得股权直接相关的合理税费之和确认股权原值。

(3) 通过无偿让渡方式取得股权,属于配偶、父母、子女、祖父母、外祖父母、孙子女、外孙子女、兄弟姐妹以及对转让人承担直接抚养或者赡养义务的抚养人或者赡养人情形的,按取得股权发生的合理税费与原持有人的股权原值之和确认股权原值。

(4) 被投资企业以资本公积、盈余公积、未分配利润转增股本,个人股东已依法缴纳个人所得税的,以转增额和相关税费之和确认其新转增股本的股权原值。

(5) 除以上情形外,由主管税务机关按照避免重复征收个人所得税的原则合理确认股

权原值。

十七、利息、股息、红利所得应纳税额计算

非居民个人利息、股息、红利所得应纳税额＝每次收入额×20％

注意：利息、股息、红利所得，以支付利息、股息、红利时取得的收入为一次。

十八、关于派发红股的征税问题

利息、股息、红利所得实行源泉扣缴的征收方式，其扣缴义务人应是直接向纳税义务人支付利息、股息、红利的单位。

十九、非居民个人特许权使用费所得应纳税额计算

非居民个人的特许权使用费所得，以每次收入额为应纳税所得额，适用个人所得税税率计算应纳税额。特许权使用费所得以收入减除20％的费用后的余额为收入额。

非居民个人特许权使用费所得应纳税额＝每次收入×（1－20％）×适用税率
－速算扣除数

二十、准予扣除捐赠额的限额为收入额的多少

非居民个人发生的公益捐赠支出，未超过其在公益捐赠支出发生的当月应纳税所得额30％的部分，可以从其应纳税所得额中扣除。扣除不完的公益捐赠支出，可以在经营所得中继续扣除。国务院规定对公益捐赠全额税前扣除的，按照规定执行。个人同时发生按30％扣除和全额扣除的公益捐赠支出，自行选择扣除次序。

二十一、非居民个人偶然所得应纳税额计算

偶然所得以每次取得该项收入为一次。

非居民个人偶然所得应纳税额＝每次收入额×20％

二十二、免税的偶然所得

（1）个人取得单张有奖发票奖金所得不超过800元的（含800元），暂免征收个人所得税；超过800元的，应全额按"偶然所得"项目征收个人所得税。

（2）对个人购买福利彩票、体育彩票，一次中奖收入在1万元以下的（含1万元）暂免征收个人所得税；超过1万元的，全额征收个人所得税。

（3）个人举报、协查各种违法、犯罪行为而获得的奖金，暂免征收个人所得税。

业务实施

1. 2024 年 1 月非居民个人马歇尔工资、薪金所得应纳税额的计算

马歇尔工资、薪金应纳税额＝（每月收入－5 000－准予扣除的公益慈善事业捐赠额）

$$×适用税率－速算扣除数$$
$$=[(60\ 000+80\ 000)×60\ 000÷(60\ 000+80\ 000)$$
$$×22.5÷31－5\ 000]×30\%－4\ 410$$
$$=(43\ 548.39－5\ 000)×30\%－4\ 410＝7\ 154.52（元）$$

点拨：非居民个人（非高管）一个纳税年度内境内居住累计不超过 90 天（工资、薪金）。

政策依据：根据《财政部　税务总局关于非居民个人和无住所居民个人有关个人所得税政策的公告》(2019 年第 35 号)第二条第一项规定,在一个纳税年度内,在境内累计居住不超过 90 天的非居民个人,仅就归属于境内工作期间并由境内雇主支付或者负担的工资、薪金所得计算缴纳个人所得税。当月工资、薪金收入额的计算公式如下:

当月工资、薪金收入额＝当月境内外工资、薪金总额×当月境内支付工资、薪金数额

$$÷当月境内外工资、薪金总额×\frac{当月工资、薪金所属工作}{期间境内工作天数}$$

$$÷当月工资、薪金所属工作期间公历天数$$

公式中当月境内外工资、薪金包含归属于不同期间的多笔工资、薪金的,应当先分别按照规定计算不同归属期间工资、薪金收入额,然后再加总计算当月工资、薪金收入额。

2. 2024 年 1 月非居民个人艾瑞克工资、薪金所得应纳税额的计算

艾瑞克工资、薪金应纳税额＝（每月收入－5 000－准予扣除的公益慈善事业捐赠额）

$$×适用税率－速算扣除数$$
$$=[(15\ 000+45\ 000)×10÷31－5\ 000]×20\%－1\ 410＝1\ 460.97（元）$$

点拨：非居民个人（非高管）一个纳税年度内境内居住累计超过 90 天不满 183 天的处理（工资、薪金）。

政策依据：根据《财政部　税务总局关于非居民个人和无住所居民个人有关个人所得税政策的公告》(2019 年第 35 号)第二条第一项规定,在一个纳税年度内,在境内累计居住超过 90 天但不满 183 天的非居民个人,取得归属于境内工作期间的工资、薪金所得,均应当计算缴纳个人所得税;其取得归属于境外工作期间的工资、薪金所得,不征收个人所得税。当月工资、薪金收入额的计算公式如下:

当月工资、薪金收入额＝当月境内外工资、薪金总额

$$×当月工资、薪金所属工作期间境内工作天数$$
$$÷当月工资、薪金所属工作期间公历天数$$

3. 2024 年 1 月非居民个人艾瑞克数月奖金所得应纳税额的计算

艾瑞克数月奖金应纳税额＝（40 000÷6×10%－210）×6＝2 740（元）

点拨：无住所个人数月奖金。

政策依据：根据《财政部　税务总局关于非居民个人和无住所居民个人有关个人所得税政策的公告》(2019 年第 35 号)第三条第二项规定,非居民个人 1 个月内取得数月奖金,单独按照规定计算当月收入额,不与当月其他工资、薪金合并,按 6 个月分摊计税,不减除费用,适用月度税率表计算应纳税额,在一个公历年度内,对每一个非居民个人,该计税办法只

允许适用一次。计算公式如下：

当月数月奖金应纳税额＝（数月奖金收入额÷6×适用税率－速算扣除数）×6

$$来源于境内的工资、薪金所得＝数月奖金或股权激励×\frac{数月奖金或股权激励所属工作期间境内工作天数}{所属工作期间公历天数}$$

$$＝80\ 000×47÷94＝40\ 000（元）$$

4. 2024年1月非居民个人朴嘉熙劳务报酬所得应纳税额的计算

$$朴嘉熙应纳税额＝18\ 800×（1－20\%）×20\%－1\ 410＝1\ 598（元）$$

点拨：劳务报酬所得属于一次性收入的，以取得该项收入为一次；属于同一项目连续性收入的，以一个月内取得的收入为一次。

劳务报酬所得应纳税额＝每次收入×（1－20％）×税率－速算扣除数

5. 2024年1月非居民个人高恩雅稿酬所得应纳税额的计算

$$高恩雅稿酬所得应纳税额＝（收入－费用）×70\%×税率－速算扣除数$$

$$＝（46\ 000－46\ 000×20\%）×70\%×25\%－2\ 660＝3\ 780（元）$$

点拨：非居民个人的稿酬所得以每次收入额为应纳税所得额，适用按月换算后的非居民个人月度税率表计算应纳税额。其中稿酬所得以收入减除20％的费用后的余额为收入额。稿酬所得的收入额减按70％计算。

非居民个人稿酬所得应纳税所得额＝每次收入×（1－20％）×70％

非居民个人稿酬所得应纳税所得额＝应纳税所得额×税率－速算扣除数

6. 2024年1月非居民个人戴森财产租赁所得应纳税额的计算

$$戴森财产租赁所得应纳税额＝7\ 000×（1－20\%）×20\%＝1\ 120（元）$$

点拨：财产租赁所得适用20％的比例税率。

（1）每次（月）收入不超过4 000元：

应纳税所得额＝每次（月）收入额－准予扣除项目－修缮费用－800元

（2）每次（月）收入超过4 000元：

应纳税所得额＝［每次（月）收入额－准予扣除项目－修缮费用］×（1－20％）

应纳税额＝应纳税所得额×20％

7. 2024年1月非居民个人艾伦财产转让所得应纳税额的计算

$$艾伦财产转让所得应纳税额＝50\ 000×3\%＝1\ 500（元）$$

点拨：

（1）财产拍卖所得及回流文物拍卖所得。

应纳税额＝（收入总额－财产原值－合理费用）×适用税率

注意：纳税人如不能提供合法、完整、准确的财产原值凭证，不能正确计算财产原值的，按转让收入额的3％征收率计算缴纳个人所得税；拍卖品为经文物部门认定是海外回流文物的，按转让收入额的2％征收率计算缴纳个人所得税。

（2）股权转让所得（适用税率20％）。

应纳税额＝（收入总额－财产原值－合理费用）×20％

（3）其他财产转让所得（适用税率20％）。

应纳税额＝（收入总额－财产原值－合理费用）×20％

8. 2024年1月非居民个人姬娜利息、股息、红利所得应纳税额的计算

$$姬娜利息、股息、红利所得应纳税额＝12\ 000×50\%×20\%＝1\ 200（元）$$

点拨：

（1）根据《国家税务总局关于印发〈征收个人所得税若干问题的规定〉的通知》（国税发〔1994〕89 号）文件第十一条规定，股份制企业在分配股息、红利时，以股票形式向股东个人支付应得的股息、红利（即派发红股），应以派发红股的股票票面金额为收入额，按利息、股息、红利项目计征个人所得税。

（2）特别规定。

① "储蓄存款利息"所得暂免征收个人所得税。

② "国债和国家发行的金融债券"利息免税。

③ 个人从公开发行和转让市场取得的"上市公司股票"取得的股息。

持股期限≤1 个月：全额；1 个月＜持股期限≤1 年：减按 50％计入应纳税所得额；持股期限＞1 年：免征。

④ 个人持有"上市公司限售股"，解禁前取得的股息红利，减按 50％计入应纳税所得额。

根据案例资料，姬娜的持股期限大于 1 个月，小于或等 1 年，减按 50％计入应纳税所得额。

9. 2024 年 1 月非居民个人赤坂丽特许权使用费所得应纳税额的计算

$$赤坂丽特许权使用费所得应纳税额＝[50\,000×(1-20\%)]×30\%-4\,410$$
$$=7\,590(元)$$

点拨： 非居民个人的特许权使用费所得以每次收入额为应纳税所得额，适用个人所得税税率计算应纳税额。特许权使用费所得以收入减除 20％的费用后的余额为收入额。

$$非居民个人特许权使用费所得应纳税额＝每次收入×(1-20\%)×适用税率$$
$$-速算扣除数$$

10. 2024 年 1 月非居民个人金俊秀偶然所得应纳税额的计算

$$金俊秀抽奖获得的 500 元网络红包应纳税额＝500×20\%＝100(元)$$

点拨： 偶然所得以每次取得该项收入为一次。

$$非居民个人偶然所得应纳税额＝每次收入额×20\%$$

任务 6.2　非居民个人各类所得的纳税申报

知识提升

（1）了解非居民个人各类所得的内容。

（2）熟悉非居民个人各类所得申报的流程。

（3）掌握非居民个人各类所得申报表的填报、更正、作废、导出及税款的缴纳。

能力提升

（1）能够熟练完成自然人税收管理系统中非居民人员正常工资、薪金所得，数月奖金所得，劳务报酬所得，稿酬所得，财产租赁所得，财产转让所得，利息、股息、红利所得，特许权使用费所得，偶然所得信息的填报，同时正确填报各类减免事项、个人股东股权转让信息、准予扣除的捐赠信息。

（2）能够熟练完成非居民个人各类所得申报表的填报、更正、作废、导出及税款的缴纳。

素养提升

强化爱国主义、集体主义观念，培养积极参与国家建设和维护社会公共利益的意识。同时，培养纪律观念，加强税法知识和实践操作技能的学习，提高自身综合素质。

案例情景

杭州十一分杂志社是一家上市公司，为一般纳税人，杭州十一分杂志社2024年1月相关业务详情见任务1业务资料。

业务要求

（1）完成2024年1月非居民个人马歇尔的工资、薪金所得申报与缴纳。
（2）完成2024年1月非居民个人艾瑞克的工资、薪金所得申报与缴纳。
（3）完成2024年1月非居民个人艾瑞克的数月奖金所得申报与缴纳。
（4）完成2024年1月非居民个人朴嘉熙的劳务报酬所得申报与缴纳。
（5）完成2024年1月非居民个人高恩雅的稿酬所得申报与缴纳。
（6）完成2024年1月非居民个人戴森的财产租赁所得申报与缴纳。
（7）完成2024年1月非居民个人艾伦的财产转让所得申报与缴纳。
（8）完成2024年1月非居民个人姬娜的利息、股息、红利所得申报与缴纳。
（9）完成2024年1月非居民个人赤坂丽的特许权使用费所得申报与缴纳。
（10）完成2024年1月非居民个人金俊秀的偶然所得申报与缴纳。

知识储备

一、代扣代缴与自行申报

非居民个人取得来源于中国境内的工资、薪金所得，劳务报酬所得，稿酬所得和特许权使用费所得，由扣缴义务人按月或者按次扣缴税款，不办理汇算清缴。非居民个人取得经营所得以外的其他分类所得的，以所得人为纳税义务人，以支付所得的单位或者个人为扣缴义务人。

无住所居民个人取得的综合所得，按年计算个人所得税。有扣缴义务人的，由扣缴义务人按月或按次预扣预缴税款，年度汇算清缴，税款多退少补。

二、非居民个人所得税自行申报规定

（1）非居民个人所得税自行申报的情形包括：从中国境内取得应税所得没有扣缴义务人的；从中国境内取得应税所得，扣缴义务人未扣缴税款的；从中国境内两处或两处以上取

得工资、薪金所得的;国务院规定的其他情形。

（2）非居民个人取得工资、薪金所得,劳务报酬所得,稿酬所得,特许权使用费所得,扣缴义务人未扣缴税款的,应当在取得所得的次年6月30日前,向扣缴义务人所在地主管税务机关办理纳税申报。有两个以上扣缴义务人均未扣缴税款的,选择向其中一处扣缴义务人所在地主管税务机关办理纳税申报。

（3）非居民个人在中国境内从两处以上取得工资、薪金所得的,应当在取得所得的次月15日内,向其中一处任职、受雇单位所在地主管税务机关办理纳税申报。非居民个人取得利息、股息、红利所得,财产租赁所得,财产转让所得和偶然所得的,扣缴义务人未扣缴税款的,应当在取得所得的次年6月30日前,按相关规定向主管税务机关办理纳税申报。税务机关通知限期缴纳的,纳税人应当按照期限缴纳税款。

（4）非居民个人在次年6月30日前离境（临时离境除外）的,应当在离境前办理纳税申报。

（5）符合税收优惠条件的纳税人,在减税、免税期间,应按规定办理纳税申报,填写申报表及其附表上的优惠栏目。

业务实施

（1）人员信息采集。单击"人员信息采集",单击"境外人员",单击"添加"按钮可以进行单个人员信息采集,单击"导入"按钮进行模板下载可以进行批量人员信息采集。人员信息填写完毕,审核无误后单击"报送"按钮,单击"获取反馈"。单击人员信息采集中"更多操作"按钮可进行人员信息批量修改及隐藏非正常人员,如图6-2所示。

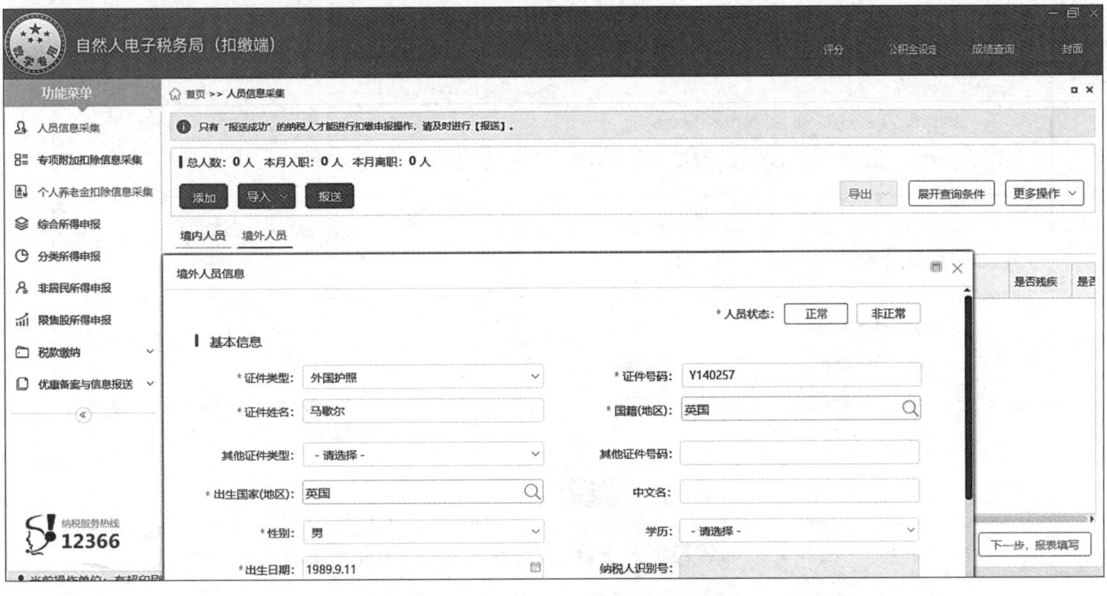

图6-2　"非居民个人信息"填写界面

（2）填写非居民个人马歇尔正常工资、薪金所得相关信息,填完后单击"保存"按钮,如图6-3所示。

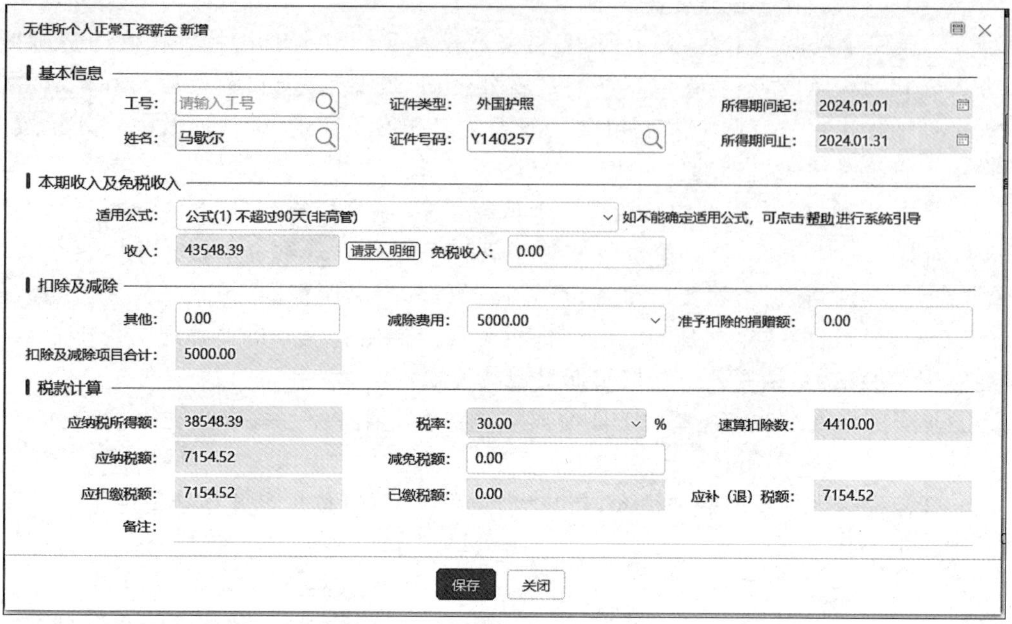

图 6-3 "非居民个人正常工资、薪金所得"填写界面(1)

（3）填写非居民个人艾瑞克正常工资、薪金所得相关信息，填完后单击"保存"按钮，如图 6-4 所示。

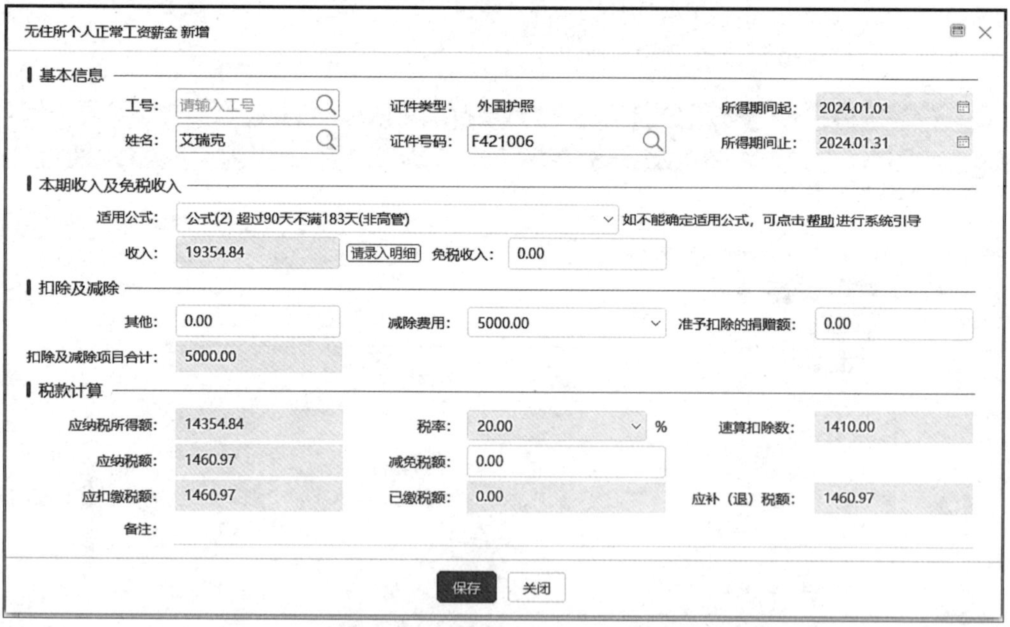

图 6-4 "非居民个人正常工资、薪金所得"填写界面(2)

（4）填写非居民个人艾瑞克数月奖金所得相关信息，填完后单击"保存"按钮，如图 6-5 所示。

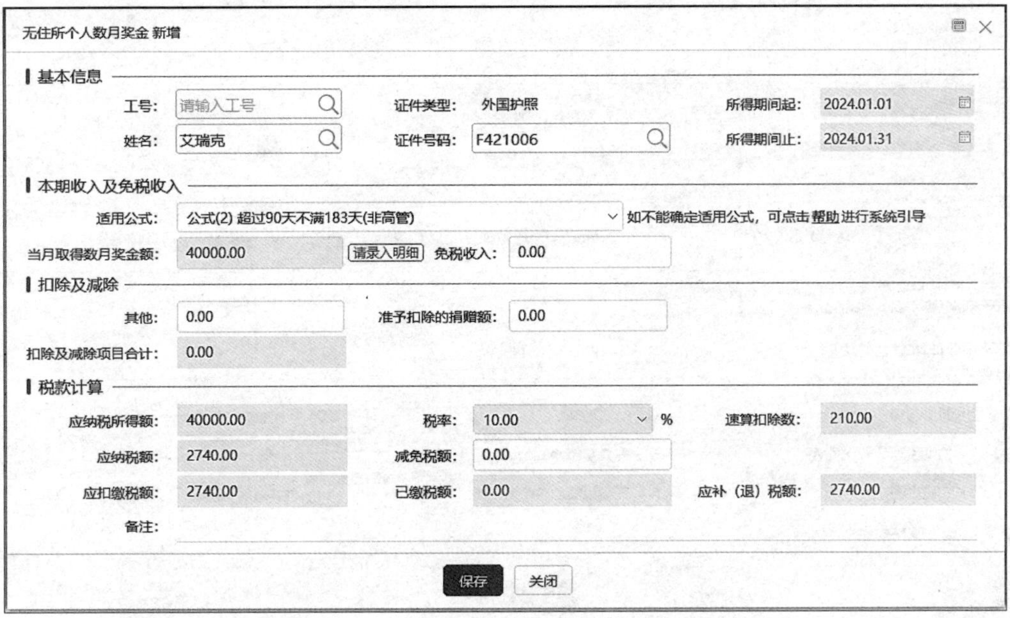

图 6-5　"非居民个人数月奖金所得"填写界面

（5）填写非居民个人朴嘉熙劳务报酬所得信息，填完后单击"保存"按钮，如图 6-6 所示。

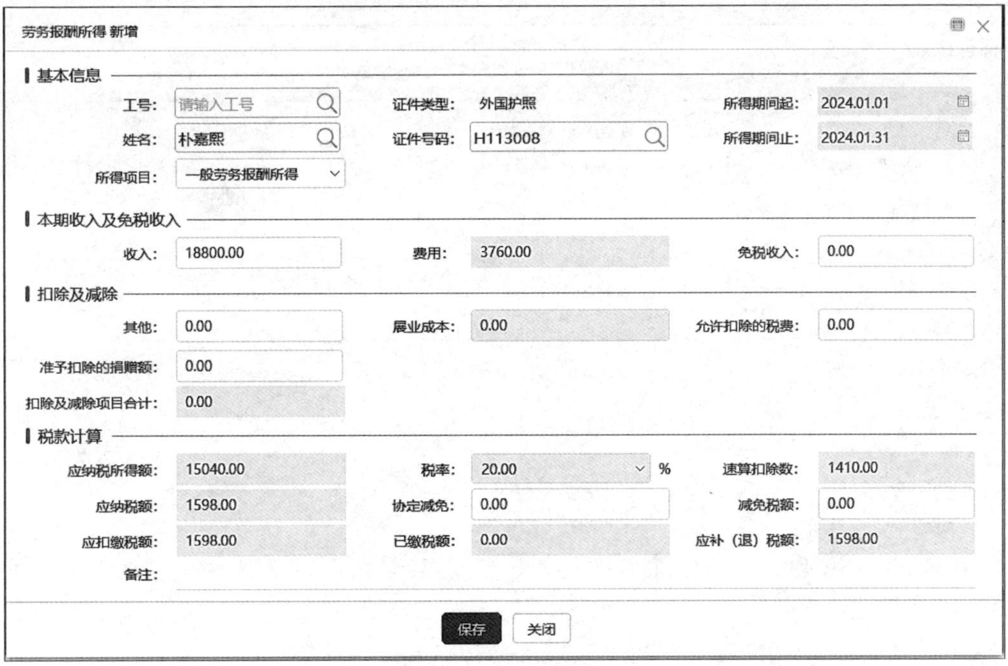

图 6-6　"非居民个人劳务报酬所得"填写界面

（6）填写非居民个人高恩雅稿酬所得信息，填完后单击"保存"按钮，如图 6-7 所示。

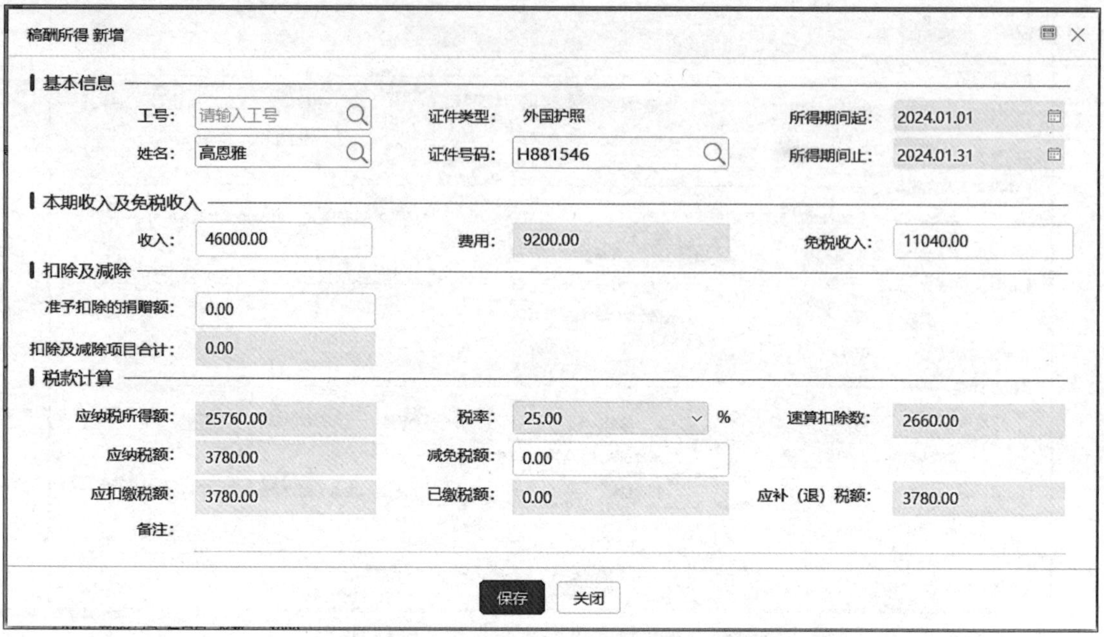

图 6-7 "非居民个人稿酬所得"填写界面

（7）填写非居民个人戴森财产租赁所得信息，填完后单击"保存"按钮，如图 6-8 所示。

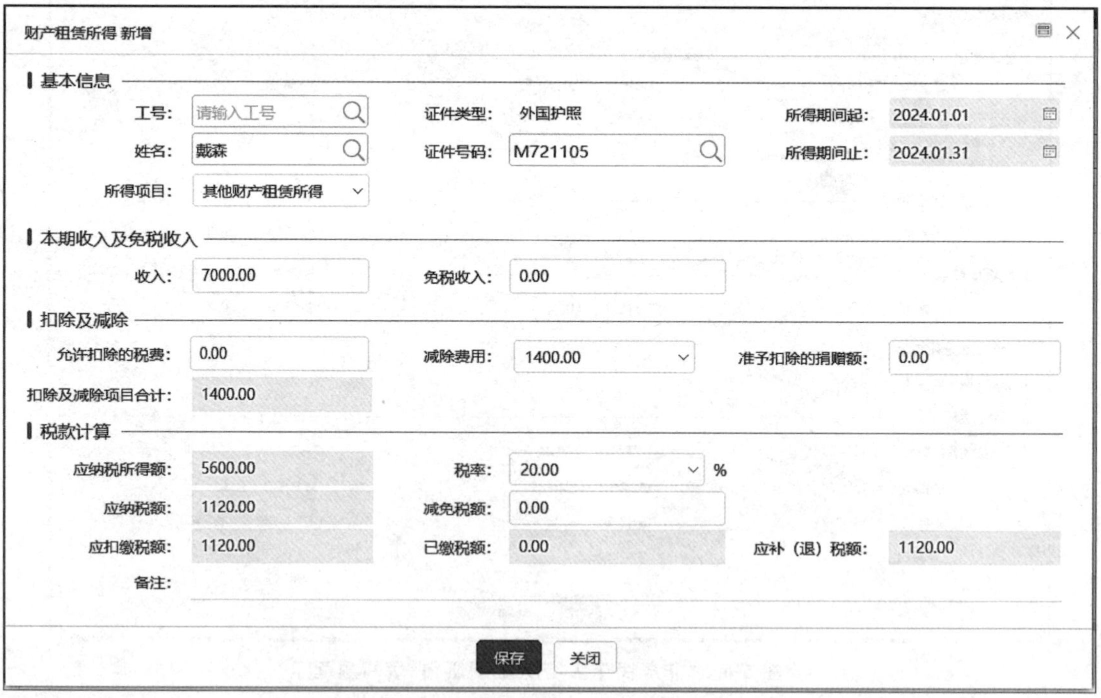

图 6-8 "非居民个人财产租赁所得"填写界面

（8）填写非居民个人艾伦财产转让所得信息，填完后单击"保存"按钮，如图 6-9 所示。

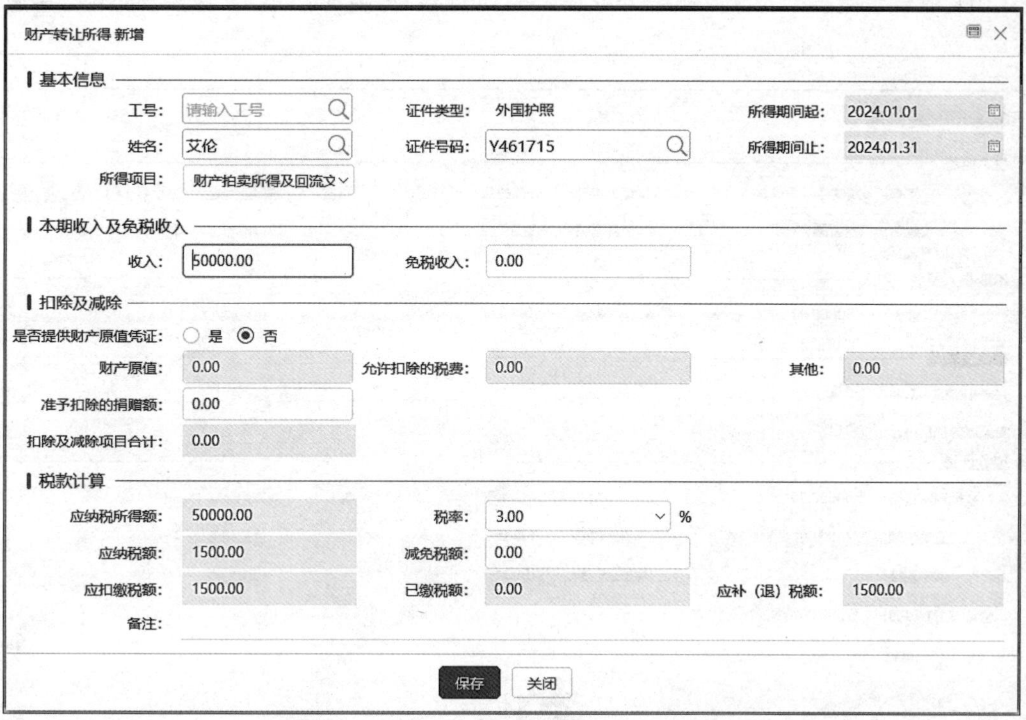

图 6-9 "非居民个人财产转让所得"填写界面

（9）填写非居民个人姬娜利息、股息、红利所得信息，填完后单击"保存"按钮，如图 6-10 所示。

图 6-10 "非居民个人利息、股息、红利所得"填写界面

（10）填写非居民个人赤坂丽特许权使用费所得信息，填完后单击"保存"按钮，如图 6-11 所示。

图 6-11 "非居民个人特许权使用费所得"填写界面

（11）填写非居民个人金俊秀偶然所得信息，填完后单击"保存"按钮，如图 6-12 所示。

图 6-12 "非居民个人偶然所得"填写界面

　　（12）附表资料填写。若非居民所得申报表中填写了"减免税额"的须填写减免事项附表，填写了"实际捐赠额"的须填写准予扣除的捐赠附表，填写了"股权转让所得"的须填写个人股东股权转让信息表，如图 6-13 所示。

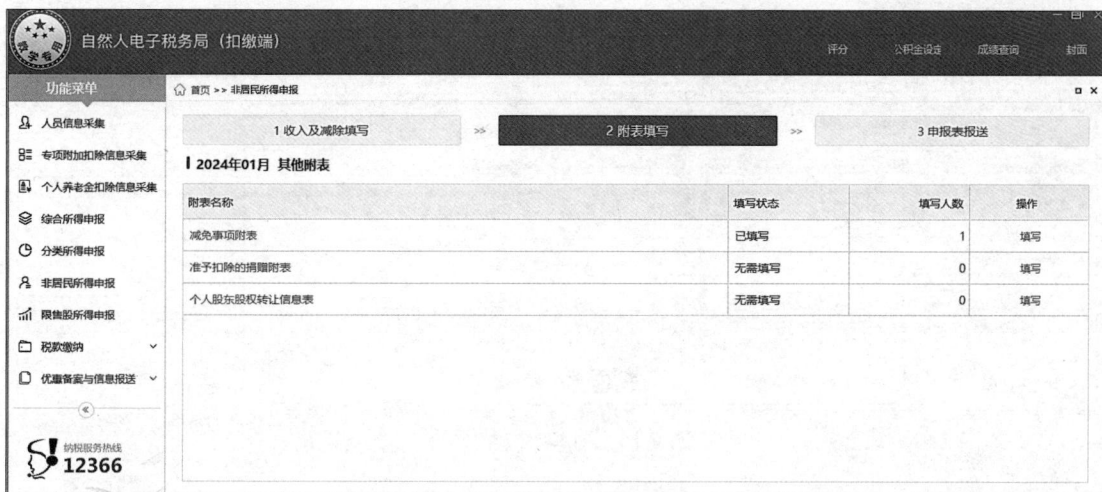

图 6-13　"附表填写"界面

　　（13）申报表报送。非居民个人的当期收入总额、应纳税额、应补退税额事项会自动生成，审核申报人数、应纳税额等信息，如果准确无误，则单击"发送申报"按钮，然后获取反馈，完成个人所得申报，若有错误可通过"更正申报"进行处理，若已获取反馈则需进行申报作废操作，如图 6-14 所示。

图 6-14　"申报表报送"界面

　　（14）缴纳税款。申报成功后，单击"税款缴纳"，进行三方协议缴款，单击"立即缴税"按钮，完成缴纳税款，如图 6-15 所示。

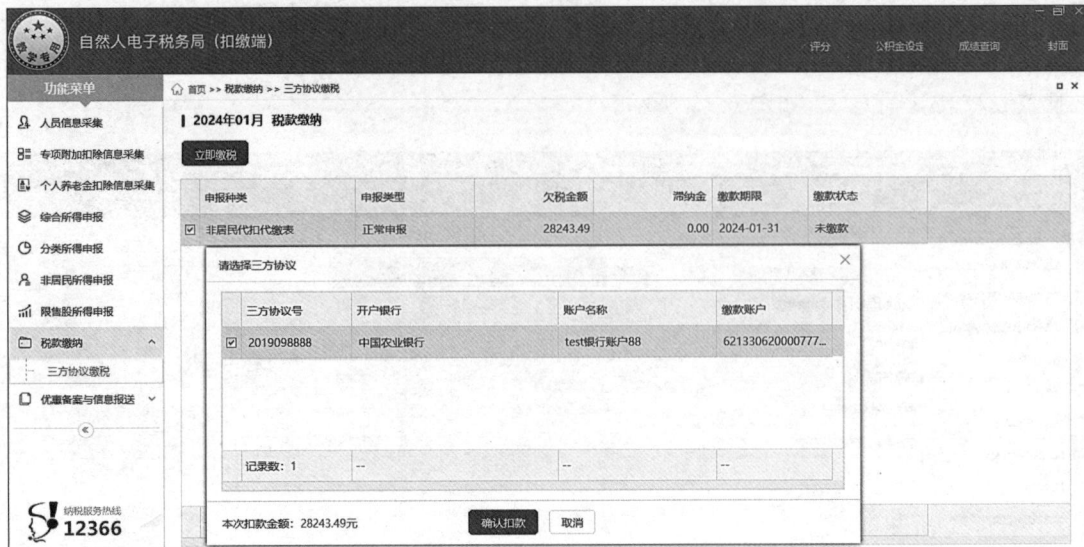

图 6-15 "税款缴纳"界面

实战演练

一、单选题

1. 德国人威尔，属于中国的非居民个人，当月由德国总公司派遣到中国工作，5月取得A公司支付的劳务报酬 2 000 元。威尔当月应交个税（　　）元。

    A. 20　　　　　　　　B. 60　　　　　　　　C. 48　　　　　　　　D. 16.8

2. 非居民个人出租设备取得的所得，要视设备的（　　）来确定是否缴纳个税。

    A. 购买地　　　　　　　　　　　　B. 使用地

    C. 注册地　　　　　　　　　　　　D. 设备制造地

3. 非居民个人在境外转让境内企业的股份取得的所得，属于来源于中国境内的所得，应按照（　　）项目计算缴纳个人所得税。

    A. 经营所得　　　　　　　　　　　B. 财产转让所得

    C. 财产租赁所得　　　　　　　　　D. 偶然所得

4. 无住所个人计算工资、薪金所得的应税收入额时，对于在一个纳税年度内，在境内累计居住超过 90 天但不满 183 天的非居民个人，以下计算方式正确的是（　　）。

    A. 当月工资、薪金收入额＝当月境内外工资、薪金总额×（1－当月境外支付工资、薪金总额÷当月境内外工资、薪金总额×当月工资、薪金所属工作期间境外工作天数÷当月工资、薪金所属工作期间公历天数）

    B. 当月工资、薪金收入额＝当月境内外工资、薪金总额×当月工资、薪金所属工作期间境内工作天数÷当月工资、薪金所属工作期间公历天数

    C. 当月工资、薪金收入额＝当月境内外工资、薪金总额×当月境内支付工资、薪金总额÷当月境内外工资、薪金总额×当月工资、薪金所属工作期间境内工作天数÷当月工资、薪金所属工作期间公历天数

D. 当月工资、薪金收入额＝当月境内外工资、薪金总额×当月境内支付工资、薪金总额÷当月境内外工资、薪金总额×当月工资、薪金所属工作期间境外工作天数÷当月工资、薪金所属工作期间公历天数

5. 下列个人中,属于非居民个人的是(　　　)。

A. 在中国境内有住所的甲

B. 在中国境内无住所,于 2019 年 9 月 1 日入境、2020 年 3 月 31 日离境的乙

C. 在中国境内无住所,于 2019 年 3 月 1 日入境、2019 年 10 月 31 日离境的丙

D. 在中国境内无住所,于 2019 年 2 月 1 日入境、2019 年 10 月 31 日离境,期间 5 月 1 日回国探亲、5 月 20 日返回的丁

二、多选题

1. 非居民个人的(　　　)所得,以每次收入额为应纳税所得额。

A. 劳务报酬所得　　　　　　　　B. 工资、薪金所得

C. 稿酬所得　　　　　　　　　　D. 特许权使用费所得

2. 在中国境内无住所而在一个纳税年度中在中国境内连续或累计居住不超过 90 天的非居民纳税人(非高级管理人员),其来源于中国境内、境外的工资、薪金所得,下列说法正确的有(　　　)。

A. 境内所得境内支付的部分纳税

B. 境内所得境外支付的部分免税

C. 境内所得境外支付的部分纳税

D. 境外所得境内、境外支付的部分均不纳税

三、判断题

1. 外籍人员从外商投资企业取得的股息、红利所得免征个人所得税。(　　　)

2. 外籍个人都是非居民个人。(　　　)

3. 非居民纳税人赵某,每周去闪亮酒吧演唱 2 次,其应以 1 个月内取得的所得为 1 次,按照"工资、薪金所得"项目缴纳个人所得税。(　　　)

四、综合实训题

(一)纳税人基础信息

纳税人名称:浙江创威科技有限公司

统一社会信用代码:91330266252652 3433

公司成立时间:2008 年 6 月 1 日

法人代表名称:高威

开户银行及账号:中国工商银行解放路支行 1202033180436213987

地址及电话:浙江省杭州市上城区解放路 88 号 0571-83126588

注册类型:有限公司

会计主管:李玲

适用的会计准则:企业会计准则(一般企业)

会计核算软件:亿企代账

记账本位币:人民币

会计政策和估计是否发生变化:否

固定资产折旧方法:年限平均法

存货成本计价方法:先进先出法

经营范围:计算机软硬件、电子商务技术的技术开发、技术服务、技术咨询、成果转让。(依法须经批准的项目,经相关部门批准后方可开展经营活动)

(二)业务资料

浙江创威科技有限公司现有境外人员 3 名,财务人员李玲计算并发放员工的工资、薪金,以及扣缴个人所得税。

要求:请进行税款所属期为 2023 年 8 月境外人员个人所得税扣缴申报。

资料:

(1)Ben(性别:男;出生日期:1990-12-06;在中国境内无住所,非高管,证照类型:外国护照;证照号码:W83892034;国籍:美国;出生国家:美国;任职受雇从业类型:雇员;手机号码:15109112393;任职受雇从业日期:2023-06-08;首次入境时间:2023-06-07;预计离境时间:2023-09-02;涉税事由:任职受雇)在中国境内无住所,2023 年在境内外同时任职,预计 2023 年在境内居住时间不超过 90 天,2023 年 8 月 Ben 境内工作天数 20 天(公历天数 31 天),取得境内浙江创威科技有限公司支付的工资、薪金 30 000 元人民币,取得境外支付的工资、薪金 20 000 元人民币。

(2)法国居民 Leo(性别:男;出生日期:1983-04-13;在中国境内无住所,非高管,证照类型:外国护照;证照号码:F23426863;国籍:法国;出生国家:法国;任职受雇从业类型:雇员;手机号码:13588650764;任职受雇从业日期:2023-05-11;首次入境时间:2023-05-10;预计离境时间:2023-10-10;涉税事由:任职受雇)在中国境内无住所,2023 年在境内外同时任职,于 2023 年 5 月 11 日来华任浙江创威科技有限公司的技术部经理,预计 2023 年在境内居住时间超过 90 天但不满 183 天,2023 年 8 月 Leo 在境内工作天数 22 天(公历天数 31 天),取得境内浙江创威科技有限公司支付的工资、薪金 30 000 元人民币,取得境外支付的工资、薪金 28 000 元人民币,Leo 在 2023 年 8 月同时取得 2023 年第二季度奖金 20 万元(公历天数 91 天),对应境内工作时间为 51 天,奖金由境内外公司各支付一半。

(3)2023 年 8 月 Cary(性别:女;出生日期:1986-10-12;在中国境内无住所,证照类型:外国护照;证照号码:H09232253;国籍:美国;出生国家:美国;任职受雇从业类型:其他;首次入境时间:2023-07-10;预计离境时间:2023-09-10;涉税事由:提供临时劳务)用业余时间为浙江创威科技有限公司提供技术咨询服务,取得收入 40 000 元。

参 考 答 案

项目1 【实战演练】

一、单选题

1.【答案】D

2.【答案】D

【解析】居民个人是指在中国境内有住所或者无住所而一个纳税年度内在中国境内居住累计满183天的个人。在本题中,汤姆、杰瑞和佩奇2023年度在中国境内居住的时间均累计不满183天,为非居民个人。

3.【答案】D

【解析】选项A,属于利息、股息、红利所得,并享受免税优惠;选项B,属于财产租赁所得;选项C,属于偶然所得。

4.【答案】D

【解析】个人取得特许权的经济赔偿收入,应按"特许权使用费所得"缴纳个人所得税。

5.【答案】C

【解析】不属于工资、薪金性质的补贴、津贴,不征收个人所得税,包括:①独生子女补贴;②托儿补助费;③差旅费津贴、误餐补助;④执行公务员工资制度未纳入基本工资总额的补贴、津贴差额和家属成员的副食补贴。

二、多选题

1.【答案】BCD

【解析】选项A,我国现行税收法律制度不采用全额累进税率。

2.【答案】ABCD

3.【答案】BCD

【解析】各类"公司"均属于法人型企业,属于企业所得税纳税人,选项A不正确。

4.【答案】ACD

【解析】选项ACD,应按"劳务报酬所得"项目缴纳个人所得税。选项B,应按"特许权使用费所得"项目缴纳个人所得税。

5.【答案】BC

【解析】

(1)"工资、薪金所得"着重强调"任职、受雇",因此发生的董事费、监事费等收入若是在公司任职则为"工资、薪金所得",若是不在公司任职则为"劳务报酬所得"。

(2)除报社、杂志社的记者、编辑外,其他人出版、发表作品都按稿酬所得计税。

三、判断题

1.【答案】错误

【解析】在中国境内无住所而一个纳税年度内在中国境内居住累计不满183天的个人,为非居民个人。在本题中,田中先生2024年度在中国境内居住时间不足183天,为非居民个人。

2.【答案】错误

【解析】虽然在境外工作,但李某(住所地在中国)仍属于我国个人所得税居民个人,应当就其从中国境内和境外取得的所得向中国政府履行全面纳税义务。

3.【答案】错误

【解析】题干所述为"免征额"。起征点是征税对象的数额没有达到规定起征点的不征税;达到或超过起征点的,就其"全部数额"征税。税法规定的免征额是对纳税对象中免于征税的数额,即对纳税对象中的一部分给予减免,只就减除后剩余的部分计征税款。

4.【答案】错误

【解析】达到或超过起征点的,就其全部数额征税。

5.【答案】错误

【解析】个人"出版、发表"画作取得的所得,应按"稿酬所得"项目计缴个人所得税。

项目2 【实战演练】

一、单选题

1.【答案】D

【解析】稿酬所得以收入减除费用后的余额为收入额(每次收入不超过4 000元的,减除费用按800元计算)。同时稿酬所得的收入额减按70%计算,因此该项稿酬所得预扣预缴的应纳税所得额为(1 000−800)×70%=140(元)。

2.【答案】A

【解析】计算李某2023年综合所得的应纳税所得额时,专项扣除项目金额=(2 200+1 500)×12=44 400(元)。

3.【答案】A

【解析】计算"财产租赁所得"的应纳税所得额时,允许从每次收入额中减除的项目仅限于(转租除外):

(1)财产租赁过程中缴纳的税费;

(2)由纳税人负担的租赁财产实际开支的修缮费用(800元为限);

(3)法定扣除项目(800元或20%)。

4.【答案】D

【解析】"修缮费1200元"最高扣800元,排除选项B、C;每次收入超过4 000元,应适用公式每次(月)收入>4 000元:应纳税所得额=[每次(月)收入额−财产租赁过程中缴纳的税费−由纳税人负担的租赁财产实际开支的修缮费用(800元为限)]×(1−20%),则应纳税所得额=(8 000−360−800)×(1−20%);应纳税额=应纳税所得额×税率=(8 000−360−800)×(1−20%)×10%,选项A错误,选项D正确。

5.【答案】C

二、多选题

1.【答案】ACD

【解析】个人将其所得通过中国境内的公益性社会组织、国家机关向教育、扶贫、济困等公益慈善事业的捐赠,捐赠额不超过纳税人申报的应纳税所得额30％的部分,可以从其应纳税所得额中扣除,准予税前全额扣除的公益性捐赠支出有:①向红十字事业的捐赠;②向农村义务教育的捐赠;③向公益性青少年活动场所的捐赠;④向福利性、非营利性老年服务机构的捐赠,以及通过特定基金会用于公益救济性的捐赠。

2.【答案】BD

【解析】准予税前全额扣除的公益性捐赠支出有:

(1)向红十字事业的捐赠;

(2)向农村义务教育的捐赠;

(3)向公益性青少年活动场所的捐赠;

(4)向福利性、非营利性老年服务机构的捐赠,以及通过特定基金会用于公益救济性的捐赠。

3.【答案】CD

【解析】选项 A、B 属于专项扣除。

4.【答案】AD

【解析】选项 B,纳税人的子女接受全日制学历教育的相关支出,按照每个子女每月2 000 元的标准定额扣除。选项 C,专项附加扣除是指《中华人民共和国个人所得税法》规定的 3 岁以下婴幼儿照护、子女教育、继续教育、大病医疗、住房贷款利息、住房租金、赡养老人7 项专项附加扣除。

5.【答案】BCD

三、判断题

1.【答案】错误

【解析】个人所得税赡养老人专项附加扣除是指纳税人赡养年满 60 岁以上父母以及子女均已去世的祖父母、外祖父母的赡养支出。

2.【答案】错误

【解析】劳务报酬所得每次收入＜4 000 元,费用扣除额为 800 元;每次收入≥4 000 元,为收入的 20％;本次收入 5 000 元,减除费用为 5 000×20％＝1 000(元)。

3.【答案】错误

【解析】同一学历(学位)继续教育的扣除期限不能超过 48 个月(4 年)。

4.【答案】错误

【解析】子女教育按照每个子女每月 2 000 元的标准定额扣除。

5.【答案】正确

项目 3　【实战演练】

综合实训题

项目名称	特殊业务处理
	业务处理说明
姚强的专项附加扣除	1. 子女教育专项附加扣除：纳税人的子女接受全日制学历教育的相关支出，2023 年 1 月 1 日起，纳税人可以按照每个子女每月 2 000 元的标准定额扣除。学历教育包括义务教育（小学、初中教育）、高中阶段教育（普通高中、中等职业、技工教育）、高等教育（大学专科、大学本科、硕士研究生、博士研究生教育），具体扣除方式由一个纳税年度内不能变更。父母可以选择由其中一方按扣除标准的 100% 扣除，也可以选择由双方分别按扣除标准的 50% 扣除。因此，姚强 2024 年每月可以享受的子女教育专项附加扣除为 2 000 元。 2. 住房贷款利息专项附加扣除：只有纳税人本人或者其配偶购买中国境内住房，发生首套住房贷款利息支出可以扣除。本例中，父母所购房屋是为子女购买的，不符合上述规定，不可以享受住房贷款利息扣除。 3. 赡养老人专项附加扣除：赡养老人专项附加扣除标准，由每月 2 000 元提高到 3 000 元。其中，独生子女按照每月 3 000 元的标准扣除；非独生子女与兄弟姐妹分摊每月 3 000 元的扣除额度，每人分摊的额度不能超过每月 1 500 元。上述调整后的扣除金额为 3 000 元。 姚强的父亲 2024 年已 66 周岁，且姚强为独生子。因此，姚强 2024 年每月可以享受的赡养老人专项附加扣除按照 3 000 元定额扣除。赡养老人专项附加扣除自 2023 年 1 月 1 日起实施。
姜甜的专项附加扣除	1. 住房租金专项附加扣除：住房租金专项附加扣除按照以下标准定额扣除：直辖市、省会城市、计划单列市以及国务院确定的其他城市，扣除标准为每月 1 500 元。 住房租金支出由租赁合同的承租人扣除。因此，合租租房的个人（非夫妻关系），若都与出租方签署了规范租房合同，可根据租金定额标准各自扣除。扣除时间为租赁合同（协议）约定租房合同，所以两个人均可扣除。因此，姜甜每月扣除的住房租金专项附加扣除自租赁期开始的当月至租赁期结束的当月。姜甜与他人合租，但两人都与出租方签署了租房合同，所以姜甜 2024 年每月扣除的住房租金专项附加扣除为 1 500 元。 2. 继续教育专项附加扣除：纳税人在中国境内接受学历（学位）继续教育的支出，在学历（学位）教育期间按照每月 400 元定额扣除。同一学历（学位）继续教育的扣除期限不能超过 48 个月。因此，姜甜 2024 年每月可扣除继续教育专项附加金额为 400 元。

续表

项 目 名 称	业 务 处 理 说 明
	个人办理内部退养手续从原任职单位取得一次性补贴收入，不属纳入综合所得进行年度汇算。计税时，按照办理内部退养手续至法定离退休年龄之间的所属月份平均进行查找税率，计算税额，再减除当月工资收入应找税额，即为该项补贴收入应纳税额。 发放一次性补贴收入当月取得的工资收入，仍需要并入综合所得计算税。在年终汇算时，正常按照税法规定扣除基本减除费用。 举例：李南2024年每月取得工资8 000元。2024年3月办理了内部退养手续，从单位取得了一次性内部退养收入30万元。李南离正式退休时间还有24个月，假定李南2024年度没有其他所得，如何计算李南应缴纳的个人所得税？
李南内部退养补贴	1. 李南离正式退休时间还有24个月，平均分摊一次性收入300 000÷24=12 500（元）； 2. 125 000元与当月工资8 000元合并，减除当月费用扣除标准5 000元，以其余额为基数确定使用税率和速算扣除数（12 500＋8 000）−5 000=15 500（元），应适用税率20%，速算扣除数1 410。 3. 将当月工资8 000元加上当月取得的一次性收入300 000元，减去费用扣除标准5 000元，计算税款（8 000＋300 000−5 000）×20%−1 410=59 190（元）； 模拟计算当月工资应缴纳的税款:(8 000−5 000)×3%=90（元）； 李南内部退养应缴纳的税款为59 190−90=59 100（元）。
姚强以企业资金为父亲购买住房	符合以下情形的房屋或其他财产，不论所有权人是否将财产无偿或有偿交付企业使用，其实质均为企业对个人进行了实物性质的分配，应依法计征个人所得税。①企业出资购买房屋及其他财产，将所有权登记为投资者个人、投资者家庭其他成员或企业其他人员；②企业投资者个人、投资者家庭成员或企业其他人员向企业借款用于购买房屋及其他财产，将所有权登记为投资者、投资者家庭其他成员，且借款年度终了后未归还借款的。 对个人独资企业、合伙企业的个人投资者或其家庭成员取得的上述所得，视为企业对个人投资者的利润分配，按照个体工商户的生产、经营所得项目计征个人所得税；对除个人独资企业、合伙企业以外其他企业的个人投资者或其家庭成员取得的上述所得，视为企业对个人投资者红利分配，按照利息、股息、红利所得项目计征个人所得税；对企业其他人员取得的上述所得，按照工资、薪金所得项目计征个人所得税。 因此，应按股息、红利对姚强征税。
姜甜的汽车使用费	个人在汽车上做广告取得的所得，属于个人出租自有财产取得的所得，按照财产租赁所得，每次收入不超过4 000元的，减除费用800元，4 000元以上的，减除20%的费用，其余额为应纳税所得额。财产租赁所得个人所得税，税率为20%。 个税=900 000×20%=180 000（元）。

续表

项目名称	业务处理说明
陈澜转让商品房	个人转让自用5年以上，并且是家庭唯一生活用房，取得的所得免征个人所得税；个人转让购入不满5年或家庭非唯一住房，以其转让收入额减除财产原值、转让住房过程中缴纳的税金和合理费用后的余额为应纳税所得额，按财产转让所得缴纳个人所得税，税率为20%。陈澜转让房屋个税=(2 000 000-1 500 000-100 000)×20%=80 000(元)
袁翔照片使用费	特许权使用费所得是指个人提供专利权、商标权、著作权、非专利技术以及其他特许权的使用权取得的所得。袁翔特许权使用费个税=10 000×80%×20%=1 600(元)
袁翔编写书籍取得的劳务报酬	由于该收入并非是因其作品以图书、报刊等形式出版、发表而取得的所得，而是完成书稿取得的报酬，因此按劳务报酬缴纳个人所得税。预扣个税=8 000×80%×20%=1 280(元)
吉阿娜的担保收入	个人为单位或他人提供担保获得收入，按照"偶然所得"项目计算缴纳个人所得税

工号	姓名	证件类型	证件号码	本期收入	本期免税收入	基本养老保险费	基本医疗保险费	失业保险费	住房公积金	累计子女教育	累计住房贷款利息	累计住房租金	累计赡养老人	累计3岁以下婴幼儿照护	累计个人养老金	累计继续教育	企业(职业)年金	商业健康保险	税延养老保险	其他	准予扣除的捐赠额	减免税额	减除费用标准	已缴税额	备注
1	姚强	居民身份证	110101*****06079199	50 000	0	375	120	25	2 159	6 000	0	0	9 000	0	0	0	0	0	0	0	0	0	5 000	4 944.2	
2	姜甜	居民身份证	110101*****08076222	20 000	0	375	120	25	2 000	0	0	4 500	0	0	0	1 200	0	0	0	0	0	0	5 000	634.8	
3	陈澜	居民身份证	110101*****03079404	16 000	0	375	120	25	1 600	0	0	0	0	0	0	0	0	0	0	0	0	0	5 000	532.8	
4	李南	居民身份证	110101*****03076472	8 000	0	375	120	25	800	0	0	0	0	0	0	0	0	0	0	0	0	0	5 000	100.8	

工号	姓名	证件类型	证件号码	所得项目	收入	免税收入	减按计税比例	实际捐赠额	捐赠方式	准予扣除的捐赠额	应纳税所得额	税率	应纳税额	减免税额	应扣缴税额	已缴税额	应补(退)税额	备注
1	姚强	居民身份证	110101******06079199	其他利息、股息、红利所得	900 000	0	100%	0	限额扣除	0	900 000	20.00%	180 000	0	180 000	0	180 000	

利息股息红利所得 所得

基础信息

工号: 001　　　证件类型: 居民身份证　　　所得期间起: 2024-03-01

姓名: 姚强　　　证件号码: 1101011980X　　　所得期间止: 2024-03-31

所得项目: 其他利息、股...　　　申报方式: ⊙明细申报 ○汇总申报(如需汇总申报,请先咨询当地税务服务厅进行开通)

本期收入及免税收入

收入: 900000.00　　　免税收入: 0.00

扣除及减免

减按计税比例: 100%　　　捐赠方式: 限额扣除

实际捐赠额: 0.00　　　准予扣除的捐赠额: 0.00

扣除及减免项目合计: 0.00

应纳税额计算

应纳税所得额: 900000.00　　　税率: 20%

应纳税额: 180000.00　　　减免税额: 0.00

应扣缴税额: 180000.00　　　已缴税额: 0.00

应补(退)税额: 180000.00

备注:

保存　取消

工号	姓名	证件类型	证件号码	所得项目	收入	免税收入	允许扣除的税费	减除费用	实际捐赠额	捐赠方式	准予扣除的捐赠额	应纳税所得额	税率	应纳税额	减免税额	应扣缴税额	已缴税额	应补(退)税额	备注
2	姜甜	居民身份证	110101*****08076222	其他财产租赁所得	7 700	0	0	1 540	0	限额扣除	0	6 160	20.00%	1 232	0	1 232	0	1 232	

财产租赁所得 新增

基础信息

工号：002　姓名：姜甜　类别　　证件类型：居民身份证　证件号码：1101011109201　所得项目：其他财产租赁所得　　所得期起：2024-03-01　所得期止：2024-03-31

本期收入及免税收入

收入：7700.00　免税收入：0.00

扣除及减除

允许扣除的税费：0.00　减除费用：1540.00　捐赠方式：限额扣除　准予扣除的捐赠额：0.00
实际捐赠额：0.00
扣除及减除项目合计：1540.00

税款计算

应纳税所得额：6160.00　税率：20%
应纳税额：1232.00　减免税额：0.00
应扣缴税额：1232.00　已缴税额：0.00　应补(退)税额：1232.00

备注：

保存　取消

工号	姓名	证件类型	证件号码	所得项目	收入	免税收入	财产原值	允许扣除的税费	投资抵扣	其他	实际捐赠额	捐赠方式	准予扣除的捐赠额	应纳税所得额	税率	应纳税额	减免税额	应扣缴税额	已缴税额	应补(退)税额	备注
3	陈澜	居民身份证	110101*****03079404	其他财产转让所得	2 000 000	0	1 500 000	100 000	0	0	0	限额扣除	0	400 000	20.00%	80 000	0	80 000	0	80 000	

财产转让所得 所得

所得项目：其他财产转让 ▾

本期收入及免税收入

收入：2000000.00　　免税收入：0.00

扣除及减除

已足额缴纳相关税费：◉ 是

财产原值证：1500000.00　　允许扣除的税费：100000.00　　投资抵扣：0.00

其他：0.00　　税前扣除项目合计：1600000

实际捐赠额：0.00　　捐赠方式：限额扣除 ▾　　准予扣除的捐赠额：0.00

扣除及减除项目合计：1600000.00

税款计算

应纳税所得额：400000.00　　税率：20% ▾

应纳税额：80000.00　　减免税额：0.00

应扣缴税额：80000.00　　已缴税额：0.00　　应补(退)税额：80000.00

备注：

确定　取消

工号	姓名	证件类型	证件号码	收入	费用	免税收入	其他	减免税额	已缴税额	备注
	袁翔	居民身份证	110101******06073117	10 000	2 000	0	0	0	0	

内退一次性补偿金所得

基础信息
工号：004
姓名：李雨
证件类型：居民身份证
证件号码：1101011Q060X
所得期起：2024-03-01
所得期止：2024-03-31
分摊月份数：24
月分摊收入：12500.00
小计：0
已缴税额：0
免税收入：0

本期收入及免税收入
一次性补偿收入：300000
减免税额：0
减除费用：5000

本期其他扣除
其他：0

本期其他
法律法规规定的其他扣除项目额：0
备注：

特许权使用费所得所得

基础信息
工号：
姓名：袁翔
证件类型：居民身份证
证件号码：110101120000
所得期起：2024-03-01
所得期止：2024-03-31
费用：2000.00
免税收入：0

本期收入及免税收入
收入：10000
小计：0

本期其他扣除
其他：0

本期其他
减免税额：0
已缴税额：0
备注：

工号	姓名	证件类型	证件号码	所得项目	收入	费用	免税收入	商业健康保险	税延养老保险	其他	允许扣除的税费	减免税额	已缴税额	备注
	袁翔	居民身份证	110101****06073117	一般劳务报酬所得	8 000	1 600	0	0	0	0	0	0	0	

劳务报酬（一般劳务、其他非雇佣劳务）所得

基础信息
工号：
姓名：袁翔
所得项目：一般劳务报酬

证件类型：居民身份证
证件号码：11010120000▾
所得期间起：2024-03-01
所得期间止：2024-03-31

本期收入及免税收入
收入：8000
费用：1600.00
免税收入：0
其他：0

本期其他扣除
商业健康保险：0
允许扣除的税费：0
税延养老保险：0
小计：0

本期其他
减免税额：0
已缴税额：0
备注：

保存　　取消

项目 4 【实战演练】

一、多选题

1.【答案】AB

【解析】居民个人取得工资、薪金所得,劳务报酬所得,稿酬所得以及特许权使用费所得,称为"综合所得",按纳税年度合并计算个人所得税。

2.【答案】ABCD

【解析】取得综合所得且符合下列情形之一的纳税人,应当依法办理汇算清缴:①从两处以上取得综合所得,且综合所得年收入额减除专项扣除后的余额超过 6 万元;②取得劳务报酬所得、稿酬所得、特许权使用费所得中一项或者多项所得,且综合所得年收入额减除专项扣除的余额超过 6 万元;③纳税年度内预缴税额低于应纳税额;④纳税人申请退税。

3.【答案】AB

【解析】居民个人取得的综合所得,可免于办理汇缴的两种情形:年度综合所得收入不超过 12 万元且需要汇算清缴补税的;年度汇算清缴补税金额不超过 400 元的。存在扣缴义务人未依法预扣预缴税款的情形除外。

二、判断题

【答案】正确

【解析】非居民个人取得工资、薪金所得,劳务报酬所得,稿酬所得和特许权使用费所得,有扣缴义务人的,由扣缴义务人按月或者按次代扣代缴税款,不办理汇算清缴。

项目 5 【实战演练】

一、单选题

1.【答案】A

【解析】个人独资企业的投资者及其家庭发生的生活费用与企业生产经营费用混合在一起,并且难以划分的,全部视为投资者个人及其家庭发生的生活费用,不允许税前扣除。

2.【答案】B

【解析】赞助支出、用于家庭的费用支出、行政罚款在计算个体工商户个人所得税应纳税所得额时不得扣除。

3.【答案】D

【解析】本题考察学员对"高收入的自由职业者如何进行税收筹划"知识点的掌握情况,投资者经营所得适用 5%～35% 的超额累进税率,经营所得的征收方式,分为查账征收和核定征收。

4.【答案】C

【解析】根据《中华人民共和国个人所得税法实施条例》(国令第 707 号)第 15 条第 2 款规定,取得经营所得的个人,没有综合所得的,计算其每一纳税年度的应纳税所得额时,应当减除费用 6 万元、专项扣除、专项附加扣除以及依法确定的其他扣除。

二、多选题

1.【答案】ABD

【解析】选项C,对个人独资企业取得种植业、养殖业、饲养业、捕捞业所得,暂不征收个人所得税。

2.【答案】ABCD

【解析】个体工商户业主、个人独资企业投资者、合伙企业个人合伙人、承包承租经营者个人以及其他从事生产、经营活动的个人取得经营所得,包括以下情形:①个体工商户从事生产、经营活动取得的所得,个人独资企业投资人、合伙企业的个人合伙人来源于境内注册的个人独资企业、合伙企业生产、经营的所得;②个人依法从事办学、医疗、咨询以及其他有偿服务活动取得的所得;③个人对企业、事业单位承包经营、承租经营以及转包、转租取得的所得;④个人从事其他生产、经营活动取得的所得。

3.【答案】ABD

【解析】选项C,个人独资企业支付给环保部门的罚款,不得税前扣除。

4.【答案】BD

【解析】个体工商户业主的工资、薪金所得税前不可以扣除。业务招待费按照实际发生额的60%和收入的5‰孰低原则扣除。

三、判断题

1.【答案】错误

【解析】经营所得,在取得所得的次年3月31日前,向经营管理所在地主管税务机关办理汇算清缴。

2.【答案】正确

3.【答案】正确

【解析】纳税人经营所得预缴申报可通过办税服务厅(场所)、自然人税收管理系统(WEB、扣缴客户端)办理。

4.【答案】错误

【解析】个体工商户、个人独资企业和合伙企业拨缴的工会经费、发生的职工福利费、职工教育经费支出分别在工资、薪金总额2%、14%、2.5%的标准内据实扣除。

四、综合实训题

特殊业务处理

纳税人姓名	特殊业务	业务处理说明
王勇	投资者减除费用、专项扣除、专项附加扣除	政策依据:根据《中华人民共和国个人所得税法实施条例》第十五条第二款规定,取得经营所得的个人,没有综合所得的,计算其每一纳税年度的应纳税所得额时,应当减除费用6万元、专项扣除、专项附加扣除以及依法确定的其他扣除。专项附加扣除在办理汇算清缴时减除

续表

纳税人姓名	特 殊 业 务	业务处理说明
王勇	捐赠支出	在经营所得中扣除公益捐赠支出的,可以选择在预缴税款时扣除,也可以选择在汇算清缴时扣除; 政策依据:企事业单位、社会团体和个人等社会力量,通过非营利性的社会团体和国家机关对公益性青少年活动场所(其中包括新建)的捐赠,税前准予全额扣除; 王勇准予扣除的捐赠额为 10 000 元
	经营所得应纳税额(取得经营所得的个人,没有综合所得的)	经营所得应纳税额=(全年收入总额-成本、费用以及损失-基本减除费用-专项扣除-专项附加扣除-其他扣除-准予扣除的捐赠额)×适用税率-速算扣除数; 专项附加扣除在办理经营所得汇算清缴时减除; 王勇应纳税额=(1 452 598-1 021 211.49-30 000-19 800-10 000)×30%-40 500=70 975.95(元)(1 452 598 元为收入总额;1 021 211.49 元为成本费用总额;30 000 元为投资者减除费用;19 800 元为王勇三险一金金额 3 300/月×6;10 000 元为准予扣除的捐赠额)

个人所得税经营所得纳税申报表(A 表)

税款所属期:2024 年 1 月 1 日—2024 年 6 月 30 日

纳税人姓名	王勇		
纳税人识别号		金额单位:人民币元(列至角分)	
被投资单位信息	名称	力洁洗车行 社会统一信用代码	91130430MA092L1245
征收方式	■查账征收(据实预缴) □查账征收(按上年应纳税所得额预缴) □核定应税所得率征收 □核定应纳税所得额征收 □税务机关认可的其他方式_____		

项　　目	行次	金额/比例
一、收入总额	1	1 452 598.00
二、成本费用	2	1 021 211.49
三、利润总额	3	431 386.51
四、弥补以前年度亏损	4	0.00
五、应税所得率/%	5	10.00
六、合伙企业个人合伙人分配比例/%	6	100.000 0
七、允许扣除的个人费用及其他扣除(7=8+9+14)	7	49 800.00
(一)投资者减除费用	8	30 000.00
(二)专项扣除(9=10+11+12+13)	9	19 800.00
1. 基本养老保险费	10	6 000.00
2. 基本医疗保险费	11	1 200.00

续表

项　目	行次	金额/比例
3. 失业保险费	12	600.00
4. 住房公积金	13	12 000.00
（三）依法确定的其他扣除(14＝15＋16＋17)	14	0.00
1. 商业健康保险	15	0.00
2. 税延养老保险	16	0.00
3. 其他扣除	17	0.00
八、准予扣除的捐赠额	18	10 000.00
九、应纳税所得额	19	371 586.51
十、税率/％	20	30.00
十一、速算扣除数	21	40 500.00
十二、应纳税额(22＝19×20－21)	22	70 975.95
十三、减免税额(附报《个人所得税减免税事项报告表》)	23	0.00
十四、已缴税额	24	0.00
十五、应补/退税额(25＝22－23－24)	25	70 975.95

　　谨声明:此表是根据《中华人民共和国个人所得税法》及有关法律法规规定填写的,是真实的、完整的、可靠的。

纳税人签字:　　　年　月　日

代理机构(人)签章:	主管税务机关受理专用章:
代理机构(人)经办人:	受理人:
执业证件号码:	
代理申报日期:　　年　月　日	受理日期:　　年　月　日

国家税务总局监制

特殊业务处理

纳税人姓名	特殊业务	业务处理说明
王勇	投资者减除费用、专项扣除、专项附加扣除	政策依据:根据《个人所得税法实施条例》第十五条第二款规定,取得经营所得的个人,没有综合所得的,计算其每一纳税年度的应纳税所得额时,应当减除费用6万元、专项扣除、专项附加扣除以及依法确定的其他扣除。专项附加扣除在办理汇算清缴时减除
	投资者工资、薪金扣除	(1) 个体工商户、个人独资企业和合伙企业实际支付给从业人员的、合理的工资、薪金支出,准予扣除; (2) 个体工商户业主、个人独资企业投资者、合伙企业自然人合伙人的工资、薪金支出不得税前扣除

纳税人姓名	特 殊 业 务	业 务 处 理 说 明
王勇	弥补亏损	政策依据:根据《财政部 国家税务总局关于印发〈关于个人独资企业和合伙企业投资者征收个人所得税的规定〉的通知》(财税〔2000〕91号)第14条规定,企业的年度亏损,允许用本企业下一年度的生产经营所得弥补,下一年度所得不足弥补的,允许逐年延续弥补,但最长不得超过5年。所以B表中弥补以前年度亏损的金额为60 000元
	捐赠支出	在经营所得中扣除公益捐赠支出的,可以选择在预缴税款时扣除,也可以选择在汇算清缴时扣除; 政策依据:企事业单位、社会团体和个人等社会力量,通过非营利性的社会团体和国家机关对公益性青少年活动场所(其中包括新建)的捐赠,税前准予全额扣除; 王勇准予扣除的捐赠额为100 000元
	利息支出的扣除	生产经营活动中发生的下列利息支出,准予扣除: (1) 向金融企业借款的利息支出; (2) 向非金融企业和个人借款的利息支出,不超过按照金融企业同期同类贷款利率计算的数额的部分; 按照同期同类型贷款利率5.1%来计算,王勇若向金融企业借款30万元,利息支出＝300 000×5.1%＝15 300(元);而通过非金融机构借款30万元则需要的利息支出为2万元,所以超过规定标准的扣除利息支出金额为4 700元
	赞助支出、罚金、罚款和被没收财物的损失	政策依据:根据《财政部 国家税务总局关于印发〈关于个人独资企业和合伙企业投资者征收个人所得税的规定〉的通知》(财税〔2000〕91号)的规定,以下支出不得税前扣除:①赞助支出;②罚金、罚款和被没收财物的损失; 王勇不允许扣除的赞助支出金额为50 000元; 王勇不允许扣除的罚金、罚款和被没收财物的损失金额为20 000元
	三项经费的扣除	政策依据:根据《财政部 国家税务总局关于调整个体工商户个人独资企业和合伙企业个人所得税税前扣除标准有关问题的通知》(财税〔2008〕65号)的规定,个体工商户、个人独资企业和合伙企业向当地工会组织拨缴的工会经费、实际发生的职工福利费支出、职工教育经费支出分别在工资薪金总额的2%、14%、2.5%的标准内据实扣除; 工资、薪金总额是指允许在当期税前扣除的工资、薪金支出数额; 职工教育经费的实际发生数额超出规定比例当期不能扣除的数额,准予在以后纳税年度结转扣除; 个体工商户业主、个人独资企业投资者、合伙企业自然人合伙人向当地工会组织缴纳的工会经费、实际发生的职工福利费支出、职工教育经费支出,以当地(地级市)上年度社会平均工资的3倍为计算基数,在上述规定比例内据实扣除; 2022年全市月平均工资为5 600元,所以以当地(地级市)上年度社会平均工资的3倍为计算基数,这个计算基数＝5 600×12×3;职工教育经费限额＝5 600×12×3×2.5%＝5 040(元),调增金额＝10 000－5 040＝4 960(元);职工福利费限额＝5 600×12×3×14%＝28 224(元),调增金额＝30 000－28 224＝1 776(元);工会经费限额＝5 600×12×3×2%＝4 032(元),大于4 000元,无须纳税调整

续表

纳税人姓名	特 殊 业 务	业 务 处 理 说 明
王勇	招待费	个体工商户、个人独资企业和合伙企业发生的与生产经营活动有关的业务招待费,按照实际发生额的60%扣除,但最高不得超过当年销售(营业)收入的0.5%; 因实际发生的招待费用为86 000元,招待费实际发生额的60%=51 600元;当年销售(营业)收入的0.5%=8 400元,根据孰低原则允许税前扣除的招待费金额为8 400元,所以超过规定标准扣除的业务招待费金额为77 600元
	广告费和业务宣传费的扣除	政策依据:根据《财政部 国家税务总局关于调整个体工商户个人独资企业和合伙企业个人所得税税前扣除标准有关问题的通知》(财税〔2008〕65号)的规定,个体工商户、个人独资企业和合伙企业每一纳税年度发生的与其生产经营活动直接相关的广告费和业务宣传费不超过当年销售(营业)收入15%的部分,可以据实扣除;超过部分,准予在以后纳税年度结转扣除; 限额=1 680 000×15%=252 000(元),调增金额为300 000-252 000=48 000(元)
	投资者用于个人及家庭的支出	投资者用于个人及家庭的支出不得税前扣除; 王勇用于儿子兴趣班的费用24 400元不能税前扣除,需调增
	经营所得应纳税额(取得经营所得的个人,没有综合所得的)	经营所得应纳税额=(全年收入总额-成本、费用以及损失-基本减除费用-专项扣除-专项附加扣除-其他扣除-准予扣除的捐赠额)×适用税率-速算扣除数; 专项附加扣除在办理经营所得汇算清缴时减除; 王勇应纳税额=(1 680 000-1 300 000+1 776+4 960+4 700+77 600+48 000+20 000+50 000+24 400+300 000-60 000-60 000-39 600-72 000-100 000)×35%-65 500=137 442.6(元) [1 680 000元为收入总额;1 300 000元为成本费用总额;1 776元为业务5第(5)条中超过规定标准扣除的职工福利费金额;4 960元为业务5第(5)条中超过规定标准扣除的职工教育经费金额;4 700元为业务5第(2)条中超过规定标准扣除的利息支出金额;77 600元为业务6第(1)条中超过规定标准扣除的业务招待费金额;48 000元为业务6第(2)条中超过规定标准扣除的广宣费金额;20 000元为业务5第(4)条中不允许扣除的罚金、罚款和被没收财物的损失金额;50 000元为业务5第(3)条中不允许扣除的赞助支出;24 400元为业务6第(3)条中不允许扣除的用于个人和家庭的支出;300 000元为业务3中不允许扣除的投资者工资薪金支出;60 000元为弥补亏损金额;60 000元为投资者减除费用;39 600元为王勇三险一金金额3 300/月×12;72 000元为专项附加扣除金额;100 000元为准予扣除的捐赠额]

个人所得税经营所得纳税申报表（B 表）
（适用于汇算清缴申报）

税款所属期：2024 年 01 月 01 日—2024 年 12 月 31 日
纳税人姓名：王勇
纳税人识别号：　　　　　　　　　金额单位：人民币元（列至角分）

被投资单位信息	名称	力洁洗车行	统一社会信用代码	91130430MA092L1245

项　　目	行次	金额/比例
一、收入总额	1	1 730 000.00
其中：国债利息收入	2	50 000.00
二、成本费用(3＝4＋5＋6＋7＋8＋9＋10)	3	1 300 000.00
（一）营业成本	4	630 000.00
（二）营业费用	5	310 000.00
（三）管理费用	6	150 000.00
（四）财务费用	7	−30 000.00
（五）税金	8	70 000.00
（六）损失	9	0.00
（七）其他支出	10	170 000.00
三、利润总额(11＝1−2−3)	11	380 000.00
四、纳税调整增加额(12＝13＋27)	12	531 436.00
（一）超过规定标准的扣除项目金额(13＝14＋15＋16＋17＋18＋19＋20＋21＋22＋23＋24＋25＋26)	13	137 036.00
1. 职工福利费	14	1 776.00
2. 职工教育经费	15	4 960.00
3. 工会经费	16	0.00
4. 利息支出	17	4 700.00
5. 业务招待费	18	77 600.00
6. 广告费和业务宣传费	19	48 000.00
7. 教育和公益事业捐赠	20	0.00
8. 住房公积金	21	0.00
9. 社会保险费	22	0.00
10. 折旧费用	23	0.00
11. 无形资产摊销	24	0.00

续表

项　　目	行次	金额/比例
12. 资产损失	25	0.00
13. 其他	26	0.00
（二）不允许扣除的项目金额（27＝28＋29＋30＋31＋32＋33＋34＋35＋36）	27	394 400.00
1. 个人所得税税款	28	0.00
2. 税收滞纳金	29	0.00
3. 罚金、罚款和被没收财物的损失	30	20 000.00
4. 不符合扣除规定的捐赠支出	31	0.00
5. 赞助支出	32	50 000.00
6. 用于个人和家庭的支出	33	24 400.00
7. 与取得生产经营收入无关的其他支出	34	0.00
8. 投资者工资薪金支出	35	300 000.00
9. 其他不允许扣除的支出	36	0.00
五、纳税调整减少额	37	0.00
六、纳税调整后所得（38＝11＋12－37）	38	911 436.00
七、弥补以前年度亏损	39	60 000.00
八、合伙企业个人合伙人分配比例/%	40	100.000 0
九、允许扣除的个人费用及其他扣除（41＝42＋43＋48＋55）	41	171 600.00
（一）投资者减除费用	42	60 000.00
（二）专项扣除（43＝44＋45＋46＋47）	43	39 600.00
1. 基本养老保险费	44	12 000.00
2. 基本医疗保险费	45	2 400.00
3. 失业保险费	46	1 200.00
4. 住房公积金	47	24 000.00
（三）专项附加扣除（48＝49＋50＋51＋52＋53＋54）	48	72 000.00
1. 子女教育	49	24 000.00
2. 继续教育	50	0.00
3. 大病医疗	51	0.00
4. 住房贷款利息	52	12 000.00

续表

项 目	行次	金额/比例
5. 住房租金	53	0.00
6. 赡养老人	54	36 000.00
（四）依法确定的其他扣除(55＝56＋57＋58)	55	0.00
1. 商业健康保险	56	0.00
2. 税延养老保险	57	0.00
3. 其他	58	0.00
十、投资抵扣	59	0.00
十一、准予扣除的个人捐赠支出	60	100 000.00
十二、应纳税所得额(61＝38−39−41−59−60)或[61＝(38−39)×40−41−59−60]	61	579 836.00
十三、税率/％	62	35.00
十四、速算扣除数	63	65 500.00
十五、应纳税额(64＝61×62−63)	64	137 442.60
十六、减免税额(附报《个人所得税减免税事项报告表》)	65	0.00
十七、已缴税额	66	0.00
十八、应补/退税额(67＝64−65−66)	67	137 442.60

谨声明:本申报表是根据国家税收法律法规及相关规定填报的,是真实的、可靠的、完整的。

纳税人签字：　　　　　　　年　月　日

代理机构签章： 代理机构统一社会信用代码： 经办人： 经办人身份证件号码：	受理人： 受理税务机关(章)： 受理日期：　年　月　日

国家税务总局监制

项目6 【实战演练】

一、单选题

1.【答案】C

【解析】当月劳务报酬所得应纳税额＝2 000×(1−20％)×3％＝48(元)。

2.【答案】B

【解析】非居民个人出租设备取得的所得,要视设备的使用地来确定是否缴纳个税。

3.【答案】B

【解析】非居民个人在境外转让境内企业的股份取得的所得,属于来源于中国境内的所得,应按照"财产转让所得"项目计算缴纳个人所得税。

4.【答案】B

【解析】《财政部 国家税务总局关于非居民个人和无住所居民个人有关个人所得税政策的公告》(财政部 税务总局公告 2019 年第 35 号)第二条规定,在一个纳税年度内,在境内累计居住超过 90 天但不满 183 天的非居民个人,取得归属于境内工作期间的工资、薪金所得,均应当计算缴纳个人所得税;其取得归属于境外工作期间的工资、薪金所得,不征收个人所得税。当月工资、薪金收入额的计算公式如下:

$$\text{当月工资、薪金收入额} = \text{当月境内外工资、薪金总额} \times \frac{\text{当月工资、薪金所属工作期间境内工作天数}}{\text{当月工资、薪金所属工作期间公历天数}}$$

5.【答案】B

【解析】在中国境内有住所,或者无住所而一个纳税年度内在中国境内居住累计满 183 天的个人,为居民个人。在中国境内无住所又不居住,或者无住所而一个纳税年度内在中国境内居住累计不满 183 天的个人,为非居民个人。

二、多选题

1.【答案】ACD

【解析】《个人所得税法》第六条规定,非居民个人的工资、薪金所得,以每月收入额减除费用 5 000 元后的余额为应纳税所得额;劳务报酬所得、稿酬所得、特许权使用费所得,以每次收入额为应纳税所得额。

2.【答案】ABD

【解析】在中国境内无住所的个人,在一个纳税年度内在中国境内居住累计不超过 90 天的(非高级管理人员),其来源于中国境内的所得,由境外雇主支付并且不由该雇主在中国境内的机构、场所负担的部分,免予缴纳个人所得税。

三、判断题

1.【答案】正确

【解析】根据现行政策规定,外籍个人取得的股息、红利所得予以免征个人所得税,只限于两种情况:一是对外籍人员从外商投资企业取得的股息、红利所得;二是对持有 B 股或海外股(包括 H 股)的外籍人员,从发现该 B 股或者海外股的中国境内企业所取得的股息(红利)所得。除上述两种情况外,外籍个人因拥有债权、股权而取得的来自中国境内利息、股息、红利所得应当缴纳个人所得税,但外籍个人或者其委托扣缴义务人、代理人依照《国家税务总局关于印发〈非居民享受税收协定待遇管理办法〉的通知》(国税发〔2009〕124 号)提出享受税收协定待遇申请,可按税收协定约定的优惠税率执行。

2.【答案】错误

【解析】一般情况下,以户籍标准来判断是否在境内习惯性居住,外籍个人属于"境内无住所"的类别,需根据居住时间进一步判断属于居民个人还是非居民个人。

3.【答案】错误

【解析】①非任职受雇所得,应按照"劳务报酬所得"缴纳个人所得税;②属于同一事项连续取得收入的,以一个月内取得的收入为一次。

四、综合实训题

工号	姓名	证件类型	证件号码	收入	免税收入	其他	减除费用	实际捐赠额	捐赠方式	准予扣除的捐赠额	应纳税所得额	税率	速算扣除数	应纳税额	减免税额	应扣缴税额	已缴税额	应补(退)税额	备注
	Ben	外国护照	W83892034	19 354.84	0	0	5 000	0	限额扣除	0	14 354.84	20.00%	1 410	1 460.97	0	1 460.97	0	1 460.97	
	Leo	外国护照	F2342863	41 161.29	0	0	5 000	0	限额扣除	0	36 161.29	30.00%	4 410	6 438.39	0	6 438.39	0	6 438.39	

境内外所得明细填写

工号：
姓名：Ben

证件类型：外国护照
证件号码：W83892034

所得期间起：20?-08-01
所得期间止：20?-08-31

收入所属期间工作期间公历天数： 31 天
其中： 境内工作天数： 20.00 天　　境外工作天数： 11.00 天

收入总额： 50000 元
其中： 境内支付： 30000.00 元　　境外支付： 20000.00 元

确认　取消

▌基础信息

工号：

姓名：Ben

证件类型：外国护照

证件号码：W83892034

所得期间起：202■-08-01

所得期间止：20■■-08-31

▌本期收入及免税收入

适用公式：公式(1)不超过90天(非居民)　　如不能确定适用公式，可点击帮助进行系统给引导

收入：19354.84　　[录入明照]

免税收入：0.00

▌扣除及减除

其他：0.00

实际捐赠额：0.00

扣除及减除项目合计：5000.00

减除费用：5000.00

捐赠方式：限额扣除　　准予扣除的捐赠额：0.00

▌税款计算

应纳税所得额：14354.84

应纳税额：1460.97

应补(退)税额：1460.97

税率：20%

减免税额：0.00

已缴税额：0.00

速算扣除数：1410.00

应补(退)税额：1460.97

备注：

[保存] [取消]

无住所个人正常工资薪金 新增

▌基础信息

工号：	▼	证件类型：	外国护照	所得期间起：	202▮-01
姓名：	Leo ▼	证件号码：	F23426863 ▼	所得期间止：	202▮-31

▌本期收入及免税收入

适用公式： 公式(2)超过90天不满183天(非高管) ▼ 如不能确定适用公式，可点击帮助进行系统引导

收入： 41161.29 请录入明细 免税收入： 0

▌扣除及减除

其他：	0	减除费用：	5000		
实际捐赠额：	0	捐赠方式：	限额扣除 ▼	准予扣除的捐赠额：	0.00

扣除及减除项目合计： 5000.00

▌税款计算

应纳税所得额：	36161.29	税率：	30% ▼	速算扣除数：	4410.00
应纳税额：	6438.39	减免税额：	0		
应扣缴税额：	6438.39	已缴税额：	0	应补(退)税额：	6438.39

备注：

境内外所得明细填写 ✕

工号：		证件类型：	外国护照	所得期间起：	202▮-01
姓名： Leo		证件号码：	F23426863	所得期间止：	20▮-31

收入所属工作期间公历天数： 31 天

其中：

境内工作天数： 22 天 境外工作天数： 9 天

收入总额： 58000 元

其中：

境内支付： 30000 元 境外支付： 28000 元

确认 取消

无住所个人数月奖金 修改

基础信息

工号：	▼	证件类型： 外国护照	所得期间起： 20■■-08-01
姓名： Leo	▼	证件号码： F23426863 ▼	所得期间止： 20■■-08-31

本期收入及免税收入

适用公式： 公式(2)超过90天不满183天(非高管) ▼　如不能确定适用公式，可点击帮助进行系统引导

当月取得数月奖金额： 112087.91　[请录入明细]　免税收入： 0.00

扣除及减除

其他： 0.00

实际捐赠额： 0.00　　捐赠方式： 限额扣除 ▼　准予扣除的捐赠额： 0.00

扣除及减除项目合计： 0.00

税款计算

应纳税所得额： 112087.91	税率： 20% ▼	速算扣除数： 1410.00
应纳税额： 13957.58	减免税额： 0.00	
应扣缴税额： 13957.58	已缴税额： 0.00	应补(退)税额： 13957.58

备注：

保存　取消

境内外所得明细填写

工号：	证件类型： 外国护照	所得期间起： 202■■■-01
姓名： Leo	证件号码： F23426863	所得期间止： 20■■■■-31

收入所属工作期间公历天数： 91 天

其中：

　境内工作天数： 51 天　境外工作天数： 40 天

收入总额： 200000 元

其中：

　境内支付： 100000 元　境外支付： 100000 元

确认　取消

证件号码	当月取得数月奖金额	免税收入	其他	实际捐赠额	捐赠方式	准予扣除的捐赠额	应纳税所得额	税率	速算扣除数	应纳税额	减免税额	应扣缴税额	已缴税额	应补(退)税额	备注
F23426863	112 087.91	0	0	0	限额扣除	0	112 087.91	20.00%	1 410	13 957.58	0	13 957.58	0	13 957.58	

无住所个人数月奖金修改

■基础信息

工号： 　　　　证件类型： 外国护照
姓名： Leo 　　证件号码： F23426863

■本期收入及免税收入

适用公式： 公式(2)超过90天不满183天(非居民)

如不能确定适用公式，可点击自动启动进行系统引导

当月取得数月金额： 112087.91 　　　免税收入： 0.00

所得期间起： 20□□-08-01
所得期间止： 20□□-08-31

■扣除及减除

其他： 0.00 　　　捐赠方式： 限额扣除 　　　准予扣除的捐赠额： 0.00
实际捐赠额： 0.00
扣除及减除项目合计： 0.00

■税额计算

应纳税所得额： 112087.91 　　　税率： 20% 　　　速算扣除数： 1410.00
应纳税额： 13957.58 　　　减免税额： 0.00 　　　应补(退)税额： 13957.58
应扣缴税额： 13957.58 　　　已缴税额： 0.00
备注：

保存　　取消

境内外所得明细填写

工号： 　　　　证件类型： 外国护照 　　　所得期间起： 20□□-□□-01
姓名： Leo 　　证件号码： F23426863 　　所得期间止： 20□□-□□-31

收入所属工作期间公历天数： 91 天
其中： 境内工作天数： 51 天 　　　境外工作天数： 40 天

收入总额： 200000 元
其中： 境内支付： 100000 元 　　　境外支付： 100000 元

确认　　取消

工号	姓名	证件类型	证件号码	所得项目	收入	费用	免税收入	展业成本	允许扣除的税费	其他	实际捐赠额	捐赠方式	准予扣除的捐赠额	应纳税所得额	税率	速算扣除数	应纳税额	协定减免	减免税额	应扣缴税额	已缴税额	应补(退)税额	备注
	Cary	外国护照	H09232253	一般劳务报酬所得	40 000	8 000	0	0	0	0		限额扣除	0	32 000	25.00%	2 660	5 340	0	0	5 340	0	5 340	

劳务报酬所得 修改

基础信息

工号：

所得期间起：20□08-01 姓名：Cary 所得期间止：20□08-31

所得项目：一般劳务报酬所得 证件类型：外国护照 ▶ 证件号码：H09232253 ▶

本期收入及免税收入

收入：40000.00 费用：8000.00

免税收入：0.00

扣除及减除

其他：0.00 屋业成本：0.00

允许扣除的税费：0.00

实际捐赠额：0.00 捐赠方式：限额扣除 ▶

准予扣除的捐赠额：0.00

扣除及减除项目合计：0.00

税款计算

应纳税的所得额：32000.00 税率：25% ▶

速算扣除数：2660.00 协定减免：0.00

应纳税额：0.00 已缴税额：0.00

应补(退)税额：5340.00 备注：

应扣缴税额：5340.00

保存　取消